從情緒海嘯到身心安穩的
辯證行為治療聖經

臨床見證25年，幫助數十萬人重新生活

走出自傷困境的實用DBT自助助人手冊

The Dialectical Behavior Therapy Skills Workbook 2nd Edition

合著

馬修‧麥凱（Matthew McKay）

傑佛瑞‧伍德（Jeffrey C. Wood）

傑佛瑞‧布蘭特利（Jeffrey Brantley）

譯

陳柚均

健康smile 100

從情緒海嘯到身心安穩的辯證行為治療聖經

臨床見證25年，幫助數十萬人重新生活，走出自傷困境的實用DBT自助助人手冊

The Dialectical Behavior Therapy Skills Workbook 2nd Edition

原書作者　馬修・麥凱（Matthew McKay）、傑佛瑞・伍德（Jeffrey C. Wood）、
　　　　　傑佛瑞・布蘭特利（Jeffrey Brantley）
譯　　者　陳柚均
特約編輯　洪禎璐
封面設計　林淑慧
特約美編　顏麟驊
主　　編　劉信宏
總 編 輯　林許文二

出　　版　柿子文化事業有限公司
地　　址　11677臺北市羅斯福路五段158號2樓
業務專線　（02）89314903#15
讀者專線　（02）89314903#9
傳　　真　（02）29319207
郵撥帳號　19822651柿子文化事業有限公司
投稿信箱　editor@persimmonbooks.com.tw
服務信箱　service@persimmonbooks.com.tw

業務行政　鄭淑娟、陳顯中

首版一刷　2023年12月
定　　價　新臺幣550元
I S B N　978-626-7198-98-8

國家圖書館出版品預行編目（CIP）資料

從情緒海嘯到身心安穩的辯證行為治療聖經：臨床見證25年，幫助數十
萬人改善生活，走出自傷困境的實用DBT自助助人手冊／馬修・麥凱
（Matthew McKay）、傑佛瑞・伍德（Jeffrey C. Wood）、傑佛瑞・布蘭特利
（Jeffrey Brantley）著；陳柚均譯.
-- 初版. -- 臺北市：柿子文化事業有限公司, 2023.12
　　面；　公分. --（健康smile；100）
譯自：The dialectical behavior therapy skills workbook, 2nd ed.
ISBN 978-626-7198-98-8（平裝）
1. CST：心理治療 2. CST：行為治療法 3. CST：情緒管理
178.8　　　　　　　　　　　　　　　　　　　　　　112017952

徹底的接受，

意味著審視自己和處境，

並看到它的本來面目。

Radical acceptance means
looking at yourself and the situation
and seeing it as it really is.

這本書是《The Dialectical Behavior Therapy Skills Workbook》的第二版中文翻譯書，這本原文書在美國大受歡迎，原因無他，正是這本書中詳述了辯證行為治療的四大技巧，包括情緒調節技巧、人際互動技巧、正念覺察技巧及痛苦耐受技巧。

辯證行為治療是心理學教授瑪莎‧林納涵（Marsha Linehan）團隊在一九九三年發展出來的，一開始用在協助反覆自殺自傷的個案，如邊緣性人格疾患個案身上，幫助調節情緒，減少自殺自傷行為。然而，在一般人身上，辯證行為治療同樣可以幫助常見情緒困擾，如焦慮、憂鬱及恐慌等。

這本書以深入淺出的文字，介紹並解釋辯證行為治療的四大技巧。這四大技巧包含且同時平衡改變（change）與認可（validation），在我們生活中的每個角落都是真切可用的，比如：情緒波動時，使用情緒調節技巧；人際衝突時，練習人際互動技巧；自我困惑時，練習正念覺察技巧；覺得痛苦不堪時，練習痛苦耐受技巧。

這本書雖是第二版，但文中介紹了一些以前沒有的技巧，像是以R（relax）、E（evaluate）、S（set an intention）、T（take action）技巧，取代前一版的 STOP 技巧；在痛苦耐受的生理因應技巧中，增加了眼球運動等，細細讀來還是有很多新的見識。

本人身為馬偕自殺防治中心的主任及臨床精神科醫師，在每日工作上，親身看見辯證行為治療對憂傷痛苦個案生活中的幫助，我相信，無論是看過第一版中文翻譯書的朋友，還是第一次翻閱這本書的讀者，這本書中的辯證行為治療技巧都可以為你帶來活在當下的力量，及感受到內在的心靈復原力，為你的生命找到值得活的人生。

——**林承儒**／馬偕自殺防治中心的主任及臨床精神科醫師

俗話說「留得青山在，不怕沒柴燒」，但對於一些人來說，可能因為環境的高張力，或是個人的情緒調節能力已經受損，一般性的壓力、挫折或言語刺激，便會對他們帶來有如排山倒海般的情緒浪潮，作者稱之為壓倒性情緒（overwhelming emotion），為了排除情緒，他們只想得到用自我傷害的方式來因應。這樣的狀況對當事人來說，不僅高度痛苦，對服務當事人的心理專業人員更是肩負著絕大的壓力。

　　辯證行為治療的出現，就是專門處理前述的艱難困局。辯證行為治療由美國心理學教授瑪莎・林納涵所發展，這個取向特別專注在協助當事人，用更具適應性的方式來因應壓倒性情緒，主要的介入策略有四：

痛苦耐受：轉移注意力、為自己找些愉悅的刺激、自我鼓勵。
正念覺察：專注當下思緒感受、拋開論斷、全然接納。
情緒調節：確認情緒、找到因應困境的想法、分析情境，以及對反應預做準備。
人際互動：能提出請求、拒絕、以減少對關係損傷的方式來協商。

　　本書以一種技巧練習手冊的方式呈現，相當務實與可用，對一般民眾來說，都可以嘗試透過書中的方法，幫助自己度過生命中痛苦的時刻。本書的章節安排是循序漸進的，越前面的章節，對於處理壓倒性情緒更為重要，因為當我們的情緒較為平穩後，我們就有更多餘裕來學習並使用後續需要較多認知能力的策略。

　　為文當下，政府正推出「年輕族群心理健康支持方案」，以因應當前憂鬱症年輕化、青少年自殺死亡率逐年攀升的現象，相信本書的出版，將成為社會大眾與助人工作者因應這些困局上的助力。

——**陳宏儒**／文心診所、心蘊心理諮商所諮商心理師、

中華正向心理學發展協會理事

辯證行為治療的創始人瑪莎・林納涵過去也曾深陷於無法控制的自毀行為，甚至住院。她說：「我清楚地明白自己已經失去控制，不斷呼求上帝，但卻不知道該如何與別人溝通，讓人理解我的痛苦。我曾深陷地獄，我發誓，當我從這裡出去後，一定回來幫助其他人脫離痛苦的深淵。」因此，她發展許多技巧協助自己離開地獄，也從而幫助更多為此掙扎的人。

請相信，情緒不是你的敵人，現在翻閱這本書的你仍呼吸著，一定有你所擁有的技巧與資源，過去的那些創傷和痛苦不是你的錯，但走在療癒成長的路上，會需要更多支持的工具，以免我們只有一種選擇，以致繼續留在痛苦中掙扎。

生活中，痛苦就像負面情緒一樣，無法避免。當我們試圖壓抑、忽視或逃避時，它最終會反撲回來，可能會壓垮我們。辯證行為治療提醒我們，關鍵在於要正視情緒和痛苦的存在，而不是避開它們，就像聖嚴師父所說的：「面對、接納、處理、放下。」

這本書提供了實用的自助工具，幫助我們重新審視痛苦和負面情緒。這些技巧包括正念覺察、痛苦耐受技巧，讓我們更有智慧地去因應和接納強烈的情緒；情緒調節和人際互動技巧，則進一步幫助我們處理各類問題。書中的許多技巧不一定都適合你，但一定可以找到一些能夠支持你的情緒急救方法，這些技巧將成為你應對情緒挑戰的強大資源。

如果你是一位助人工作者，這本書將成為你的最佳助手。你可以將書中的活動和技巧，應用到你的辯證行為治療團體或個別治療中，讓你的案主透過這些簡單而有趣的作業單來學習和成長。相信這些工具將使你的臨床工作更加有效，並幫助你的案主走上更健康的道路。

如果你是在尋找自我幫助的方法，這本書同樣適合你。你可以透過目錄挑選感興趣的主題，然後嘗試其中的技巧和練習。如果發現這些技巧對你來說有困難，也不必擔心，你可以考慮尋找一位辯證行為治療師來陪伴你一同嘗試。記住，自我改變需要時間和努力，而這本書將成為你的指南，幫助你走向一個更值得活的人生。

——**黃予岑**／馬偕醫院自殺防治中心方案心理師、杏語心靈診所治療師

深以為這本書，是助人工作者、或深陷身心苦痛泥淖者，自我學習、自我療癒的秘笈，如果把本書套上心性修學的外衣，又可以是身心靈成長的寶典。很高興這本書能有華文版本，也很感恩有機緣接觸本書，希望有更多人從中獲益。

——張正彥／自殺防治資深義工

這是一本透過辯證行為自療與他療最佳上手實踐的聖經，也是校園中能具體協助學生情緒調節的葵花寶典。在生活中某些時刻，難免經驗情緒或困境，身處痛苦浪潮中，若你想找到適合自己因應的方式，減少破壞性、增加復原力，此書是很好的資源，誠摯的推薦給你！

——張雅苓／高中輔導老師

在電話那頭個案常說：「我也知道情緒會壞事，但我身不由己，它就像海嘯一樣淹沒了我，我不知道可以怎麼辦？」

這是一本助人、自助者通用的實務寶典，明確且淺顯易懂的說明DBT辯證行為治療技巧。接納自己的負向情緒，跟著步驟反覆練習，進而提升「痛苦耐受」、「正向覺察」，增進「情緒調節」及「人際互動」，為長期身陷情緒漩渦無法自拔的你，帶來一線生機。

——蘇達筠／台北市生命線協會主任

｜具名推薦｜

王浩威／精神科醫師、作家
留佩萱／美國諮商教育與督導博士

身為辯證行為治療的消費者、治療師和作者，我一直在尋找簡單、實用和有效的方法，使辯證行為治療技巧對普通讀者更可用、可及和適用。這本書正是如此！即使在使用、教授、研究和寫作辯證行為治療概念十多年後，我現在對辯證行為治療有了更豐富的理解，我很高興能親自嘗試，並與他人分享！

　　　　　　——柯比・路特（Kirby Reutter）博士／國土安全部雙語
臨床心理學家，《PTSD辯證行為治療技能手冊》作者

對於那些在強烈痛苦的情緒中掙扎的人來說，這本書是一個很好的資源。它教授辯證行為治療的最新技巧，並提供例子和練習，以加強學習。那些致力於本書內容的人，將獲得體驗強烈情緒所必需的技巧，而不會訴諸於傷害關係和降低生活品質的行為模式。每天按指導運用辯證行為治療技巧，讓生活變得更好！

　　　　　　——西達・昆斯（Cedar R. Koons）／辯證行為治療的認證治療師，
正念靜修領導者，國際辯證行為治療顧問，
《針對強烈情緒的正念解決方案》作者

作者為那些應對內疚、憤怒、羞恥和焦慮等壓倒性強烈情緒的人，提供了一個簡單明瞭的指導範例。書中的許多例子和練習，能幫助讀者進行辯證行為治療要求的工作。在忠於辯證行為治療模型的同時，作者超越了林納涵，綜合了對家庭和臨床有用的研究和臨床儀器的適應性。我對於能幫助讀者處理強烈情緒的情緒暴露之認知演練法，印象特別深刻。

　　　　　　——湯瑪斯・馬拉（Thomas Marra）博士／《憂鬱和焦慮，
私人實踐中的辯證行為治療》，《情緒調節的智慧之路》作者

知道如何有效調節情緒，並不是我們與生俱來的本領。這本書提供了一個路線圖和逐步的指示，以提高情緒上的安適感。它易於閱讀和使用，也增加了專注於對自我和他人的疼惜的新技巧，以及處理強烈情緒的新穎策略。強烈推薦給任何努力調節情緒或對提高情緒智商感興趣的人。

——湯瑪斯·林奇（Thomas R. Lynch）博士／聯合王國南安普敦大學
心理學學院名譽教授，《徹底開放的辯證行為治療》和
《徹底開放的辯證行為治療技能培訓手冊》作者

麥凱、伍德和布蘭特利的這本書，在解釋辯證行為治療技巧方面給予了極大的關注，並提供了如何練習和使用這些易於掌握之技巧的指導。他們以一種有意義的方式將這些技巧連結起來，使它們更好理解且更有用。這本書及其中的例子和練習，為那些有強烈情緒的人提供了許多機會來練習技巧，這將提高他們更有效地管理自己生活的能力。我強烈推薦給任何有強烈情緒的人，以及臨床醫師、家庭成員。

——派特·哈威（Pat Harvey）／辯證行為治療教練、培訓師和顧問；
《如何養育有強烈情緒的孩子》、《危險青少年的辯證行為治療》和
《如何養育有強烈情緒的青少年》合著者

這本書採用了辯證行為治療的技巧，並提供了一個全面的框架來指導讀者，從介紹辯證行為治療，到發展更深層次的技巧熟練程度。對於自我疼惜和情緒暴露之認知演練法的關注，可以幫助讀者在情緒激動和難以應對的時刻，彌合學習新行為與在真正重要的時刻使用它們的差距。我強烈推薦這本書給臨床醫師，以及想要建立豐富的策略來度過痛苦的情緒，並在日常生活中過得滿意的讀者們。

——克利斯蒂·馬塔（Christy Matta）／史丹佛大學健康改善專案計畫
的健康經理，《壓力反應》作者

這本書對於辯證行為治療師、客戶，以及任何希望運用有效心理技巧的

人，是受歡迎的資源。作者投入大量和必要的時間，來發展正念覺察練習的意識技巧，並包括有用的調解腳本，以及清晰的使用指南。

這本書的內容相當清楚易懂，包括新的痛苦耐受和人際互動的有效技巧，多張實作表格，以及對於暴露療法之重要性的出色描述，並附上有效使用此一強大工具的逐步說明。這本書是「必備」的，將提高任何實施其建議的人的生活品質。

——**布里特・拉斯伯恩**（**Britt Rathbone**）╱《*危險青少年的辯證行為治療*》、《*什麼對青少年有效*》、《*養育有強烈情緒的青少年*》合著者

| 國外讀者的讚譽 |

　　我在接受認知行為治療之後，得到這本書來完成並補充我的心理健康之旅。起初，我擔心這種語言對低收入或個人求職者來說，是冷漠或令人卻步的，但事實並非如此。書中的類比很清楚，它為個人提供了工作空間，並指出了治療師可以幫助解決的困難。

——Claire Stephens

　　由於我的額葉區有兩個腦膜瘤，正在經歷生命中最困難的情緒時刻，導致我的憂鬱和焦慮加劇到自己無法再處理的地步，但當我感到無助時，這本書確實提供了有幫助的想法。

——Lisa

　　這本書讓我對自己和人際關係有了很多認識。我努力完成每一頁，但它提醒了一個目標：找到更健康的方式來表達自己。我負擔不起治療費用，所以一直在使用這本書，它非常有幫助。

——Michaella Venegas

　　這本書對我的幫助很大。我認識的一位輔導員，向所有需要辯證行為治療的人推薦它。我喜歡這本書的節奏，練習項目不會持續數個小時，非常適合在一天中抽出一些時間來執行。強烈推薦！

——Cheyenne Daugherty

　　我喜歡這本書，我認為對於任何想要改善心理健康和福祉的人來說，它都是一個完美的起點。我有兩本，也給了我的伴侶和母親各一本，他們都發現這本書很實用又有幫助。我們沒有邊緣型人格疾患，但都有不同類型的創

傷後壓力症候群。本書的練習和閱讀材料，觸及完美的問題，並給出了切實可行的解決方案。你不必進行辯證行為治療，也能使用它。

——**Sarah Bri**

我完整練習了這本書的技巧，發現它非常有用。這是一位心理學家向我推薦的。書中的提示非常有幫助，讓我學到了很多關於自己的知識，以及如何應對生活中各種困難或麻煩的情況。儘管我已經完成了書中的練習，仍會在需要時拿來參考。強烈推薦給所有人！

——**Oh Spoot**

獻詞

紀念我的母親路易絲・朗・拉布拉許（Louise Long LaBrash），當我面對困難之際，總有她陪伴在身邊。

——馬修・麥凱

感謝二○○五年至二○○六年間我在弗雷斯諾城市學院（Fresno City College）及里德利學院（Reedley College）的學生與客戶，在我撰寫本書時，他們的力量、期望及韌性給予我許多啟發，也謝謝多年來為此書提供建議的所有讀者，讓新版著作成為人們更理想的治療工具。

——傑佛瑞・伍德

這本著作獻給你們——所有在內在與外在生活中都對抗著強烈且不可預知之情緒的人們。願你獲得安寧與快樂，願所有生命都能因你的努力而獲益良多。

——傑佛瑞・布蘭特利

目錄

認識讓情緒海嘯平穩下來的
「辯證行為治療」

　　瑪莎・林納涵博士開發的辯證行為治療，相當有效地幫助人們管理自身的壓倒性強烈情緒（overwhelming emotions）。研究顯示，辯證行為治療可以增強一個人處理痛苦的能力，而不會失去控制或做出破壞性行為。

　　許多人都在對抗壓倒性的強烈情緒，那種感覺就像是大部分的情緒旋鈕都調到最大。當他們感到生氣、悲傷或是害怕時，那股情緒就如同眼前襲來的強大波浪，足以將他們席捲而去。

　　如果你在人生中也曾遇到壓倒性強烈情緒，就會明白這種說法了。有時候，你的感受就像是一陣強力浪潮般衝擊著你。當這種情況發生時，它會讓你害怕去感受任何事物；這是可以理解的，因為你不想被自己的情緒沖昏頭。但麻煩的是，你越是試著壓抑或掩蓋情緒，它們就會變得越難以抑制。在關於情緒調節的第七章和第八章，我們將會討論這一點。現在你得要知道一件事：**試著阻斷自己的感受，是行不通的做法。**

　　許多研究顯示，人之所以會產生壓倒性強烈情緒，可能是與生俱來的。然而，在童年時期受到創傷或被忽視，也會造成極大的影響。在成長過程的這個關鍵時刻所遭受的創傷，確實會改變大腦結構，讓我們更容易受到強烈及負面情緒的影響。然而，即使你的壓倒性強烈情緒是基於遺傳基因或創傷，也不代表你無法克服問題。如今，已經有成千上萬人採用了這本書介紹的技巧，並學會好好地控制情緒。他們已經改變了自己的人生，而你也即將做到。

　　那麼，這些技巧是什麼？又是透過什麼方式來幫助你呢？辯證行為治療能讓你學會四種至關重要的技巧，不僅可以減少情緒上的波動，也可以幫助你在這些情緒如潮水般湧來時保持平衡。

　　1. 痛苦耐受（Distress tolerance）：藉由增強心理韌性，讓你能夠更好

地應對痛苦的情境，並提供幾個新的方法，讓你減緩身處困境時所帶來的各種影響。

2. 正念覺察（mindfulness）： 幫助你更充分地體驗當下，同時減少關注於過往的痛苦經歷或是未來令人害怕的可能性。正念覺察也會為你提供工具，讓你克服習慣性及消極負面的批評，不論是針對自己或他人。

3. 情緒調節（Emotion regulation）： 幫助你更清楚地認清自身的感受，進而觀察每一種情緒而不被情緒所淹沒。目標是調節你的感受，而不以反應性和破壞性的方式來行事。

4. 人際互動（Interpersonal effectiveness）： 提供了如何表達信念和需求、設立個人界限，以及協商解決問題的新方法，同時也保護你的人際關係並尊重他人。

本書所規劃的結構，是為了讓學習更加輕鬆。 每項關鍵技巧都以兩個章節來討論基礎和進階技巧，同時，痛苦耐受和正念覺察還有第三個進階的章節。基礎技巧的章節會說明必要概念、新技巧的構成要素，並引導你完成精進技巧的初始步驟。在進階技巧的章節中，將會逐步帶領你瞭解其餘的構成要素，逐級地成長。每一項步驟都會提供清楚的參考範例，並提供評估、練習及表單來協助你練習目前所學的關鍵技巧（請至本書網站下載大部分的相關資料：http://www.newharbinger.com/44581）。

在全新版本的訓練手冊中，我們也加入了一個「情緒暴露的認知演練」的全新章節， 可以幫助你在現實環境或想像的情境中練習技巧。接著，在最後一章「整合所有技巧」中，你將學習到整合技巧的方法，讓它們成為你生活中的常態。

我們撰寫這本書的目的，是要讓學習變得更容易， 但困難之處則是你必須要做出進行練習的承諾，並將新技巧付諸實踐。光是閱讀這本書，無法有任何實質改變。這些頁面上的文字，無法對你的人生產生任何影響，除非你以實際行為去實現你在此學會的新技巧和策略。因此，現在正是個好機會，你可以好好思考閱讀這本書的原因，以及想要改變的事，並在此寫下三個目

前你想要改變的情緒反應方式。換句話說，你要清楚辨識自己在心煩意亂或處於壓倒性強烈情緒時，會做的三件不健康或產生危害的事，而你承諾要以更理想的方式來應對。

1. _____
2. _____
3. _____

本書是為誰而寫？

本書有兩種目標讀者。第一種，是正在進行辯證行為治療（不論是以團體或個人的方式）的人，需要一本幫助他們學習四項關鍵技巧的訓練手冊。第二種，我們希望讓所有正在對抗壓倒性強烈情緒的人，都能單獨且自立地善用這本書。

所有可以讓你改善情緒控制能力的工具都在這本書了。 話雖如此，如果你正在閱讀這本書，但是難以實行其中的新技巧，我們強烈建議你向合格的辯證行為治療專家尋求協助。

前方充滿希望

你早已知道人生充滿了艱難考驗，然而，在與情緒的對抗中，你不一定會陷入困境或充滿無助。如果你認真努力實行本書的技巧，就可以預期自己對於情緒的反應將會有所變化。不論是基因的遺傳或童年的痛苦經歷，你在這裡學到的關鍵技巧，都會影響每次衝突或不安情緒的結果，並確實改變你的關係進程。

我們有充分的理由懷抱著希望。你必須做的事，就是翻開人生新的一頁並重新開始，接著就是持續努力下去。

前　言

　　長期以來，辯證行為治療（DBT）已經幫助人們減少了自身的壓倒性強烈情緒，同時穩定了他們的生活及人際關係。這個療法已經實行超過二十五年，現今，有大量的研究結果證明了它的有效性，而且世界各地的辯證行為治療研究小組中，已有數十萬人體驗到它改善生活的療效。

　　此外，辯證行為治療不斷地開創及發展，現今，其核心技巧已不僅是針對最初的目標——邊緣型人格疾患（borderline personality disorder），也被用來治療更多症狀。針對焦慮、憂鬱、羞愧、創傷後壓力症候群（PTSD）、預防藥物濫用復發、憤怒和侵略行為、人際關係問題，以及其他困境等，辯證行為治療也有助益。甚至，經由方法上的調整及延伸，這種療法也適用於夫妻及青少年。

　　辯證行為治療的程序不斷在進化發展中。目前，包括我們在內的數十名研究人員和臨床醫師，採用了最新且有效的情緒調節技巧，以增強原始的方案。其中的新增內容包括：價值澄清、思緒脫鉤、問題解決、情緒暴露之認知演練法、自我暗示放鬆法、疼惜心、冥想、新的正念覺察程序、生理因應技巧（針對極端情緒）、人際協商技巧等。

　　辯證行為治療最初的開發者瑪莎・林納涵博士（Marsha Linehan, PhD）在最新版本的《辯證行為治療技巧培訓手冊》中，正式提出並記錄了這項療法的進展，附加了她與其他人員在過去二十五年開發的一些全新方法。林納涵博士增添的部分方法，收錄於本書第一版之中，而其他方法則是林納涵博士和世界各地獨立行為科學家的研究成果。

　　在你手中（或在電子書閱讀器上）的這本書，是源於辯證行為治療的進化，以及有效情緒調節歷程的各項新發展，最終應運而生。新版的內容中，包括了為自己及他人建立疼惜心的技巧、因應極端情緒的新技巧、評

估該如何因應或採取行動的技巧（即 FTB-Cope，編註：FTB 為 FEELINGS-THREAT BALANCE 的略縮詞，指辨識感覺和威脅的平衡程度，適當地應對壓力源），這是一個經由充分研究的程序，可用於基於價值觀的行為及情緒因應策略，以及其他更新的內容。

值得一提的是，我們附加了情緒暴露之認知演練法的內容。這項技巧可以幫助你在情緒高漲的狀態下，練習全新的因應技巧，因為此時你最需要的就是記住並採用辯證行為治療的技巧。

到目前為止，辯證行為治療的局限性，在於這些技巧是在治療小組中相對平靜的環境或是在家裡進行學習。然而，當人們處於壓倒性強烈情緒之中，往往就會忘記自己在放鬆學習時所學會的技巧。而情緒暴露之認知演練法則打造了一種情緒狀態，能幫助你記住並在需要時自信地使用這些技巧（欲瞭解其運作原理的相關資訊，請見第十一章）。

對於這本書，我們抱持著另一項目標：以深入淺出的方式來展示相關技巧及各項要素，並著重於以使用者為中心的實用性。由於辯證行為治療越來越錯綜複雜，為了持續地產生預期的結果，這些方法必須易於理解和實施。這是最初促使我們撰寫這本書的推動力，而在新版中，我們仍舊致力於維持清晰易懂且實用的內容。

對於讀者，我們表達熱切的歡迎。書中的每一頁都是為了幫助你而撰寫的。辯證行為治療確實有其效用，如果你學會本書的四類核心技巧，就可以充分地相信自己的情緒將會更平穩，生活也更加滿意。但請記住，閱讀是一回事，而實踐又是另一回事。你需要每天練習自己學會的技巧，善用第十二章的「辯證行為治療日誌」，將會有所幫助。無論你選擇以哪種方式進行練習，只要致力使用本書的辯證行為治療技巧，都可以治癒你的人生。

馬修・麥凱心理學博士
傑佛瑞・伍德心理學博士
傑佛瑞・布蘭特利醫學博士

| 第 1 章 |

提升痛苦耐受 基礎技巧

為何要學習「痛苦耐受技巧」？

在我們生命中的某些時刻，都必須應對壓力和痛苦，可能是身體上的，如蜜蜂螫傷或手臂骨折，也可能是情緒上的，如悲傷或憤怒。在這兩種情況下，疼痛往往是不可避免，而且難以預測。你無法預料什麼時候蜜蜂會螫傷你，或是發生讓你傷心的事。你所能做的事，就是利用自己擁有的因應技巧，並期盼它能發揮作用。

然而，對於某些人而言，他們在情緒及身體上的痛苦比其他人更強烈，也有比較高的發生頻率。他們的痛苦來得很快，感覺像是一股勢不可擋的海嘯。一般來說，這些情況感覺起來彷彿永遠不會結束，而經歷者也不知道如何因應自身劇烈的痛苦。基於本書的目的，我們稱這個問題為「壓倒性強烈情緒」。但是，請記住，情緒和身體上的痛苦常常同時發生。

這些對抗壓倒性強烈情緒的人，經常以不健康且失敗的方式來處理自身的痛苦，因為他們不知道自己還能做什麼。這是可以理解的。當一個人深陷情緒的苦痛時，不僅難以保持理智，也很難想出理想的解決方法。儘管如此，面對壓倒性強烈情緒的人會採用的多種因應策略，往往只會讓問題更加惡化。

以下列出了人們處理問題時常見的因應策略。請勾選你應對壓力情境時所運用的策略：

☐ 你花太多時間想著過往的痛苦、錯誤及問題。

☐ 你因為擔心未來可能出現的痛苦、錯誤及問題而感到焦慮。

☐ 你孤立自己並遠離他人，以避免令人痛苦的情況發生。

☐ 你藉由酒精或藥物來麻痺自己。

□ 藉著對人們發怒或試圖控制他們，將情緒發洩到別人身上。

□ 你做了具有潛在危險的行為，例如割傷、碰撞、劃傷、抓傷、燙傷自己，或是拔自己的頭髮。

□ 你從事不安全的性行為，例如與陌生人發生性關係，或經常進行無保護措施的性行為。

□ 你避免面對問題的根源，例如一段虐待或不健全的失衡關係。

□ 你以食物來懲罰或控制自己，不是吃得太多、根本不吃，就是將吃下的東西吐出來。

□ 你試圖自殺或從事高風險的活動，如魯莽且不安全地駕駛，或是服用危險劑量的藥物和酒精。

□ 你避免參加令人愉悅的活動，例如社交活動和運動，這可能是因為你認為自己不值得有快樂的感覺。

□ 你沉溺於痛苦之中，讓自己過著悲慘而欠缺成就感的生活。

以上所有策略只是讓人進一步走向情緒深淵的痛苦途徑，即使這類策略能暫時為你提供緩解，但在未來只會帶來更多的痛苦。若要進一步瞭解原因，請參考表 1-1「自毀性因應策略的代價」（26 頁）。請記下你使用的策略及其代價，並且加上你所能想到但未列於清單上的其他損失。在表格的最後，你可以隨意加入其他未列於表格內的策略及其代價。

這些自毀性因應策略所造成的代價顯而易見，它們都會導致一時的痛苦進一步延展為長期的痛苦。請記住，痛苦往往難以避免，但許多時候你不必飽受折磨。

我們以瑪麗亞和桑德拉這對好朋友之間的爭論為例。

對於沒有壓倒性強烈情緒的瑪麗亞而言，這場爭吵最初令她感到痛苦，但在幾個小時後，她開始意識到自己和桑德拉都應該為這次的爭吵負責。所以，到了第二天，瑪麗亞就不再對桑德拉感到難過或生氣了。

但是，對於有壓倒性強烈情緒的桑德拉來說，這場爭論在她的記憶中一遍又一遍地重演了三天。在她的記憶之中，每個字和每個動作都是瑪麗亞給

予的侮辱。因此，三天後，當桑德拉再次見到瑪麗亞時，她仍然感到很氣憤，並從上次爭執結束的地方再次點燃戰火。

這兩個女人都經歷了爭吵最初的痛苦，但受盡折磨的人只有桑德拉。很明顯地，桑德拉幾天以來都緊抓著情緒上的痛苦不放，讓她的生活更加難受。然而，我們雖然無法掌控人生中的痛苦，卻可以控制自己應對這種痛苦而承受的苦難程度。

為了避免這種型態的長期苦難，我們在第一章到第三章將教導痛苦耐受技巧。這些技巧將幫助你以一種更新且更健康的方式來忍受並應對痛苦，不讓它引起長期苦難。

轉移注意力與自我安撫

在本章，你將學習的第一組痛苦耐受技巧，有助於轉移注意力，脫離造成你情緒折磨的情況。

轉移注意力的技巧之所以重要，有兩個原因：一、可以暫時阻斷你對於自身痛苦的關注；二、讓你有時間找到一個適當的應對反應。前述的桑德拉與自己的痛苦共處三天，因為她無法讓自己不去回想與瑪麗亞之間的爭論。藉由讓你關注其他事物，有助於擺脫痛苦，並為你多爭取一些時間，讓你在針對一個痛苦情境採取行動之前，先讓情緒平靜下來。

儘管如此，請不要將「轉移注意力」（distraction）與「逃避」（avoidance）混為一談。當你逃避一個痛苦情境時，代表你選擇不去應對。然而，當你透過轉移注意力的方式來脫離痛苦情境時，表示你打算在不久後處理這件事，只不過是在情緒平靜下來之後。

你將在本章學到的第二組痛苦耐受技巧，是自我安撫技巧。在你面對造成痛苦的起因之前，有必要先好好安撫自己，因為你的情緒有可能過於「火爆」。在面對爭論、拒絕、失敗或是其他的痛苦事件時，許多有壓倒性強烈情緒的人們會感到恐慌不安。

在你學會以情緒調節技巧（第七章和第八章）或人際互動技巧（第九章和第十章）來對付這些問題之前，往往需要先安撫自己來重獲力量。在這種

表 1-1：自毀性因應策略與代價

自毀性因應策略	可能的代價
1. 你花了很多時間想著過往的痛苦、錯誤及問題。	錯過當下可能發生的美好事物，接著又為錯過那些事物而悔恨；對過去感到沮喪。 ・其他代價：
2. 你因為擔心未來可能出現的痛苦、錯誤及問題而感到焦慮。	錯過當下可能發生的美好事物；對未來感到焦慮。 ・其他：
3. 你孤立自己以避免可能發生的痛苦。	花更多的時間獨處，卻感到更加沮喪。 ・其他代價：
4. 你藉由酒精或藥物來麻痺自己。	成癮；損失金錢；工作上的問題；法律上的問題；關係上的問題；對健康的影響。 ・其他代價：
5. 你將自己的痛苦情緒發洩到別人身上。	失去友誼、戀愛關係及家庭成員；其他人有意地避開你；孤獨；因為傷害他人而感到難過；個人行為的法律後果。 ・其他代價：
6. 你進行有潛在危險的行為，例如割傷、劃傷、拔頭髮及自毀性。	死亡的可能性；感染；疤痕；毀容；羞愧感；身體上的疼痛。 ・其他代價：
7. 你從事不安全的性行為，例如進行無保護措施的性行為，或經常與陌生人發生性關係。	性傳染病，有的甚至會危及生命；懷孕；羞愧感；難堪窘迫。 ・其他代價：
8. 你避免面對問題的根源，例如一段虐待或不健全的失衡關係。	忍受破壞性的關係；為別人付出而感到筋疲力盡；自己的任何需求都未得到滿足；沮喪。 ・其他代價：
9. 你吃得太多或根本不吃，也就是將吃下的東西吐出來。	體重增加；厭食症；暴食症；對健康的影響；藥物治療；難堪；羞愧感；沮喪。 ・其他代價：
10. 你試圖自殺或從事高風險的活動。	死亡的可能性；住院治療；難堪窘迫；羞愧感；沮喪；長期的併發症。 ・其他代價：
11. 你避免參加令人愉悅的活動，例如社交活動和運動。	缺乏樂趣；缺乏運動；沮喪；羞愧感；孤立。 ・其他代價：
12. 你沉溺於痛苦之中，並過著沒有成就感的生活。	大量的痛苦及憂傷；對自己的人生感到遺憾；沮喪。 ・其他代價：

情況下，痛苦耐受技巧就類似於幫車子的油箱加油，讓你可以繼續向前邁進。自我安撫技巧的功能，就是替你帶來一定程度的平靜，並減緩痛苦，如此一來，你就可以釐清下一步該怎麼做。

自我安撫技巧還有另一項效用，就是可以幫助你學會以疼惜心善待自己。許多有壓倒性強烈情緒的人，在童年時期都曾有被虐待或忽視的經驗，而這些經歷教會他們的事，往往是如何傷害自己，而非幫助自己。因此，自我安撫技巧的第二個目的是教導你如何善待並關愛自己。

如何善用本章

當你閱讀以下幾組技巧時，請標記對你有幫助的技巧。那麼，在你讀完本章後，就能更輕易地為緊急情況制定一個轉移注意力的計畫。你也會暸解到如何設計一份放鬆技巧的表單，以幫助你在家中和外出時放鬆身心。然後，在接下來的兩章，你將學習更進階的痛苦耐受技巧。

技巧一：採取「REST 策略」

現在，你已經察覺自己有哪些自毀性及待改善的行為，以及為此付出的代價，而你需要學習的第一個痛苦耐受技巧是「REST 策略」，REST 是一個首字母略縮詞，提醒你要：

Relax／放鬆

Evaluate／評估

Set an intention／設定意圖

Take action／採取行動

要改變任何習慣的行為都是相當困難的，你得要明白自己想要改變什麼行動、何時改變，以及你想要執行哪些替代行動。然而，同等重要的一件事是，**需要你記得自己一開始想要有所改變的初衷**。「記住自己想要改變」往往是最困難的一步，尤其是當你覺得自己快要被情緒壓垮的時候。當你深陷於痛苦的情緒時，第一直覺往往是衝動行事，並基於習慣性而做出自毀性或

造成問題的行為。這是因為，除非你在那些情緒高漲的時刻已經做好準備，否則可能根本不記得自己曾計畫要改變行為。

那麼，當你的情緒已經難以承受時，如何準備做出更健全的決定呢？改變任何會造成問題或自毀性的行為，而且不要衝動行事的第一步，就是採用REST策略：放鬆、評估、設定意圖，並採取行動。

R－放鬆

這個過程的第一步是放鬆，停止你正在做的事情，停下動作，深吸一口氣，停頓下來。只要離開當下情境幾秒鐘，就足以看見不同視角。你不該做的，就是平時通常會做的事。不要衝動行事，盡最大努力提醒自己，你有機會做出不同的行為舉止。在衝動行事的渴望及實際反應之間創造一些「空間」，你甚至可以大聲說「停止」（Stop）、「放鬆」（Relax）或「休息」（Rest），來提醒自己不要如此快速且自動地做出反應。然後慢慢地呼吸幾次，幫助自己冷靜下來，再選擇一個有意義的替代行動。

E－評估

接下來，問問自己在這種情況下發生了什麼事。事實有哪些？你只需要進行快速的評估即可。**你不必搞清楚所有的事情**，也不必深入分析自己為什麼有這種感覺。**如果問題過於複雜，你甚至不必解決問題**。對於正在發生的事情，你只需要盡力瞭解大致的情況。例如，觀察自己在身體、情緒及精神上的狀態。此外，也要觀察周圍的人們在做些什麼。也許你只要問自己幾個簡單的問題，例如：「我感覺如何？」、「發生什麼事了？」、「有人處於危險之中嗎？」

S－設定意圖

第三步是設下做某件事的意圖，**這個意圖是關於你將要進行之事的目標、目的或計畫**。決定你要採取什麼行動，選擇你將在本書後面學習的一種因應技巧。問問自己，「我現在需要什麼？」你需要為自己做些什麼嗎？然

後，也許你可以選擇一種自己很快就學會的因應技巧或自我安撫技巧。或是，你需要解決更大的問題嗎？接著，你可以在本書後面的章節中選擇一種更進階的問題解決或溝通技巧。無論你選擇做什麼，它不一定是當前問題的最終或最佳解決方案，但希望它是健全的選項，可以幫助你應對。

T－採取行動

最後，採取行動，將你的計畫付諸實行。**謹慎行事，這意味著你必須慢慢前進，並意識到自己在做什麼。**不管你在上一步的意圖是什麼，現在就盡可能冷靜且有效地實踐。同樣的，這項行動可能不是手邊這個問題的最終解決方案，但如果你遵循這些步驟，謹慎留心的行動可能比衝動反應時所採取的自毀性行動更加健康，也更有效。

雖然這看起來似乎是浩大的工程，特別是當你覺得自己快要被情緒壓垮時，但透過練習，你在幾秒鐘內就可以完成這些步驟，並逐漸養成習慣。此外，請注意，在同一個情境中，你可能需要多次練習 REST 策略。因此，如果你第一次採取 REST 策略時不管用，請再重新開始一次。也許你錯過了一個重要的細節，或者有些事可能太快產生變化。請維持在「REST」的狀態，直到你覺得情況獲得解決，或者直到你能有效地擺脫這種情境為止。

在你瞭解 REST 策略之後，要改變自毀性及造成問題的行為的下一步，就是辨識並預測你可能必須使用 REST 策略的時機。通常，當你感受到強烈的負面情緒，特別是一種讓你想要避免某事或對某人變得有攻擊性的情緒，就是該以不同方法去應對的時刻。當你有這種情緒時，通常表示有某些事情正在發生，需要你做出選擇：衝動行事並以平時的反應行事，或是使用本書的因應技巧，並做出不同的行為。

另一個需要使用 REST 策略的真正指標是，如果你突然在情緒、精神或身體上感到痛苦；這表示你需要做出選擇才去做某件事。

最後，如果你注意到自己有衝動行事的欲望，出現了平時的自毀性行為，即使不知道原因為何，你也可能需要使用 REST 策略。

這三種情況都表明了你面臨選擇的時刻：你可以採用平常的方式行事，衝動地做出反應，並可能為自己或他人帶來痛苦；或者，你可以放鬆、評估、設定意圖，接著採取行動去運用本書中更健康的因應技巧。

要瞭解如何使用這本書，在此提供兩個例子。我們來看看布萊恩和莎拉如何採用 REST 策略。

運用 REST 策略的例子

布萊恩時常與妻子凱莉發生爭執。通常，爭吵會導致他對著凱莉大喊大叫，說她是「一文不值」的配偶，然後進一步地貶低她。之後，當布萊恩感到羞愧時，會突然離家，去附近的酒吧喝不少的酒，也花了不少錢。

不過，最近布萊恩一直在學習本書的因應技巧。他知道哪些技巧對自己相當有用，但當他的憤怒和沮喪令他難以忍受且無法抑制情緒時，就時常忘了使用這些技巧。他知道自己需要好好利用 REST 策略，因此在家中四處貼滿了寫有「REST」的鮮豔便利貼。

下一次，當布萊恩和凱莉開始爭論時，布萊恩看見了其中一張便利貼，提醒了他要使用這個策略。首先，他停下所有動作，試著讓自己放鬆下來。他停止對凱莉大喊大叫，然後深吸了一口氣，放鬆身上所有緊繃的肌肉。接下來，他對情勢進行評估，快速地想著當下發生了什麼事。

他和凱莉吵架的原因，是她沒有幫他洗工作要穿的制服，但他隔天早上才要上班，而他一開始也沒告知她需要洗那件制服。此外，仍有許多時間可以處理這件事。他也同時認知到，現在並非什麼緊急情況；是他的憤怒讓自己被壓得喘不過氣。

他想離開家去酒吧喝幾杯酒，但他沒有這麼做，反而設定了一個意圖。他需要待在家裡、冷靜下來，不做任何會進一步破壞他與凱莉之關係的事。布萊恩持續努力地改善自我安撫技巧及溝通技巧，因為他知道自己需要好好使用這些技巧。

最終，他採取了行動，告訴凱莉，他意識到是自己沒有請求她幫忙洗制服，同時，他感到很生氣，需要去臥室獨自冷靜一下。然後，他躺在床上，

放一些舒緩的音樂，練習正念覺察呼吸（請見第二章，79頁），直到他感到平靜並可以出來向凱莉道歉為止。

莎拉也在對抗自己的壓倒性強烈情緒，這往往會導致她因過度憤怒而疏遠他人，甚至是陌生人。有一天，她帶著一件衣服要去服飾店退貨，因為她買回家後才發現衣服上有汙漬。光是要一路開車回到商場，就已經讓莎拉感到煩心了，而她一想到那個讓衣物沾有汙漬卻又將它留在貨架上待售出的「白癡」，就更加憤怒了。

更糟糕的是，莎拉抵達後，收銀員告訴莎拉，因為她買的是特價洋裝，不能退貨，讓莎拉非常生氣。

過去，莎拉會當著所有人的面對著收銀員大喊大叫，但她最近不斷和治療師一起練習因應技巧，也被鼓勵要運用 REST 策略。因此，莎拉沒有大喊大叫，而是停下所有動作，在腦海裡想著「停止」，深吸一口氣，試著放鬆下來。

然後，她評估了一下狀況。她非常生氣，也知道如果自己試著與收銀員對談，雙方很快就會陷入爭吵。這不是「生死攸關」的緊急狀況，但莎拉已經支付了一大筆錢，她想要退款。

接下來，她設定了一個意圖。她意識到，在與收銀員談論這個問題之前，自己需要先冷靜下來。她發覺自己的因應技巧是：必須短暫離開商店，並使用因應想法（coping thought）來冷靜下來。

最後，她採取行動，告訴收銀員她需要出去一下，但很快就會回來。接著，莎拉在店外坐了下來，緩慢地吸了幾口氣，並重複她的因應想法：「我現在沒有危險」和「這些只是我的感覺，但它們最終會消失」。幾分鐘後，她感覺到自己已經平靜下來了，便回到店內，再次與收銀員交談。莎拉解釋說，她到家後才注意到汙漬，她想要退款。

然而，收銀員仍然堅持不能把錢退還給莎拉。

現在，莎拉感到困惑且憤怒。她預期自己只要採用了 REST 策略，冷靜下來後就能解決問題，但事實並非如此。因此，她決定再試一次。

她再次停下動作，緩緩地吸了一口氣，盡可能地放鬆。隨後，她迅速評

估了一下情況。「這到底是什麼情況？」她心想。她看了看收銀員的名牌，注意到上面寫著「實習生」。多年來，莎拉時常光顧這家商店，不曾遇到退貨的問題，所以她想確認這位實習生所說的是否為正確資訊。隨後，莎拉決定使用最近學到的一些自信溝通技巧，最後採取行動，禮貌地詢問收銀員，她是否可以與經理談談。後來，這位經理改正了這個情況，並允許莎拉退還那件洋裝。

莎拉的問題並沒有因為使用一次 REST 策略而自動地改正。但是，她憑藉著毅力，在第二次嘗試要避免因憤怒而疏遠他人時，REST 策略確實發揮了作用。

◆ 自我練習：REST 策略

現在，請你試著採用 REST 策略。回想一下你最近遇到的艱困情況，它讓你陷入壓倒性強烈情緒中。請你盡力確認自己因衝動而做了哪些自毀性行為（如果有的話），以及如果你採用 REST 策略，會如何更理想地應對這種情況。

此時，請不必擔心自己不知道該採用什麼確切的因應策略（你很快就會學到了），而是試著描述對你有幫助的一般因應策略。例如，「學習如何讓自己平靜下來」或「學習與妻子進行更良好的溝通」。然後，當你繼續把這本書從頭到尾閱讀一遍時，試著找出對你有幫助的某些特定技巧。

・在這種令人沮喪的情況下，發生了什麼事？

_____

_____

・你有什麼感覺？

_____

_____

・你做了什麼事？

_____

_____

・你是否做了任何自毀性行為？如果有的話，是什麼行為？

_____

_____

現在採用 REST 策略，並想像一下事情會有哪些不同的發展。

・在這種情況下你可以如何放鬆（R）？

_____

_____

・如果你進行了評估（E），會發現什麼事？

_____

_____

・如果你設定了一個意圖（S），它會是什麼？

_____

_____

・如果你在這種情況下採取行動（T），會發生什麼事？

_____

_____

・如果你採用 REST 策略，整體的優勢是什麼？

_____

_____

要針對自己的行為做出任何形式的改變，都是相當困難的，而在你面臨壓倒性強烈情緒的挑戰時，這將會更加困難。因此，在本書接下來的內容中，很重要的一點就是**你要不斷地提醒自己去採用 REST 策略**。

REST 策略本身並不是一項技巧，而是一種需要運用在本書介紹的技巧之中的策略。因此，隨著你持續瞭解每種因應技巧，問問自己如何將該項技巧融入 REST 策略。

然後，每當你遇到具有挑戰性的情況、覺得快要被情緒壓垮，或是需要做出選擇時，請記住 REST 策略並運用因應技巧。

每當你提醒自己採用 REST 策略，往後就會更加自然地使用它。甚至，你可以像布萊恩一樣，考慮在彩色便利貼上寫下「REST」，然後將便利貼張貼在家中及工作場所，以便提醒自己。

技巧二：全然接納

如果要提高忍受痛苦的能力，就要從改變你的態度開始，你需要一種名為「全然接納」的概念，這是一種以不同方式看待人生的方法。在第二章，你將面臨一些關鍵的問題，以幫助你檢視自己使用全然接納的體驗。不過，我們會先簡略地介紹這個概念。

一般而言，當一個人感到痛苦時，第一種反應是憤怒或難過，或是責怪一開始造成這種痛苦的人。但不幸的是，無論你將這種痛苦歸咎於誰，你的痛苦依然存在，你仍持續在受苦。事實上，在某些情況下，你越是生氣，痛苦就越是加劇。

對某種情況感到憤怒或難過，也會讓你看不到真正發生的事情。你是否曾聽過「被憤怒蒙蔽了雙眼」的說法？這種情況經常發生在具有壓倒性強烈情緒的人身上。

持續評判自己或他人，或是對情況過度地苛刻評論，就像在室內戴上深色的太陽眼鏡一樣。如此一來，你會遺漏許多細節，也看不見事物的真實本質。**要是你憤憤不平並認定某種情況不應該發生，就忽略了「它確實已經發生，而你必須處理它」的這個重點。**

對情況過於不滿，只會阻礙你採取措施來改變現況。你無法改變過去，如果你將時間浪費在與過去奮戰，一廂情願地認定憤怒能改變早已發生的事件之結果，最終只會變得氣餒且無助，那麼事情將無法獲得有效的改善。

因此，**對情況過度地妄加評判，或是對自己或他人過度批評，往往會導致更多的痛苦、遺漏細節及停滯狀態**。顯而易見地，憤怒、難過或挑剔都無法改善情況，那麼你還能做什麼呢？

另一種選擇就是全然接納，也就是承認你當下的處境，不管那是什麼狀況，都完全不對事件妄加評判或是批評你自己。相反的，試著認知到你目前會陷在這個處境中，是因為很久以前所發生的一連串事件而起。

例如，很久之前，你（或是其他人）認為你正在經歷情緒上的痛苦，而你需要幫助；於是，幾天後，你到書店（或上網）購買了這本書；然後，今天你想要閱讀這一章，最終坐了下來，翻開書並開始閱讀，所以現在，你可以讀到此處的文字。

否認這一連串的事件，並不能改變早已發生的事情。試圖與這一刻搏鬥，或是嘴巴上說事情不應該這樣，都只會為你帶來更多的痛苦。**全然接納代表著審視你自己及當下的情況，並如實地看待一切**。

請記住，**全然接納並不代表你寬恕或同意他人的惡劣行為**。這只是代表你不再試著藉由憤怒或責備當下情況，來改變早已發生的事情。例如，你正處於一段暴力關係中，你需要離開，那就離開吧。不要浪費時間在繼續責怪自己或其他人，並且不斷地受苦，那對你毫無幫助。將注意力重新聚焦在當下所能做的事情上，將能使你更清楚地思考，並找到更理想的方式來因應自己的苦難。

全然接納的應對陳述

為了幫助你開始全然接納，使用應對陳述來提醒自己，往往很有幫助。請利用下提供的例子及空行，來創造你自己的全然接納陳述句。請勾選你願意用來提醒自己的句子，好讓你能接受當下時刻及一連串事件所引發的事件。然後，在下一項練習中，開始使用你所選擇的陳述。

□「這是事情必然的結果。」

□「所有事件的發生，造就了現在。」

□「我無法改變早已發生的事情。」

□「與過去奮戰毫無意義。」

□「與過去奮戰只會讓我看不見自己的當下。」

□「現在是我唯一能控制的時刻。」

□「抵抗早已發生的事情，只是在浪費時間。」

□「當下的時刻如此完美，即使我不喜歡正在發生的事情。」

□「考量過往發生的事，這一刻正是事情應當的樣子。」

□「正是其他一百萬個決定，造就了這一刻。」

□ 其他想法：＿＿＿＿＿＿＿＿＿＿＿＿＿＿＿＿＿＿＿＿

◆自我練習：全然接納的陳述

現在，使用你所勾選的應對陳述，開始全然接納不同的人生時刻，而不去妄加評判。

當然，非常痛苦的情況總是令人難以接受，所以你可以先從比較小的事件著手。

以下提供一些建議，請勾選你願意做的項目，並加上一些自己的想法。接著，使用你的應對陳述來全然接納這種情況，而不去妄加評判或批評。

□ 閱讀報紙上一個有爭議的故事時，不評判發生的事件。

□ 下次遇到交通擁擠的情況時，請耐心等待，不要表示不滿。

□ 觀看電視上的世界新聞，不要對正在發生的事情抱持批評的態度。

□ 聽廣播中的新聞報導或政治評論，不要妄加評判。

□ 回顧生活中一件比較不令人沮喪的不愉快事件，並用全然接納的方式來記住這件事，而不評判。

□ 其他想法：＿＿＿＿＿＿＿＿＿＿＿＿＿＿＿＿＿＿＿＿

技巧三：轉移注意力以遠離自毀性行為

辯證行為治療最重要的目的之一，是幫助你停止自毀性行為，例如割傷、燒傷、抓傷及自殘。當你做了其中一種行為時，沒有人可以否定你所承受的痛苦。一些面臨壓倒性強烈情緒的人說，自我傷害甚至可以暫時減緩自己所承受的部分痛苦。

這件事或許是真的，但事實是，如果你採取極端的做法，這些行為有可能造成嚴重的永久性傷害，甚至是死亡。

想一想你一生中曾經歷的所有痛苦，再想一想那些所有在身體、性方面、情緒及言語上曾經傷害你的人。顯然，在當下繼續傷害自己並沒有意義，但這些自毀性的習慣很難停止或改變。甚至，你可能會對名為「腦內啡」（endorphins）的天然止痛劑上癮，因為當你傷害自己時，身體就會自動分泌腦內啡。

然而，如果你真的想從過往經歷的痛苦中完全恢復健康，應該採取的首要步驟之一，就是停止這些自毀性行為。或許這很難做到，但這些類型的自毀性行為非常危險，值得你盡最大的努力來控制。

與其做一些可能造成嚴重甚至永久性傷害的行為，不如嘗試採用以下的替代行為，其中一些可能聽起來很奇怪，甚至會造成輕微的疼痛，但其破壞性遠遠不及割傷、燒傷及自殘。

當然，最終目標是永久地停止各種形式的自毀性行為，但在你能夠做到這一點之前，這些行為是造成較小危害的替代方案。在心理學中，這種減少危害及破壞的策略被稱為「減少傷害」（harm reduction），通常是由那些與毒癮搏鬥的族群所運用。

◆自我練習：減少傷害的替代行為

在此提供一些可以轉移注意力但較為安全的行動，好讓你擺脫自毀性的情緒和想法。請勾選你願意做的項目，並加上你所能想到但未列於清單上的無害之健康活動：

- [ ] 不傷害自己，而是選擇用一隻手握住並擠壓冰塊。冰冷的感覺會令人麻木，而且非常令人分神。
- [ ] 用紅色簽字筆在自己身上寫字，而不要割傷自己。精確地畫出你本來想要割傷的部位，使用紅色油漆或指甲油讓它看起來像是在流血，然後以黑色馬克筆畫上縫合的痕跡。如果你需要更加轉移注意力，可同時用另一隻手捏住一顆冰塊。
- [ ] 每次你想傷害自己時，輕輕地在手腕上繫一條橡皮筋。這可能會導致一些輕微的暫時性疼痛，但它造成的永久性傷害比割傷、燒傷或自殘更輕微。
- [ ] 輕輕地把指甲戳入手臂中，但不要將皮膚弄破。
- [ ] 在氣球上畫你討厭之人的臉，然後將它們戳破。
- [ ] 寫信給你討厭或曾傷害你的人。告訴他們，他們曾對你做了什麼事，以及你討厭他們的原因。接著，將信件扔掉或保存下來，以備日後閱讀。
- [ ] 盡可能用力將泡棉壓力球、捲起的一球襪子或枕頭，扔到牆面上。
- [ ] 把頭埋進枕頭裡並盡可能地大聲尖叫，或者在不會引起他人注意的地方尖叫，例如在喧鬧的演唱會或是自己的車子裡。
- [ ] 將大頭針插在玩偶身上，而不傷害自己。你可以利用一些捲起的襪子、一顆泡棉壓力球及一些馬克筆，來製作一個玩偶。或者，你可以到商店購買一個專門用來插針的玩偶，請購買較柔軟且易於插針的玩偶。
- [ ] 哭泣。有時人們會選擇做其他事情而不是哭泣，因為他們擔心自己只要一開始哭泣，就永遠無法停下來。但這種事從來就不會發生，事實上，哭泣會讓你感覺好一些，因為它可以釋放壓力荷爾蒙。
- [ ] 運動。到健身房或瑜伽工作室，做一些健康的事情來消減你的痛苦和沮喪。進行長時間的遠距離散步或是長跑。以積極的方式來消耗你感受到的破壞性能量。
- [ ] 其他無害的健康想法：＿＿＿＿＿＿＿＿＿＿＿＿＿＿＿＿＿＿＿＿

參考案例

以下提供一個利用替代行為來轉移自毀性情緒的參考案例。

當露西感到難過或生氣時，時常會割傷自己。她的手腕和前臂上有數十處的傷疤，即使在炎熱的夏季，她也穿著長袖襯衫，因為當別人看見她對自己做的事時，她總是感到難堪。然而，當她從本書得到一些想法後，便制定了一個轉移注意力的計畫。因此，下次她生自己的氣並想割傷自己時，就會查看自己的替代行動計畫。

她寫下了以紅色簽字筆在自己身上畫畫的想法。她在想要割傷的位置畫下一條線，甚至加上紅色的繪畫顏料，讓它看起來像是在流血的樣子。當天接下來的時間裡，她都將這個塗鴉留在手臂上，以提醒自己有多麼悲傷及充滿了壓倒性強烈情緒。但是，她在入睡之前就能夠擦去手臂上的「疤痕」和「血跡」，這不同於其他永久性受傷所留下的痕跡。

以愉快的活動來轉移注意力

有時做一些讓你感覺良好的事情，就是讓自己分心並脫離痛苦情緒的最佳方法。但是，請記住，你不必等到情緒已經超過負荷才採取這些行動，定期參與這些相關的活動也很有幫助。事實上，每天你都應該要試著進行一些令人愉快的事。運動也相當重要，它不僅有益於整體身心健康，也有一些實例證明了，運動是治療某些憂鬱症的有效方法。此外，運動會釋放體內的天然止痛劑——腦內啡（與割傷自己時所釋放的止痛物質相同），幾乎立即就能讓你感覺良好。

以下列了一百多項可用來轉移注意力，並令人心情愉快的活動。

愉快活動清單

勾選你願意做的項目，並加上任何你能想到但未列於清單上的活動：

□ 打電話與朋友聊天。

□ 出去拜訪一位朋友。

□ 邀請一位朋友到你家拜訪。

□ 傳簡訊或發電子郵件給朋友。

□ 舉辦派對。

□ 運動。

□ 舉重。

□ 做瑜伽、太極或皮拉提斯，或參加這些活動的學習課程。

□ 伸展肌肉。

□ 在公園或其他安靜的地方長時間散步。

□ 到戶外看雲。

□ 去慢跑。

□ 騎自行車。

□ 去游泳。

□ 去登山健行。

□ 做一些令人興奮的事情，例如衝浪、攀岩、滑雪、跳傘、騎機車或划獨木舟，或者去學習如何做上述這些活動。

□ 到自家附近當地的遊樂場，加入他人正在玩的遊戲或觀看遊戲。

□ 如果身旁沒有其他人，你可以去玩一些能獨自進行的事，例如打籃球、保齡球、手球、迷你高爾夫球、撞球，或是將網球來回打在牆面上。

□ 去按摩，這也有助於安撫情緒。

□ 走出家門，即使只是坐在房子外面。

□ 開車或搭乘公共交通工具去兜風。

□ 計畫去一個你不曾去過的地方旅行。

□ 睡覺或小睡一下。

□ 吃巧克力（它對你有好處！），或吃你真正喜歡的其他食物。

□ 吃你最喜歡的冰淇淋。

□ 烹煮你最喜歡的一道菜或餐點。

□ 烹煮你以前從未嘗試過的食譜。

□ 去上料理課程。

☐ 出門去吃點東西。

☐ 去戶外和寵物一起玩。

☐ 去向一位朋友借狗並帶牠去公園。

☐ 幫寵物洗澡。

☐ 到外面去看看鳥類和其他動物。

☐ 找一些有趣的事來做，例如在 YouTube 上看一段有趣的影片。

☐ 看一部有趣的電影（開始收集有趣的電影片單，在你感到痛苦時來
　 觀看）。

☐ 到電影院看上映中的電影。

☐ 看電視。

☐ 收聽廣播。

☐ 參加體育賽事，例如棒球或足球比賽。

☐ 和朋友一起玩遊戲。

☐ 玩單人紙牌。

☐ 玩電子遊戲。

☐ 上網聊天。

☐ 上你最喜愛的網站。

☐ 上一些瘋狂的網站並將它們加入網頁書籤中。

☐ 建立你自己的網站。

☐ 創立你自己的線上部落格。

☐ 加入網路交友軟體。

☐ 在網路上出售你不想要的東西。

☐ 在網路上購物（在你的預算範圍內）。

☐ 拼一個片數很多的拼圖。

☐ 撥打危機熱線或自殺防治熱線，與某人交談。

☐ 逛街。

☐ 剪頭髮。

☐ 到水療中心。

- ☐ 到圖書館。
- ☐ 到書店看書。
- ☐ 到最喜愛的咖啡館喝杯咖啡或茶。
- ☐ 參觀博物館或當地的藝術畫廊。
- ☐ 到商場或公園觀看其他人；試著想像他們在想些什麼。
- ☐ 祈禱或冥想。
- ☐ 到你所屬的教堂、寺廟或其他宗教的信仰中心。
- ☐ 加入一個信仰團體。
- ☐ 寫一封信給上帝或神明。
- ☐ 打電話給很久沒聯繫的家人。
- ☐ 學習新的語言。
- ☐ 唱歌或學習如何唱歌。
- ☐ 演奏一種樂器，或學習如何演奏一種樂器。
- ☐ 寫一首歌。
- ☐ 聽一些輕快且快樂的音樂（開始收集快樂的歌曲清單，於心情消沉時播放）。
- ☐ 在你的房間裡播放一些大聲喧噪的音樂並開始跳舞。
- ☐ 熟記你最喜愛的電影、戲劇或歌曲中的句子。
- ☐ 用智慧型手機製作電影或影片。
- ☐ 拍照。
- ☐ 加入公眾演講社團小組，並寫一篇演講稿。
- ☐ 參與當地的戲劇團體。
- ☐ 在當地的唱詩班唱歌。
- ☐ 加入一個社團。
- ☐ 打造一座花園。
- ☐ 在戶外工作。
- ☐ 編織、鉤編或縫紉，或學習如何做這些事。
- ☐ 用一些圖片來製作剪貼簿。

□ 塗上指甲油。

□ 改變你的髮色。

□ 洗個泡泡浴或淋浴。

□ 修理你的汽車、卡車、機車或自行車。

□ 報名加入附近的大學、成人進修學校或網路上讓你期待的課程。

□ 閱讀你最喜歡的書、雜誌、論文或詩歌。

□ 讀一本沒什麼內涵的名人雜誌。

□ 為朋友或家人寫一封信。

□ 在你的全身照上，寫下你喜愛的關於自己的事情，或畫在照片上。

□ 寫一首關於你或他人之人生的詩歌、故事、電影或戲劇。

□ 在你的日記中，寫下今天發生的事。

□ 心情好的時候寫一封情書給自己，並在心情不好的時候隨身攜帶及
   閱讀。

□ 在你感覺良好的時刻，列下你擅長或喜歡自己的十件事，並在感到
   沮喪時隨身攜帶及閱讀。

□ 畫一張圖畫。

□ 用畫筆或手指畫一幅畫作。

□ 與你關心、敬重或欽佩的人共度時光。

□ 列出你欽佩及想要成為的人，歷史上的真實人物或虛構人物都行。
   描述你欣賞這些人的地方。

□ 寫一個故事，講述發生在你身上的最瘋狂、有趣或有意義的事情。

□ 列出你死前想做的十件事。

□ 列出你想和他當朋友的十位名人，並說明原因。

□ 列出你想要約會交往的十位名人，並說明原因。

□ 為某位讓你的人生變得更美好的人寫一封信，告訴他們原因。（如
   果你不想的話，也不必寄出這封信。）

□ 打造屬於你自己的心情愉快活動清單。

□ 其他想法：＿＿＿＿＿＿＿＿＿＿＿＿＿＿＿＿＿＿＿＿＿

以下提供一個使用愉快活動來轉移注意力的參考案例。

凱倫感到孤獨，時常覺得自己無所事事。當她獨自一人坐在家中時，就會開始思考自己一生如此孤獨，在成長過程中又如何被父親傷害。很快的，凱倫就被極其痛苦的情緒所淹沒。事實上，這些回憶還引發了她肩膀的疼痛。

凱倫開始哭泣，不知道該怎麼做才好。

幸運的是，她還記得自己所制定的轉移注意力計畫。對凱倫而言，運動一向是有效的工具，所以她花了許多時間在公園裡散步，同時聆聽喜歡的音樂。

這項活動並未抹去她的記憶或全然消除她的痛苦，但長程的步行確實撫慰了她，讓她不再深陷悲傷之中。

以關注別人來轉移注意力

另一個讓自己分心且脫離痛苦的好方法，就是將注意力放在別人身上。以下提供一些參考範例，請勾選你願意做的項目，並加上任何你能想到但未列於清單上的活動：

☐ **為別人做一些事。**打電話給朋友，問問他們是否需要幫忙，例如做家事雜務、買生鮮雜貨，或進行屋內的清理打掃。詢問你的父母、祖父母或兄弟姐妹，你是否可以協助他們做些什麼。

☐ **不要將注意力放在自己身上。**到附近的商店、購物中心、書店或公園，坐下來觀察其他人，或在人群中間走動，觀察人們的行為。觀察他們如何穿著，聆聽他們的對話，並數一數他們身上襯衫的鈕扣數量，盡可能地觀察這些人身上的細節。數一數藍色眼睛及棕色眼睛的人數。

當你的念頭回到自己的痛苦上時，再次關注你正在觀察的這些人身上的細節。

☐ **想一想你關心在意的人。**將這個人的照片放在你的皮夾或包包裡。

這個人可能是你的丈夫、妻子、父母、男朋友、女朋友、孩子或朋友，也可能是你崇拜的其他人，例如泰瑞莎修女、甘地、耶穌或達賴喇嘛等等，甚至可以是電影明星、運動員或你從未見過的人。然後，當你感到難過時，拿出這張照片想像一下，在你感到受傷的這一刻，可以與這個人交談，跟他們進行一次療癒且平和的一段談話。他們對你說了什麼而可以幫助你感覺更好一些？想像一下他們對你說的那些話。

☐ 其他想法：＿＿＿＿＿＿＿＿＿＿＿＿＿＿＿＿＿＿＿＿

參考案例

以下提供一個藉由關注別人來轉移注意力的參考案例。

路易絲與男友羅傑爭吵，因而心煩意亂。很快地，當路易絲開始回憶自己和羅傑過往的爭執時，便陷入了悲傷之中。

路易絲走到辦公桌前，那裡放了一張她母親的照片。她坐下來，開始與母親的照片交談，就好像母親就在她身邊一樣。她請求力量和指引，好讓她可以處理自己與羅傑的情況。接著，她想像著母親會如何回應她，她開始覺得好多了。

後來，當路易絲能夠更加清楚地思考時，就能夠回來做當天需要做的事務了。

轉移思緒

人類的大腦是一個奇妙的思想產生機器，每天會產生數百萬個想法。多數時候，這會讓我們的人生變得更加輕鬆，但不幸的是，我們無法完全控制自己的大腦在想些什麼。

在此舉一個例子，請想像一下你最喜愛的卡通人物，例如兔寶寶、史努比、超人或其他任何角色。

請閉上你的雙眼，在腦海中看見這個角色的生動細節，準確地記住它的樣貌，以大約十五秒的時間來想著這個角色。好了嗎？現在，在接下來的

三十秒內，盡量不去想這個角色。試著從你的念頭中抹去這個角色，但要對自己誠實，注意這個角色出現在你腦海中的頻率。

事實上，你不可能不去想到這個角色；你越努力不去想它，賦予該畫面的力量就越大，你的大腦就越會不斷地將它帶入你的思緒之中。這就像是當你越努力想忘記一件事，大腦就越是努力地記住。因此，你不可能強迫自己忘記曾發生的經歷，也無法純粹地強迫自己擺脫不想要的情緒。

與其試著強迫自己忘記某個記憶或想法，不如嘗試用其他記憶或展現創意的圖像，來轉移注意力。以下提供一些參考範例，請勾選你願意做的項目，並加上任何你能想到但未列於清單上的活動：

☐ 記住你過去發生的愉快、有趣或令人興奮的事件。盡可能試著記住這些快樂回憶的細節。當時你做了什麼事？和誰在一起？發生了什麼事？

☐ 看看四周的自然世界。盡可能仔細地觀察花草、樹木、天空及風景。觀察周圍的任何動物，聽聽牠們發出的聲音。或者，如果你住在一個四周沒有太多自然景致的城市，請盡你所能去仔細觀察，或是閉上雙眼，想像一下你以前曾見過的景色。

☐ 想像自己成了一個英雄或女英雄，正在改正人生中過去或未來發生的一些事。你會怎麼做？人們會對你說些什麼？

☐ 想像一下，你很看重某個人的意見，而你得到了他的讚譽。你做了什麼事？這個人又對你說了什麼？這個人的意見對你而言為什麼會如此重要？

☐ 想像一下，你最瘋狂的幻想成真了。那會是什麼？還有誰參與其中？之後你會做些什麼？

☐ 隨身攜帶一份你最喜愛的祈禱文或諺語，在你感到痛苦憂傷時，拿出來讀給自己聽。想像一下那些讓你平靜且舒緩的詞句。在閱讀那些文字時，使用意象（例如從天上或宇宙降下的白色光芒）讓自己平靜下來。

☐ 其他想法：＿＿＿＿＿＿＿＿＿＿＿＿＿＿＿＿＿＿＿＿

以下提供一個使用轉移思緒的參考案例。

喬爾身處一段負面的愛情關係中，這段感情時常讓他想起母親對待他的方式。她不斷地批評他，說他是錯的。當這些回憶將喬爾淹沒時，他不知道該怎麼做。有時候，他會對著朋友或周圍的人大喊大叫。

但是，當喬爾制定了轉移注意力的計畫之後，就會有其他想法。當他下次想起母親責備他的記憶時，會記得採用自己的 REST 策略。首先，他盡量緩緩地呼吸幾口氣，好讓自己放鬆下來。接著，他會評估一下情況，意識到自己並非身陷危險之中。接下來，他會設定意圖來轉移注意力，接著起身行動，到房間裡躺下，然後開始想像自己是個孩子，勇敢地面對母親，對抗她的言語暴力。他會告訴她，那些他在多年前就想對她說出口的話。他會告訴她，錯的人是她，她應該停止批評他。喬爾以他多年前就想採取的方式，來控制這段想像情境的細節。之後，他的心情慢慢好轉，擺脫了讓痛苦情緒壓垮他的惡性循環。

以離開現場來轉移注意力

有時候，你所能做的事，就是離開現場。如果你和某人處於非常痛苦的狀況，並且你意識到自己的情緒將要把你壓垮，而情況會變得比現在更糟糕，那麼最好的辦法就是離開。請記住，如果你深陷於情緒之中，就很難想出一個健康的解決方案來化解。也許，最好的方法是跟那個情境保持距離，給自己一些平復情緒的時間，並思考下一步該怎麼做。如果那是你能做的最佳選項，那就離開吧。這遠比在情緒上火上加油更為理想。

以下提供一個以離開現場來轉移自己注意力的參考案例。

安娜正在一家大型百貨公司購買一件襯衫。她希望其中一位店員幫她確定尺碼，但店員正忙著接待其他顧客。安娜盡可能地等待，並一直試圖引起店員的注意，卻無濟於事。安娜意識到自己很快就生氣了，除了很想

把那件襯衫撕成兩半之外，不知道自己還能做什麼。以往的她，肯定會待在店裡更加生氣，但這一次，她記得要離開了。她走出商店，在別處買了一些東西，等到百貨公司不那麼擁擠，而且她覺得可以更好地控制自己的行為時，再回來買這件襯衫。

以家事雜務來轉移注意力

很奇怪的一件事是，許多人不會安排足夠的時間來照顧自己，或是照料自己的生活環境，結果是無法完成一些家事雜務。現在就是一個絕佳機會，請做點什麼來照顧自己及四周的環境。下一次，當情緒讓你感到痛苦不堪時，請藉由以下活動來暫時轉移自己的注意力。請勾選你願意做的項目，並加上任何你能想到但未列於清單上的活動：

☐ 洗碗。

☐ 打電話給近期沒有聯繫的人，但不要打給你正對他生氣的對象。

☐ 打掃房間或房子，或幫助朋友做清潔或園藝工作。

☐ 清理衣櫃並將舊衣捐贈出去。

☐ 重新裝修一個房間，或至少整理牆面。

☐ 整理你的書籍、音樂播放清單或電腦桌面等等。

☐ 如果你還沒找到一份工作，請制定一份求職計畫或尋找理想工作的計畫。

☐ 去剪頭髮。

☐ 做手指甲或腳指甲的保養療程，或兩項一起做。

☐ 去按摩。

☐ 洗自己或別人的車。

☐ 修剪草皮。

☐ 清理車庫。

☐ 洗衣服。

☐ 做作業。

☐ 完成帶回家的工作。

□ 擦亮鞋子。

□ 擦亮珠寶首飾。

□ 清洗浴缸，接著洗個澡。

□ 澆灌植物，或在花園裡做園藝工作。

□ 為自己和朋友做晚餐。

□ 繳付帳單。

□ 參加一個互助團體的會面，例如戒毒匿名會、戒酒匿名會，或是過量進食者匿名會。

□ 其他想法：_____

參考案例

以下提供一個以工作及家事雜務來轉移注意力的參考案例。

麥可打電話給女朋友蜜雪兒，想找她去看電影，但蜜雪兒已經跟朋友安排了其他計畫。麥可難以置信，覺得自己被拒絕、被拋下，開始對蜜雪兒大喊大叫，蜜雪兒便掛斷了電話。這讓麥可的心情更糟糕，不知道該怎麼辦。很快地，他就開始覺得頭昏眼花，情緒變得非常憤怒。

但這一次，麥可沒有回撥電話給蜜雪兒而造成爭吵，而是打開了皮夾，拿出先前制定的轉移注意力計畫（在本章的最後，你也會制定一份計畫），上頭寫有「使用 REST 策略，做一些家事雜務來轉移注意力」。

於是，麥可深吸幾口氣，讓自己放鬆下來，接著評估了一下情況。他意識到自己很生氣，但沒有處於危險之中。接下來，他設定了一個意圖並選擇去理髮，因為這至少需要花上兩個小時，到時候他可能就冷靜下來了。最後，他採取行動，步行了一公里去理髮店。

走出家門有助於平息他的怒火，當他回到家時，心情已經冷靜得可以打電話給蜜雪兒，詢問她隔天是否有空。

以數算來轉移注意力

數算是一項簡單的技巧，它可以讓你的大腦保持忙碌，並幫助你專注於

疼痛以外的事情。以下有幾個例子，請勾選你願意做的項目，並加上任何你能想到但未列於清單上的活動：

☐ 數著你的呼吸。請坐在一張舒適的椅子上，將一隻手放在腹部，慢慢地進行一次很長的呼吸。想像一下，將空氣吸進腹部裡而不是肺裡；每一次吸氣時，感覺到自己的腹部像氣球一樣膨脹；開始數著你的呼吸。當你不可避免地開始思考那些讓你感到痛苦的事情時，請將注意力再放回在數算呼吸上。

☐ 數著其他事物。如果你太深陷於自身情緒而無法轉移注意力，只需要數著你聽到的聲音即可，這會讓你把注意力轉移到自身之外。或者，你可以試著數一數經過的汽車數量、你感受到的知覺之數量，或者任何你可以用數字來量化表達的東西，例如你看著的那一棵樹有幾根樹枝。

☐ 以七為倍數單位進行減法。例如，從一百開始減去七，然後將得到的答案再減七，並繼續往下算。這項活動真的可以讓你脫離自己的情緒，因為這需要額外的注意力和專注。

☐ 其他數算的想法：_____

参考案例

以下提供一個使用以數算來轉移注意力的參考案例。

當朵恩的母親要求她幫忙擺設晚餐餐具時，她開始感到不悅。朵恩心想，「她總是要求我應該要做些什麼。」她感覺到自己的怒火不斷攀升，所以回到房間裡，並想起上次出現這種情況時，數算呼吸有助於她的情緒得到平復。她坐下來，開始數算呼吸。十分鐘後，她的心情已經平靜許多，才回到飯廳。

打造你的轉移注意力計畫

現在就來找出當你下次身陷痛苦及不安的情境時，你願意採用哪些轉移注意力的技巧。你選定的這些技巧，將會組成你的轉移注意力計畫。請記

住，**你的痛苦耐受計畫的第一步，應該是採用 REST 策略，其中可能包括了轉移注意力的技巧。**

將你選定的轉移注意力技巧寫在下方。完成後，將它們再次寫在便利貼上，放在皮夾或包包裡隨身攜帶，或者使用筆記應用程式將文字記錄在智慧型手機裡。下一次，當你身陷痛苦情況時，就能拿出便利貼或打開應用程式，用轉移注意力計畫來提醒自己。

表 1-2：我的轉移注意力計畫

1. 採用 REST 策略：放鬆（R），評估（E），設定意圖（S），並採取行動（T）。
2. _____
3. _____
4. _____
5. _____
6. _____
7. _____
8. _____
9. _____
10. _____

技巧四：放鬆和安撫自己

現在，你已經學會了一些健康有效的方法，可以在深陷痛苦情緒時用來轉移自己的注意力，不過，你也需要學習安撫自己的一些新方法。本節的活動有助於你放鬆，這是 REST 策略（放鬆、評估、設定意圖、採取行動）的第一步。接著，在本書後續的章節中，你將學會應對問題情境的具體技巧，包括了情緒調節技巧、正念覺察技巧，以及人際互動技巧。

基於許多原因，學會放鬆及安撫自己非常重要。當你放鬆時，身體會有

更好的感覺，也會以更健康的方式運作。在放鬆的狀態下，你的心跳會減慢，血壓也會同時降低。你的身體不再處於持續的緊急狀態，準備要應對極大壓力的情況或直接逃離，因此，你的大腦更容易聯想到更健康的方式來應對問題。

在此提供一些簡單的放鬆及舒緩活動，可以有效地應用你的五種感官：嗅覺、視覺、聽覺、味覺、觸覺。這些活動的意義，在於為你的生活帶來一點平靜祥和的感覺。因此，如果其中一項活動不能幫助你放鬆，或者讓你感覺更糟，請勿進行該項活動，並改為嘗試其他項目。

請記住，每個人都不一樣。例如，有些人聽音樂會更加放鬆，而有些人發現泡個熱水澡對他們很有效。

當你探索這份清單時，請思考什麼活動最適合你，如果是讓你感到興奮的新鮮事物，請樂於嘗試。

以嗅覺自我安撫

嗅覺是一種非常強大的感官，它通常可以觸發記憶並讓你有某種特別的感覺。因此，辨識出讓你感覺良好而非帶來負面感受的氣味，是非常重要的一件事。

以下提供一些想法，請勾選你願意做的項目，並加上任何你能想到但未列於清單上的活動：

☐ 在你的房間裡點香氛蠟燭或薰香，找到令你愉悅的一種香味。

☐ 使用能讓你感到快樂、自信或性感的香氛精油、香水或古龍水。

☐ 從雜誌上剪下帶有香味的卡片，放在手提包或皮夾裡隨身攜帶。

☐ 到一個能讓你聞到香味的地方，例如麵包店或餐廳。

☐ 自己烘烤巧克力餅乾等食物，使其散發令人愉悅的氣味。

☐ 躺在附近的公園草皮上，聞聞草地及戶外的氣味。

☐ 購買新鮮花束或在家附近尋找花朵。

☐ 擁抱一個他身上的氣味會讓你感到平靜的熟人。

☐ 其他想法：＿＿＿＿＿＿＿＿＿＿＿＿＿＿＿＿＿＿＿＿＿

以視覺自我安撫

視覺對人類來說至關重要，事實上，我們大腦有很大一部分專門負責視覺。你眼界所見的事物，往往會對你造成極其強大的影響，無論是好是壞。因此，找到對你有良好撫慰效果的圖像相當重要。同樣的，對於每個人而言，這都取決於個人的品味偏好。

以下提供一些想法，請勾選你願意做的項目，並加上任何你能想到但未列於清單上的活動：

☐ 瀏覽雜誌和書籍，剪下你喜愛的圖片。將那些圖片拼貼並放置於牆面，或是將其中一些圖片放在手提包或皮夾裡，以便出門在外時瀏覽查看。

☐ 尋找一個光是看著就能讓你舒緩心情的地方，例如公園或博物館。或者找一張能讓你看了就感到療癒的地點之照片，如大海。

☐ 到書店尋找一些讓你感到放鬆的照片或畫作，例如攝影師安瑟·亞當斯（Ansel Adams）所拍攝的自然風景照。

☐ 以鉛筆素描或畫出你自己喜愛的圖畫。

☐ 隨身攜帶你所愛之人、有吸引力之人或敬佩之人的圖畫或照片。

☐ 其他想法：＿＿＿＿＿＿＿＿＿＿＿＿＿＿＿＿＿＿＿

以聽覺自我安撫

有一些特定的聲音可以撫慰我們，例如，聽輕柔的音樂可能會讓人放鬆。事實上，這一整章都是我們在聆聽古典音樂的情況下所寫的。然而，每個人都有自己的愛好，你必須找到最適合你的方法。請使用以下例子，來辨識有助於你放鬆的聲音。請勾選你願意做的項目，並加上任何你能想到但未列於清單上的活動：

☐ 聆聽撫慰人心的音樂，可以是任何一種適合你的音樂，也可能是有歌聲或沒歌聲的音樂。在購買前請先上網試聽一些撫慰人心的音樂，並聆聽各種類型的音樂，以確定有助於你放鬆的是哪一種。然後，將音樂下載到智慧型手機上，這樣就可以隨時隨地收聽。

□ 聽有聲書，許多公共圖書館都可以借用CD有聲書籍或暫時性地下載有聲書。你可以借一些有聲書來聽，看看是否有助於放鬆，你甚至不必注意故事情節，有時候，光是聆聽某人說話的聲音就足以讓人感到非常放鬆。再次提醒，將一些有聲內容置於車內或下載至智慧型手機中。

□ 打開電視，直接聆聽內容。找一個無聊或平靜沉穩的節目，而不是那種激動人心的新聞節目。請在一張舒適的椅子上坐下或躺下，然後閉上雙眼，靜靜地聆聽。確保將音量調低而不會過於大聲。許多年前，美國公共電視上有個節目，主角是一位名為鮑伯‧羅斯（Bob Ross）的畫家。他的聲音非常具撫慰性且令人放鬆，以至於許多觀眾表示自己看著這個節目時睡著了。找一個性質類似的節目，來幫助自己放鬆。

□ 在線上收聽舒緩心情的播客或影片，或在收音機上找一個撫慰人心的談話性節目；請記住，**是舒緩心情的播客或訪談節目**，而不是會讓人難過或生氣的節目。再次強調，遠離那些關於政治的訪談節目及新聞，尋找一些討論內容中立的議題，例如線上的TED國際演講（TED Talks）系列，或是美國芝加哥公共廣播電台（WBEZ）的節目《美國小人物的大故事》（*This American Life*）。同樣的，有時候光是聆聽別人說話也能讓人放鬆。請將連結加入書籤中，或將最喜愛的播客下載至智慧型手機上，當你感到沮喪或生氣時就收聽。

□ 打開你家的窗戶，聽聽外面平和的聲音。或者，如果你住的地方外頭沒有輕鬆愉悅的聲音，就出門去一個有輕鬆愉悅聲音的地方，例如公園。

□ 聆聽大自然聲音的錄音，例如鳥類和其他野生動物的聲音。從網路上通常可以下載這些內容，並在智慧型手機上隨時收聽。

□ 打開白噪音機器來聽。白噪音（white-noise，註：指頻率和強度具規律性的聲音）是一種可以阻隔其他令人分心之聲響的聲音。你可以購買一台藉由循環空氣而產生白噪音的機器，打開風扇以阻隔令

人分心的聲響，或者用智慧型手機下載白噪音的應用程式。有一些白噪音機器及應用程式甚至也有其他聲音，例如鳥兒、瀑布及雨林的聲音，許多人覺得這些聲音令人感到特別放鬆。

□ 聆聽噴泉的聲音。在網路上可以買得到小型的電子噴泉，許多人發現家中有這種流水聲，令人感到相當療癒。

□ 聆聽一段冥想或放鬆練習的音檔，諸如此類的練習，可以幫助你想像自己以多種不同的方式放鬆；甚至，也有其他聆聽音檔的練習，能教導自我催眠的技巧，有助於你放鬆身心。這一類相關的錄音音檔可以在網路上或心理自助書出版社的網站上找到。然後，在你產生壓倒性強烈情緒時，可以在智慧型手機上隨時收聽這些內容。（請別在駕駛或操作設備儀器時收聽，如果你睡著了，可能會造成危險。）

□ 聆聽湍急的水聲或滴水聲。也許你所在附近區域的公園有瀑布，或者附近的購物中心有噴泉。或者，你只需要坐在家中的洗手間裡，聽著水龍頭流下自來水幾分鐘。

□ 其他想法：＿＿＿＿＿＿＿＿＿＿＿＿＿＿＿＿＿＿＿＿

以味覺自我安撫

味覺也是一種非常強大的感官。我們對味道的感覺會觸發記憶和感受，所以再次重申，最重要的是找到令你愉悅的味道。

但是，如果飲食對你來說是個問題，例如你有吃得太多、暴飲暴食、催吐或禁食型的飲食狀況，請諮詢專業人員，為自己尋求幫助。如果進食的過程讓你感到苦惱或緊張，請使用讓自己平靜下來的其他感官。

如果食物能讓你得到撫慰，可以使用下列的一些建議。請勾選你願意做的項目，並加上任何你能想到但未列於清單上的活動：

□ 享用你最喜愛的餐點，什麼都可以。慢慢地享用，如此一來你才能享受它的滋味。

□ 心情不好時，隨身攜帶棒棒糖、口香糖或其他糖果來享用。

□ 吃一些能讓你得到撫慰的食物，如冰淇淋、巧克力、布丁或其他讓你感覺良好的食物。

□ 喝一些具撫慰性的飲料，例如熱茶、咖啡或熱巧克力。練習慢慢地飲用，如此一來你才能享受它的滋味。

□ 吸吮冰塊或冰棒，尤其是在你感覺到溫暖的季節裡，享受它在口中融化的滋味。

□ 買一份新鮮多汁的水果，然後慢慢地享用。

□ 其他想法：_____

以觸覺自我安撫

我們經常忽略自己擁有的觸覺，但我們一直在觸摸各種物品，例如身上穿的衣服或坐的椅子。我們的皮膚是人體最大的器官，全部被神經所覆蓋，向大腦傳送各種感覺。某些觸覺可能令人愉悅，例如撫摸柔軟的狗；但也有其他令人震驚或痛苦的感覺，則是為了傳達危險訊息，例如觸摸熱燙的爐火。而且，每個人喜愛的觸覺各有不同，你必須找到令自己感到愉快的觸覺。在此提供一些建議，請勾選你願意做的項目，並加上任何你能想到但未列於清單上的活動：

□ 在口袋裡放一些柔軟或天鵝絨質感般的物品，以便在需要時可以觸摸，例如一塊布。

□ 洗個熱水澡或冷水澡，享受水滴落在皮膚上的觸感。

□ 洗個溫熱的泡泡浴，或泡個加入精油的熱水澡，享受肌膚得到舒緩的感覺。

□ 去按摩。許多曾經歷身體虐待及性虐待的人，不想被任何人觸碰，這是很容易理解的事。但是，並非所有類型的按摩都需要脫去外衣，有些按摩方式只需要穿上寬鬆的衣服，例如傳統的日式指壓按摩。還有，坐在按摩椅上進行肩頸按摩，也可以在不脫去衣服的情況下進行。如果擔心這一點，只需要詢問按摩治療師在穿著衣服的情況下可以進行哪種按摩。

☐ 幫自己按摩。有時只是搓揉自己痠痛的肌肉，就令人感到非常舒服及愉快了。

☐ 與你的寵物一起玩耍。擁有寵物有許多健康上的益處，那些家中有寵物的人，血壓及膽固醇通常較低，患心臟病的風險也較低，而且整體健康狀況也會有所改善。此外，與寵物玩耍、撫摸動物的皮毛或皮膚，也可以得到具撫慰性的觸覺體驗。如果沒有寵物，請考慮養一隻。或者，如果你無法負擔，或者你住的地方沒有寵物，請拜訪一位養寵物的朋友，或者去附近的動物收容所當志工，和那些被救助及收容的動物一起玩耍。

☐ 穿上你最舒服的衣服，例如最喜歡的舊T恤、寬鬆的運動套裝，或是舊牛仔褲。

☐ 其他想法： _____

打造你的放鬆計畫

你已經閱讀了使用五種感官來放鬆和撫慰自己的建議，請列下你願意使用的技巧。

如果想要得到一些想法，請查看你在前面勾選的那些活動。明確決定你將要做些什麼，列出一張可以在家嘗試的計畫清單，以及另一張出門在外時可以採用的計畫清單。

將這份清單擺在一個容易記起的位置，例如智慧型手機上的應用程式，甚至，你可以將清單多影印幾份，放在時常看見的地方，例如冰箱上、辦公桌上，或是床邊。藉由這種方式，就可以提醒自己盡可能地放鬆並得到撫慰。當你的痛苦情緒就快要將你壓垮、讓你無法保持清晰思緒時，它會讓你更容易安撫自己。

現在來打造一份類似的清單，以便出門在外時使用。再一次，回顧一下你在前面幾頁中勾選的一些安撫技巧，以提供自己一些想法，但請確保你出門在外時也可以使用這些技巧，例如，不要列下「洗個熱水澡」，因為當你不在家時，很可能沒有能讓你洗熱水澡的地方。

表 1-3：在家使用的放鬆和安撫技巧

1. _____
2. _____
3. _____
4. _____
5. _____
6. _____
7. _____
8. _____
9. _____
10. _____

表 1-4：外出使用的放鬆和安撫技巧

1. _____
2. _____
3. _____
4. _____
5. _____
6. _____
7. _____
8. _____
9. _____
10. _____

現在，將最後這十個想法抄寫至便利貼上，或存放在智慧型手機中，以提醒自己出門在外時該怎麼做。隨身攜帶這份清單，並確保你手邊有任何需要的東西，例如糖果、最喜愛的音樂、圖片等。

藉由這種方式，你就能在外出時練習放鬆，尤其是當痛苦情緒快要將你壓垮並讓你無法保持思路清晰時。

* * *

現在，你已學會一些轉移注意力及放鬆的基本技巧，當你深陷於痛苦的情緒時，就應該立即使用這些技巧。另外，也不要忘記採用 REST 策略。下一章將以這些技巧為基礎，教你更多關於轉移注意力及放鬆的進階技巧。

| 第 2 章 |

提升痛苦耐受 進階技巧

在上一章，你學會許多可以在緊急關頭時使用的重要技巧，能讓你在面對痛苦情境時轉移注意力，接著幫助你平靜下來並放鬆身心，進而讓你更有效地因應情況。請記住，你處理危機的初步計畫，應該是採用 REST 策略來結合這些技巧。

現在，在你持續練習上一章的痛苦耐受技巧之後，就表示你準備好進入本章的痛苦耐受進階技巧了。往後，當你碰到痛苦的情境時，這些技巧將幫助你更清楚感覺到自己的自主能力，以及建立更輕鬆且充實的生活。

在你嘗試每種技巧後，請標記對你有幫助的項目，以便後續能清楚地辨識出來。

技巧一：安全空間視覺想像

安全空間視覺想像（Safe-place Visualization）是一種強大的減壓技巧。藉著這項技巧，你可以想像一個安靜、安全的地方，先讓自己放鬆，從而得到安撫。

事實上，你的大腦和身體時常無法區分真實發生在身上的事以及純然的想像，因此，如果你能成功地在思緒中創造一個平靜且放鬆的場景，讓自己面對這些撫慰的想法，你的身體就會頻繁地有所反應。

請在安靜的房間裡進行練習，以免分心。關掉你的手機、電視、電腦及收音機，並告訴家裡的人（如果有的話）在接下來的二十分鐘內不要打擾你。給予自己放鬆的時間及自由，那是你值得擁有的。在開始之前閱讀以下的引導說明。如果你可以記住這些說明的話，就請你直接閉上雙眼並開始進行視覺想像練習。或者，如果你習慣將說明存在智慧型手機的話，也可以這

麼做。以緩慢且平穩的聲音大聲朗讀它們並錄下來，然後閉上雙眼，聆聽你錄製的引導式視覺想像。

在開始練習之前，想著一個讓你感到安全和放鬆的地方，真實或想像的都行。它可以是你曾造訪的真實地點，例如海灘、公園、田野、教堂、寺廟，或你的房間等；也可以是一個你想像虛構的地方，例如漂浮在天空中的白雲、中世紀的城堡，或是月球的表面等，可以在任何地點。若是你在想著某個地方時遇到了困難，請想著讓你覺得放鬆的一種顏色，例如粉紅色或淡藍色。請盡力而為。你在練習中將被引導去深度探索這個地方。但是，在開始之前，請確保你心裡已設定了一個地點，而且，請記住，**它應該是讓你想到時會感到安全和放鬆的地方。**

在開始進行視覺想像之前，請你完成以下關於安全空間的句子：

· 我的安全空間是 _____

· 我的安全空間讓我覺得_____

引導說明

首先，請坐在一張舒適的椅子上，放鬆地擺放著雙腳和雙手。閉上雙眼，從鼻子緩慢且長長地吸一口氣。吸氣時，感覺到腹部像是膨脹的氣球般，維持長達五秒鐘：一、二、三、四、五；接著，從嘴巴慢慢吐氣，感覺你的腹部像是洩氣的氣球般逐漸塌陷。再一次，從鼻子緩慢且長長地吸一口氣，感受你的肚子擴張著，維持長達五秒鐘：一、二、三、四、五；接著，以嘴巴慢慢吐氣。再一次，從鼻子緩慢且長長地吸一口氣，感覺你的腹部膨脹了，維持長達五秒鐘：一、二、三、四、五；接著，以嘴巴慢慢吐氣。現在開始緩慢且長長地吸氣，不要屏住呼吸，並在接下來的練習中繼續平穩地呼吸。

現在，閉上雙眼，想像自己進入你的安全空間，運用所有的感官讓自己沉浸於場景中。

首先，運用你想像的視覺環顧四周。這個地方看起來像什麼？現在是白

天還是晚上？是晴天還是多雲的天氣？注意細節。你是獨自一人，或是有其他人或動物？他們在做什麼？

如果你在室外，請抬頭看看天空，眺望著地平線。如果你在室內，請注意牆壁和家具是什麼樣子。房間裡是明亮或陰暗？請選擇觀看一些撫慰人心的物品，接著，繼續運用你想像中的視覺觀看幾秒鐘。

接下來，運用你想像中的聽覺。你聽到了什麼？你聽得見其他人或動物的聲音嗎？你聽見音樂了嗎？你聽見風聲或大海的聲音了嗎？請選擇一些撫慰人心的聲音來聽，接著，運用你想像中的聽覺聆聽幾秒鐘。

接下來，運用你想像中的嗅覺。如果你在室內，裡頭聞起來像什麼味道？聞起來清新嗎？你有聞到火在燃燒的氣味嗎？或者，如果你在室外，你能聞到空氣、草地、海洋或花朵的味道嗎？請選擇在你的場景中聞到一些撫慰人心的味道，然後花幾秒鐘時間運用你想像中的嗅覺。

接下來，專注運用想像中的觸覺來感受所有事物。在場景中，你是坐著或站著？你能感覺到風嗎？你能感覺到在場景中觸摸的物品嗎？選擇觸摸場景中撫慰人心的事物，然後花幾秒鐘運用你想像中的觸覺。

最後，運用你想像中的味覺。在這個場景中，你吃了或喝了任何東西嗎？選擇品嚐一些撫慰人心的食物，然後花幾秒鐘來運用你想像中的味覺。

現在再花幾秒鐘，運用你想像的所有感官探索這個安全空間，感知自己在此處的安全感和放鬆感。請記住，每當你需要感到安全和放鬆，就可以回到想像中的這個地方。每當你感到悲傷、憤怒、不安或是痛苦時，也可以再次造訪這裡。最後環顧四周，記住這裡的樣子。

現在閉上雙眼，將注意力再次集中於呼吸。再次，藉由鼻子緩慢而長長地吸一口氣，然後再從嘴巴吐氣。然後，當你感覺準備就緒時，睜開雙眼，將注意力轉移到房間裡。

技巧二：自我暗示放鬆法

自我暗示放鬆法（Cue-Controlled Relaxation）是一種快速簡便的技巧，可以幫助你減輕壓力程度和緊繃的肌肉。「暗示」是指有助於你放鬆的觸

發誘因或指令。在此,你的暗示將會是一個字詞,例如「放鬆」(relax)或「平和」(peace)。這項技巧的目的,是要訓練你在想到暗示字詞的同時讓身體放鬆緊繃的肌肉。一開始,你會需要引導說明的協助,來放鬆身體不同部位的緊繃肌肉。然而,當你練習這項技巧幾週之後,就能夠藉由緩慢地呼吸幾次、想著暗示字詞、針對整個身體進行一次性的放鬆。藉由練習,它會成為幫助你快速放鬆下來的一種簡單技巧。在開始之前,請選擇一個有助於你放鬆的暗示字詞。

・我的暗示字詞是 _____

　　在你展開這項練習前,請坐在一張舒適的椅子上。等到你進行這項練習幾週後,無論你身在何處,即使站著也能做到,甚至可以更快地完成。但首先,請選擇一個舒適的地方,坐在一個不會被打擾的房間裡,確保你不會受到干擾。關掉你的手機、電視、電腦及收音機;告訴家裡的人(如果有的話)在接下來的二十分鐘內不要打擾你。給予自己放鬆的時間及自由,這是你應該擁有的。

　　在開始之前,請閱讀以下的引導說明。如果你可以記住這些說明的話,就請你直接閉上雙眼並開始做視覺想像練習。或者,你也可以將說明錄在智慧型手機上,如果你習慣這麼做的話。然後,閉上雙眼,聆聽你錄製的引導式放鬆技巧。

引導說明

　　首先,請坐在一張舒適的椅子上,放鬆地擺放著雙腳和雙手。閉上雙眼,從鼻子緩慢且長長地吸一口氣。吸氣時,感覺到腹部像是膨脹的氣球般,維持長達五秒鐘:一、二、三、四、五;接著,從嘴巴慢慢吐氣,感覺你的腹部像是洩氣的氣球般逐漸塌陷。再一次,從鼻子緩慢且長長地吸一口氣,感受你的肚子擴張著,維持長達五秒鐘:一、二、三、四、五;接著,以嘴巴慢慢吐氣。再一次,從鼻子緩慢且長長地吸一口氣,感覺你的腹部膨

脹了，維持長達五秒鐘：一、二、三、四、五；接著，以嘴巴慢慢吐氣。現在開始緩慢且長長地吸氣，不要屏住呼吸，並在接下來的練習中繼續平穩地呼吸。

現在，你仍然閉著眼睛，想像一束白色的光從天而降，像是一道明亮的雷射光束，就落在你的頭頂上，那道光讓自己感到非常溫暖且舒適；這道光可能來自上帝、宇宙，或任何讓你感到舒服的力量。當你持續順暢地進行緩慢而長的呼吸時，發現那道光持續照在頭頂，讓自己感到越來越放鬆。

現在，溫暖的白色光束慢慢地開始像撫慰人心的泉水一樣覆蓋在你的頭頂上，同時，開始慢慢地釋放你頭頂上所感受到的緊繃肌肉；照在你身體上的光線開始慢慢地往下，當它照到你的前額時，此處的緊繃肌肉都獲得釋放。然後，白色光束繼續往下照到你的耳朵、後腦勺、眼睛、鼻子、嘴巴及下巴，持續釋放你在此處的長期緊繃感。你感覺到前額非常舒適溫暖。

現在，想像光線開始慢慢地沿著你的脖子向下移動，照到你的肩膀，釋放所有的緊繃肌肉。然後，白色光束慢慢地沿著你的雙臂及軀幹前後照射，你感覺到上背部和下背部的肌肉放鬆。當白色光束照到胸部和腹部時，你感覺到它帶來的舒適感覺。當光線向下照到你的前臂，然後穿過掌心及掌背並到達指尖時，感覺你手臂上的肌肉得到了放鬆。

現在，你注意到白色光束下移並照到你的骨盆和臀部，而你感覺壓力得到釋放。再一次，感受白色光束像是撫慰人心的泉水般穿過你的大腿和小腿，直到它散布至腳背及腳底的表面皮膚。當那道白色光束讓你的身體感到溫暖且放鬆時，身體的肌肉擺脫了所有的緊繃感受。

當你繼續緩慢、深長且平穩地呼吸時，請持續注意你感覺到多麼平和及冷靜。觀察你吸氣時，腹部如何持續擴張，並在你吐氣時感覺到腹部收縮。現在，當你繼續呼吸時，在吸氣時靜靜地想著自己在「吸氣」，然後在吐氣時靜靜地想著你的暗示字詞（此處以「放鬆」為例，請自由替換成你個人的字詞）。慢慢吸氣並想著：「吸氣。」慢慢吐氣並想著：「放鬆。」當你這樣做的時候，注意到你整個身體也同時感到放鬆。當你專注於暗示字詞時，感覺你身體的所有緊繃肌肉都得到了放鬆。

再次吸氣並想著：「吸氣。」吐氣並想著：「放鬆。」注意到你整個身體放鬆了所有的緊繃肌肉。再一次，吸氣……「吸氣」；吐氣……「放鬆」。感覺你釋放了身上所有的緊繃感。

繼續呼吸，並依照自己的節奏想著這些字詞幾分鐘。每次呼吸時，請注意自己的整個身體感覺有多麼放鬆。當你的思緒開始漫遊時，請將注意力轉移到「吸氣」和「放鬆」這兩個字詞上。

每天練習自我暗示放鬆法兩次，並記錄你需要多久時間才能放鬆下來。藉由日常練習，這項技巧可以幫助你更快地進入放鬆狀態。同樣的，請記住，**這項技巧的最終目標，是訓練身體在你想到暗示字詞（例如「放鬆」）時得以放鬆，而這需要常態的練習才能實現。**一開始，你可能需要想著白色光束的意象來進行緩慢的深呼吸，藉此幫助自己放鬆。然而，藉由練習，這項技巧可以幫助你在許多痛苦的情境下放鬆。甚至，你可以結合這項練習與之前的安全空間視覺想像。如果先進行自我暗示放鬆法，能更有效地幫助你在視覺想像的過程中感到安全且平靜。

技巧三：重新發掘你的價值觀

「價值觀」（values）這個字詞可以被定義為你的行為準則、原則、理想、規範或道德。正是因為你有這些想法、概念及行動，你的人生才會充滿了價值（worth）及重要性（importance）。

記住，**你在人生中所重視的事物，就是幫助你忍受壓力情境的一種有力方法。**當你發現自己總是在面對同一種情況或同一個人而感到沮喪時，它也特別有幫助。有時候，我們會忘記自己為什麼要面對一些困難的事，讓我們很難繼續努力下去。也許，你有一份不喜歡的工作，想知道為什麼還要繼續工作。也許你要去上學，但不記得自己的目標是什麼。或者，你的戀情並不令人滿意，而你想知道為什麼要繼續維持這段關係。在這種情況下，記住你重視的事物，有助於你承受壓力，也可以幫助你為自己創造更加充實的生活。請利用以下的練習，來探索你在人生所重視的事物。

◆自我練習：生活價值問卷

這裡的第一項練習將要求你使用表 2-1「生活價值問卷」（Valued Living Questionnaire，67 頁），來確定你如何評價生活中的十種不同構成要素。對於多數人而言，這十種要素代表了生活中最重要的層面。當你閱讀到每種要素時，請試著自問，這些領域的每一項對於你的**理想生活**有多重要，先不管你現在投入了多少時間或精力來滿足該領域的需求。例如，不論你實際花在「自我照護及保健」（self-care）項目的時間有多少，但也許它是你非常重視的一環。針對每種構成要素，以你個人完美理想的重要性，以 0 到 10 分來進行評比，0 分表示完全不重要，10 分表示非常重要。盡量誠實地打分數，**根據自己的真實感受，而不是你認為自己應該要打幾分**。在你的答案畫上一個**圓圈**。在閱讀下一個段落之前，請先完成這件事。

接下來，根據你實際投入該要素的時間及精力來評估。例如，你可能高度重視「自我照護及保健」，其得分為 10 分，但你在該構成要素所花費的實際精力及努力，可能只投入了 5 分。再次提醒，盡可能誠實地評估自己，並在你的答案畫上一個**方塊**以表示實際的努力。在閱讀下一個段落之前，請先完成這件事。

現在，來看看你針對每個要素的兩個答案。如果你的理想答案遠遠高於實際努力的答案，例如，理想的重要性為 10 分，而實際努力為 2 分，這表示你還有成長的空間。顯然，若要達到理想的價值水準，你還得盡很大的努力。但是，如果你的理想值遠低於實際努力的答案，例如，理想的重要性為 2 分，而實際努力為 10 分，這表示你在生活中可能將過多的努力及精力投入在你並不特別重視的層面。也許這是你需要花較少時間去關注的一個要素，以便騰出更多時間和精力在你更重視的事。例如，也許你並不重視「公民權利義務及社區生活」，卻對其付出了很多時間和精力，因此幾乎沒有時間投入於你相當重視的「家庭」要素。

最後，在理想的重要性及實際努力上，如果你的兩項答案是相同或非常接近，那麼你就是在正確的地方投入了適切的努力。

在繼續下一項練習之前，請先檢視一下在實際投入程度低、理想重要性高之間，差異最大的幾種要素。請優先考量如何設法改善這幾種要素，以幫助你將生活重心轉向更有價值的事情。

表 2-1：生活價值問卷

生活要素	較不重要		中等重要		非常重要	
家庭（戀愛關係及親子關係除外）	0 1 2 3	4 5 6	7	8 9	10	
戀愛關係（婚姻、終身伴侶或約會對象等）	0 1 2 3	4 5 6	7	8 9	10	
親子關係	0 1 2 3	4 5 6	7	8 9	10	
朋友與社交生活	0 1 2 3	4 5 6	7	8 9	10	
工作	0 1 2 3	4 5 6	7	8 9	10	
教育與培訓進修	0 1 2 3	4 5 6	7	8 9	10	
娛樂、興趣、愛好、音樂、藝術	0 1 2 3	4 5 6	7	8 9	10	
靈性與宗教信仰	0 1 2 3	4 5 6	7	8 9	10	
公民權利義務及社區生活	0 1 2 3	4 5 6	7	8 9	10	
自我照護及保健（運動、飲食、放鬆等）	0 1 2 3	4 5 6	7	8 9	10	

◆自我練習：承諾行動

下一項練習將會以你的價值觀為基礎，進一步設定意圖及承諾投入行動，好讓你創造更加滿意的生活。也許，你早已經為了生活中所重視的構成要素，投入大量的時間和精力，或者根本沒有。無論是哪種情況，這一項練習都會根據你認為重要的事情，幫助你思考如何讓人生變得更滿意。

首先，使用表 2-1「生活價值問卷」，找出你認為理想重要性高而實際付出較低的生活要素，也就是說，確定哪些是你認為值得投入更多努力的要素。然後，在表 2-2「承諾行動表單」（見 69 頁）上，填寫這些構成要素的名稱（請多影印幾份）。

接下來，為你重視的每種要素，設定一個想實現的意圖，這將有助於你進一步滿足自己的人生。例如，你給予「教育」很高的分數，那麼你的意圖

可能是「重返校園進修」；或者，你給予「戀愛關係」極高的分數，也許你的意圖是「花更多時間與伴侶相處」。

接著，最後請你設定願意承諾執行的幾個具體行動，它們可以讓你朝著自己的意圖邁進。

另外，請注意你何時願意開始進行這項承諾的行動。例如，你打算重返校園進修，那麼列於清單上的行動可能就包括「下週去索取課程目錄」和「在接下來的三週內報名課程」。如果你打算要投入更多時間與伴侶共處，你承諾的行動可能就包含「下個月不加班」和「接下來的兩週內要減少與朋友外出的時間」。盡可能具體實際地建構意圖，並為自己設立一個完成行動的時間範圍。

再次提醒，這些練習的目的，是加入這些對你相當重要的活動，進而滿足人生。打造你珍視的生活，往往有助於你應對其他痛苦和不太理想的情況。擁有滿意的人生，可以讓你在做自己不喜歡的事情時，也能有所期待，在痛苦之際也能感覺更為堅強。

請記住，如果你完成了一項理想生活要素的所有承諾行動，並不代表你就不再需要努力了，或是現在的價值已經「完整」了。價值觀指向各種方向，猶如指南針那樣指引我們邁向自己想去的地方。然而，人生是一段旅程，我們從來不會真正地「到達」或「完成」任何生活要素。例如，身為家長，一位母親或父親永遠不能說：「好吧，我已經把孩子餵飽了，我是個好家長，現在我可以停下來了。」相反的，實現這些構成要素的旅程會持續進行，在你的餘生中，你需要持續地審視這些表單，並確立新的承諾行動，所以，請你多複印幾份表單。

技巧四：以價值觀為基礎的行為演練

每當你將價值觀轉化為行動時，都可能面臨著挑戰及障礙。有時候，以價值觀為基礎的行為會帶來一些消極想法，例如「我做不到」或「人們一定會批判我」。害怕被拒絕或失敗的恐懼，往往會成為阻礙，而羞愧或沮喪的感覺，也會讓人難以依循價值觀來行事。

表 2-2：承諾行動表單

---

1. 我在生命中重視的一個構成要素是 _____

   我對這個構成要素的意圖是 _____

   我願意採取的承諾行動，包括以下內容（請務必注意何時開始進行）：

   _____

   _____

   _____

2. 我在生命中重視的一個構成要素是 _____

   我對這個構成要素的意圖是 _____

   我願意採取的承諾行動，包括以下內容（請務必注意何時開始進行）：

   _____

   _____

   _____

3. 我在生命中重視的一個構成要素是 _____

   我對這個構成要素的意圖是 _____

   我願意採取的承諾行動，包括以下內容（請務必注意何時開始進行）：

   _____

   _____

   _____

　　有一個克服障礙的好方法，就是在心裡一步一步地練習基於價值觀的行動，包括辨識可能出現的障礙以及面對它們的方式，這稱為「認知演練法」（cognitive rehearsal）。

　　使用這個策略時，你就能具體地想像自己擁有自信的臉部表情及姿態，儘管有痛苦的想法和感受，你仍舊可以朝著目標前進。以下是進行認知演練法的簡化版本：

如何進行認知演練法

· 針對想要實現的價值觀來確認實際情況：你在哪裡、那裡有誰、其他人在說什麼及做什麼？

· 在這種情況下，你想依循著什麼意圖來採取行動？為了將這種價值觀轉化為行動，你會說什麼或做什麼？

· 將自己基於價值觀的行為，一一分解為幾項具體的步驟。盡可能生動鮮明地想像著自己依循價值觀及意圖行事的情況。

· 注意眼前出現的障礙，例如焦慮、沮喪、失敗的念頭等等。讓視覺想像維持一段夠長的時間，以感受更顯著的障礙。

· 現在，從頭開始，針對當時的情況及每一步基於價值觀的行為，進行全面的視覺想像演練，同時，請注意出現的任何痛苦感受及想法。當障礙出現時，試著接受它們帶來的所有不適，同時注意自己如何成功完成了以價值觀為基礎的目標。

· 想像人們對你所做之事有良好的反應，並祝賀你選擇了由價值觀所驅動的行為，而非舊有的由情緒驅動的行為。

· 至少再重複一次完整的視覺想像（以價值觀為基礎的行為、各項障礙，以及積極正向的結果）。

範例：傑瑞德的認知演練法

在過去的一年中，傑瑞德與妻子越來越常爭吵。當她提出一些要求時，會暗示他做錯了一些事，而這往往是最常見的觸發因素。他的直接反應是變得憤怒且懷有戒心，因此他們的婚姻越來越惡化了。

傑瑞德發現，自己非常重視與妻子的戀愛關係。在他的人生中，他最在意的主要意圖，就是進一步發展對她的理解，並給予她關愛。他想瞭解她的感受，以及她對事物的看法，也想要照料她的需求。

以下是他以認知演練法來進一步實踐價值觀的方法：

1. 傑瑞德想起近期發生的一個事件，妻子似乎抱怨著他近來異常安靜且

心事重重。類似的對話往往是導致他們爭吵的起因。他想像著他們當時在哪裡以及妻子的樣子。

2. 現在傑瑞德想到了許多可以說及做的事情，足以反映他想要理解並關心妻子的意圖，其中包括撫摸她的肩膀並請她坐下，然後詢問妻子，他的安靜寡言對她造成了什麼影響。接著，他打算要問她，怎麼做會有幫助。傑瑞德很清楚，在他的價值觀和意圖中，不包括以批評來為自己的行為辯護，所以他許下了避免這麼做的承諾。

3. 傑瑞德在想像自己基於價值觀的新行為時，注意到了一些障礙：他認為妻子的要求太高，也認為妻子可能不再愛他了。他也意識到自己有羞恥和憤怒的感覺，以及一種想要指責她的強烈衝動，例如，她不公平、永遠都不滿足等。

4. 現在，傑瑞德針對基於價值觀的行為進行全面且逐步的演練：

   (1) 他想像當下的情景及妻子的評論。

   (2) 他想像著自己觸碰妻子的肩膀並請她坐下時，也試著讓自己允許及接受憤怒和羞愧的感覺。

   (3) 他注意到自己對妻子的批判性想法，以及懷疑妻子對他的感情。

   (4) 他想像著自己詢問妻子的感受和需求，表現出感興趣且關心的樣子，而不帶有防衛性。

   (5) 他想像著妻子很感謝他的關切提問，也因為他比平時有更正面的回應而感到有成就感。

5. 最後，傑瑞德重複了認知演練法的程序，並且承諾當妻子下次看似語帶批評時，他會依照自己的價值觀和意圖來採取行動。

技巧五：發掘你的更高力量，讓自己感覺更強大

無論你信仰的是一個上帝、多位天神、一個神聖宇宙，或是每個人都固有的仁慈善良，當你對於比自己更巨大、更有影響力的事物抱持著信念，往往會讓你感到充滿力量、安全及平靜。當人們談論到自己多麼相信「更高力量」（higher power），或是看見人生中的「整體遠景」時，這就是他們所指

的意思。相信非凡、神聖或特殊的事物，可以幫助你應對巨大壓力下的情境，並幫助你撫慰自己。

在人生中的某個時刻，我們都會感到絕望或無能為力。我們都曾經歷不幸的情況、感到孤獨，而且需要力量。有時候，意想不到的事發生了，進而傷害到我們或所關心的人。

這些情況包括了變成某項罪行的被害人、一件事故的發生、親近的人死去或被診斷出嚴重的疾病。在這些時候，對一些非凡的事物懷抱著信念，往往能幫助你與更巨大的人生目標產生聯繫。

請記住，如果你不相信上帝，你的信仰對象就不必是上帝。有些人所信仰的，是他們所愛之人的仁慈善良。然而，像這種如此簡單的信念，往往就足以幫助人們找到力量及慰藉，好好地過著幸福且健康的人生。

當你探索著自己的靈性時，請記得精神信仰會隨著時間而有所改變。有時候，一個人在某個宗教傳統的環境下長大，但後來卻不再覺得它具有意義或幫助。儘管人們會產生這些感受，有時仍會持續參加該項宗教傳統的活動，只因為他或她認為「這是該做的事」。

事實上，如果你的宗教傳統不再給予你平靜和力量，你可以重新審視信仰，在必要時改變這項傳統也沒關係。

此外，若想獲得更多幫助，以培養自己的精神連結、宗教價值及人生目標，請閱讀本書兩位作者的著作《新幸福生活》。在許多方面上，你已經透過這本書開啟了自我成長之路，而《新幸福生活》將是成長的第二部分。

與更高力量產生連結

使用以下問題來幫助你確立自己的信念，以及能定期加強及使用信念的一些方法。

· 你對於更高力量的信念，或是為你帶來力量及慰藉的整體遠景有哪一些？

_____

_____

· 對你而言，這些信念很重要的原因是什麼？

_____

_____

· 這些信念讓你有什麼感覺？

_____

_____

· 這些信念如何讓你為他人著想？

_____

_____

· 一般而言，這些信念會讓你如何思考人生？

_____

_____

· 在日常生活中，你如何認可信仰的存在？例如，你會上教堂還是寺廟？
  你會祈禱嗎？你會和其他人談論信仰嗎？你是否曾閱讀關於所屬信仰的
  書籍呢？你會幫助其他人嗎？

_____

_____

· 為了加強你的信念，你還願意做些什麼？

_____

_____

· 你可以做什麼來定期提醒你的信仰？

_____

_____

・當你下次感到痛苦時，可以說或做些什麼來提醒自己信念的存在？

_____

_____

◆自我練習：更高力量相關活動

以下提供的這些活動，可以幫助你感覺到自己與更高力量、宇宙及整體遠景產生更緊密的連結。請勾選你願意做的項目：

☐ **如果你確實相信特定的宗教或信仰的教義，請尋求讓你感到更有力量、獲得心靈平靜的相關活動。** 造訪你所歸屬的教堂或廟宇，參與宗教性的活動；與負責你的信仰之相關事務的服務人員對談；與有相同信仰的其他成員談論他們應對困境的經驗；加入你的信仰場所建立的討論小組。閱讀對你的信仰至關重要的書籍，找到給予你力量的段落，標記或抄寫並存放在你的皮夾或包包裡，讓你無論身在何處都能閱讀它們。

☐ **請記住，你的更高力量也可以是上帝之外的事物。** 你的更高力量可以是一個讓你感覺更強大、更有自信應對挑戰的人。想一想你所欽佩的對象，他可以成為你的更高力量。請描述那個人，他與眾不同的特質是什麼？然後，當你下次身處艱困或痛苦的狀況時，讓自己展現跟這個對象一樣的特質，並注意自己如何以不同方式來處理這種情況。

☐ **抬頭仰望星空。** 你眼前所見的光線來自數十億公里以外的恆星，已有數百萬年的歷史。事實上，每次仰望星空時，你都在透過時光機看見宇宙數十億年前的樣子。奇妙的是，你看到的許多星體早已死去，但它們的光線才剛抵達地球，被你的雙眼看見。抬頭仰望繁星，認知到不論是上帝或宇宙力量，創造它們的一切也創造了你。你與那些繁星彼此聯繫著，也請你想像著自己與宇宙相連。請坐在一張舒適的椅子上，閉上雙眼，想像一道白光從宇宙映照下來，這

道白光如同雷射光束，照在你的頭頂上，讓你充滿平和的感覺。現在想像一下，白光遍布你的全身，放鬆你的每一寸肌肉。再想像一下，你的雙腿有如巨大的樹根般，向下伸展並穿過地板，一直向下延伸至地球中心。想像一下，這些樹根正挖掘著驅動地球的那道能量。當你的雙腿吸收從地球核心向上流動的金色能量時，你感覺自己的身體充滿了信心。

□ **想想我們的地球**。水是維持我們星球上各種生命最重要的一項物質。然而，如果我們離太陽更近，由於溫度過高，地球上所有的水分都會蒸發；如果我們離太陽更遠，所有的水都會因為溫度太低而結冰。由於某種未知的原因，我們很幸運地身處於適合生命形成的地方。

即使你不相信任何一種宗教的作用，也要問問自己，生活在一個氣候合宜、有適合生命存活要素的星球上，這又意味著什麼？這一切是如何發生的？對你的人生又代表了什麼意義？

□ **到海邊**。試著計算一把沙子裡有多少顆粒。現在，試著想像一下世上所有的海灘及沙漠中有多少沙子。請你試想一下，必須要經過多少億年才能累積這麼多的沙粒。接下來，認知到那些構成沙子的各種化學元素，也存於你的體內。讓雙腳站在沙灘上，想像一下自己與這個星球彼此聯繫的感覺。

□ **到公園或田野間觀察樹木、草地及動物**。再一次，思考著不論是什麼創造了所有這一切，也創造了你。請記住，所有生物都是由相同的化學元素所構成。以比原子更小的規模而言，你和許多生命形態之間沒有太大的區別。然而，你仍然如此不同且特別，讓你從其他生命形態中脫穎而出的是什麼？

□ **想想關於人體的事，尤其是你自己的身體**。每個人都比一件藝術品更非同尋常，比現今所發明的電腦都更加複雜。在很大程度上，關於你的一切取決於DNA（去氧核糖核酸），即存在於你身體每個細胞中的指令。

然而，令人驚奇的是，每一套創造你身體部位的指令，都是由四種化學元素以不同組合重複出現所組成。這些不同的組合被稱為「基因」（genes），你經由父母的遺傳而獲得這些指令，就此決定了你的一切，包括你的眼睛顏色到心臟的結構。令人難以置信的是，要設計一個人體，只需要大約三萬至四萬個基因。請想像一下，試著以這麼少的指令來打造一個身體，而它可以思考、呼吸、進食、移動並完成所有你會做的事。此外，請記住，同樣數量的指令還要負責在大腦中打造大約一千億個神經元、全身長達九萬六千五百公里（！）的血管、六百塊骨骼肌、兩百零六塊骨頭、三十二顆牙齒，以及五公升的血液。

技巧六：暫時隔離

「暫時隔離」（Time-outs）不只是適用在孩子身上（譯註：通常指在小孩行為超越界限時，將他們帶離失控地點）。我們都需要暫時放鬆，才能讓身體、思想及心靈煥然一新。

然而，許多人並沒有為自己抽出空閒時間，因為他們總是覺得自己會讓別人失望，例如老闆、配偶、家人或朋友。許多人總是覺得自己要取悅他人，卻因此苦苦掙扎，忘了要照顧自己。然而，那些不照顧自己的人，總是過著極度失衡的生活。許多人之所以會忽視自己的需求，是因為他們對於為自己付出感到內疚，或者覺得自己自私。但是，你可以繼續照顧別人卻不照顧自己多久呢？

想像一下，在炎熱的夏季，有個女人站在街角，手裡拿著一壺冷水。她為每個路過的行人倒水，每個人都感激不盡。但是，當她覺得口渴而想喝水時會發生什麼事？經過漫長的一天，她因為幫助人們而忽視自己，那個水壺現在已經空了。你是否頻繁覺得自己身處於類似這個女人的處境？你有多少次因為投入所有時間照顧別人，卻沒有留一些時間給自己？只要不以犧牲自身的健康為代價，幫助他人就會是一件好事。你需要好好地照顧自己，但這不代表你很自私。

　　以下提供一些簡單的想法，你可以用來為自己騰出暫停隔離的時間，請勾選你願意做的那些項目。

□ 善待自己，就像善待他人一樣。為自己做一件你一直推遲而沒做的好事。

□ 花一點時間專注投入在自己身上，即使一週只有幾個小時也能做一些事，例如散步或準備你最喜歡的餐點。

□ 如果你覺得自己夠勇敢，請休息半天，到一些漂亮的地方，例如公園、大海、湖邊、高山、博物館，甚至是購物中心之類的地方。

□ 花一點時間為自己的生活做些什麼事，例如購物、出門辦事，或看醫師等等。

□ 其他想法：_____

技巧七：活在當下

　　穿越時空之旅是有可能之事。其實，所有人偶爾都會抽離當下，但有些人更頻繁地這麼做。這些所謂穿越時空的旅人，每天都會花上大量時間思考所有昨天該做的事、所有過往出了差錯的事，以及所有明天該做的事。因此，他們定居的地方，不是過去就是未來。他們很少注意到當下發生在自己身上的事情，所以錯失了活在當下的機會，但這是任何人真正活在其中的唯一真實時刻。

　　例如，當你閱讀這段文字時，請注意你現在正在發生的事情。你在想著其他的事嗎？你是否想著過往曾發生的事，或是未來將會發生的事？你的身體現在有什麼樣的感覺？請留心注意。你是否注意到身體有任何緊繃或疼痛的部位？你如何呼吸？你是深呼吸，還是淺淺地呼吸？

　　許多時候，我們不會關注那些發生在自己身上的事情，也不會注意人們對我們說的話或我們所閱讀的文字。甚至，我們走路時也不會注意身邊的人們。更麻煩的狀況是，我們時常試著要同時做好幾件事，例如同時開車、吃

飯、傳簡訊及打電話。結果，我們錯過了人生賦予的種種事物，也時常讓簡單的情況變得更加棘手。

然而，更糟糕的是，未能好好活在當下，也會讓人生變得更加痛苦。例如，你可能預想著眼前對談的人將會說出侮辱性的話語，光是想到這一點就讓你感到生氣，即便這個人根本什麼話都沒說！或者，光是想著過去的事情，就會讓你感受到身體或情緒上的不安，這會干擾到你目前正嘗試要做的事。顯然，這兩種形式的穿越時空之旅，都會讓任何事件都變得非必要地痛苦不堪。

在關於正念覺察技巧的第四章到第六章中，你將學習進階的技巧來幫助你專注於當下。但就目前而言，請試著進行以下的練習，來協助你確實地活在當下，更熟練地容忍痛苦的事件。

◆自我練習：現在你人在哪裡？

下次當你身陷痛苦的情境時，詢問自己以下問題：

· 現在我人在哪裡？
· 我是否穿越時空到了未來，擔心或計畫著可能發生的事？
· 我是否穿越時空到了過去，回顧著錯誤、重溫糟糕的經歷，或者思考在不同情況下生活會有什麼不同？
· 或者，我活在當下，真正關注我正在做的、想的及感受的事物？

如果你沒有身處當下，請使用以下的步驟，再次將注意力集中於當下正在發生的事：

1. 注意自己在想些什麼，並察覺自己是否正在穿越時空。將你的注意力帶回到當下。
2. 注意你的呼吸方式。緩慢且長長地呼吸，有助於你再次專注於當下。
3. 注意你的身體感覺，並觀察你可能感受到的緊繃或疼痛。認知到自己的想法會影響感受，使用自我暗示放鬆法來釋放緊繃的感覺。

4. 注意自己可能因為穿越時空而感受到的任何痛苦情緒，並使用其中一種痛苦耐受技巧，來幫助你緩解目前的感受。

◆自我練習：傾聽當下

另一個幫助你再次聚焦於當下的練習是「傾聽當下」。請至少投入五分鐘，來幫助自己重新聚焦注意力。

引導說明

請坐在一張舒適的椅子上。關掉任何讓你分心的東西，例如電話、收音機、電腦及電視。開始緩慢且長長地吸氣，從鼻子吸氣，從嘴巴吐氣；每一次吸氣時，感覺到自己的腹部像氣球一樣膨脹，每次吐氣時感覺腹部逐漸縮小。現在，當你繼續呼吸時，只需要聆聽。聆聽著你在屋外、屋內及自己身體內所聽到的任何聲音。仔細數著你聽到的每個聲音。

當你分心時，請將注意力再次集中於聽覺，也許你聽到外面有汽車、人或飛機的聲音，也許你聽到時鐘滴答作響或風扇吹著的聲音，或者，你會聽到心臟在體內跳動的聲音。積極仔細地傾聽你的環境，並盡可能數著各種聲音。請試著進行這項練習五分鐘，然後注意自己完成後的感受。

這項練習的另一種變化形態，有助於你與另一個人交談時專注於當下。如果你發現自己的注意力分散，開始回想過去或未來，請將注意力集中在對方身上的物品，例如襯衫上的鈕扣、頭上的帽子，或是衣領。注意物品的顏色及外觀。有時，這會讓你脫離時空之旅並得以解脫。現在繼續聆聽，如果你的思緒又開始飄忽不定，請進行同樣的練習並試著持續仔細地聆聽。

◆自我練習：正念覺察呼吸

另一項有助於你將注意力集中於當下的練習是「呼吸」。

這聽起來很簡單，但我們時常沒有正確地好好呼吸。

想一想：是誰教會你呼吸的方式？如果你和其他人一樣，可能根本沒有人教你這件事。然而，你每分鐘大約進行十五次呼吸，或是每天進行將近兩萬兩千次的呼吸！

眾所周知，我們呼吸空氣是為了吸入氧氣。但是，你呼吸的空氣中，實際上有多少是氧氣？是百分之百，還是 75％？正確的答案是，你呼吸的空氣中只有 21％左右是氧氣，當身體無法獲得足夠的氧氣時，就會讓你的生物系統失去平衡。光是基於這個原因，充分且緩慢的呼吸就相當重要。

但是，正確呼吸的另一個好處是，這種簡單的技巧可以幫助你放鬆並集中注意力。有許多心靈層面的風俗傳統，都會將緩慢呼吸的技巧結合引導式冥想，幫助人們集中注意力和放鬆身心。

在此提供一個很多人都覺得有幫助的呼吸練習，這種呼吸方式又稱為「腹式呼吸法」，因為它可以啟動肺腔底部的橫膈膜肌肉。善用橫膈膜，可以幫助你進行更充分且更深層的呼吸，並有助於放鬆。

在開始練習之前，請先閱讀引導說明以熟悉這項體驗。如果你覺得聆聽引導說明的方式更自在，請使用智慧型手機以緩慢且平穩的聲音錄下來，以便在練習此技巧時聆聽。

設定三到五分鐘的計時，練習呼吸直到鬧鐘響起為止。然後，當你越來越習慣於使用此技巧來幫助自己放鬆時，就可以設定更長的計時時間，例如十分鐘或十五分鐘。但是，不要指望自己一開始時就能靜坐那麼久。一開始進行時，花上三到五分鐘靜坐及呼吸，已經是很長的時間了。

許多人在進行這種新的呼吸方式時，常常會覺得自己與呼吸「合而為一」，這意味著他們已經感受到這種體驗中的深切連結。如果你也有這種感覺，那就太好了，如果沒有也沒關係，你只需要堅定地練習下去。

此外，有些人在第一次開始練習這項技巧時會覺得頭暈目眩，有可能是由於呼吸太快、太深或太慢所導致，對此不需要驚慌。如果有必要，請在開始感到頭暈目眩時就停下來，或者讓呼吸恢復到正常頻率，並開始數著自己的呼吸。

引導說明

首先，請找一個設定計時後就不會被打擾的房間，找個舒適的位置坐下；關掉任何會轉移注意力的聲音。現在，請進行幾次緩慢且深長的呼吸，接著放鬆，將一隻手放在腹部上，想像你呼吸時充滿空氣的是腹部，而不是肺部。

現在，請緩慢地用鼻子吸氣，然後從嘴巴慢慢吐氣，就像吹熄生日蛋糕的蠟燭一樣。感受你的腹部隨著呼吸而起伏，想像一下，吸氣時，感覺到自己的腹部像氣球一樣膨脹，接著吐氣時感覺腹部毫不費力地消氣。感覺氣息從鼻孔進入，然後從嘴唇吐出。當你呼吸時，注意身體的感覺。感受你的肺部充滿了空氣。注意身體的重量落在你坐著的地方。在每次呼吸時，注意到身體的感覺越來越放鬆。

現在，當你持續呼吸時，開始在每次吐氣時數著呼吸的次數。你可以默默地計數，也可以大聲地計數。每次吐氣都要計數，從「一」數到「四」，接著再從「一」開始計數。

首先，從鼻子慢慢吸氣，然後從嘴巴慢慢吐氣，數「一」。再次，從鼻子慢慢吸氣，然後從嘴巴慢慢吐氣，數「二」。重複進行，從鼻子慢慢吸氣，然後從嘴巴慢慢吐氣，數「三」。最後一次，從鼻子吸氣，從嘴巴慢慢吐氣，數「四」。現在，從「一」開始重新計數。

當你的思緒開始漫遊，並且你發現自己在想著其他事情時，請將注意力轉移到呼吸的數算上。盡量不要因為分心而批判自己。只要繼續緩慢地將空氣吸進你的腹部，吸氣和吐氣。想像一下，你以空氣填滿腹部，它像顆氣球一樣。感覺腹部隨著每次吸氣而上升，隨著每次吐氣而下降。繼續數著每次呼吸，隨著每次吐氣，感覺你的身體越來越放鬆。

保持呼吸直到鬧鐘響起為止，然後慢慢地將注意力轉移到房間裡。

技巧八：自我鼓勵的因應想法

人生中總有許多令人沮喪的時刻，而我們需要聽見鼓舞人心的話，來讓我們維持動力，協助我們忍受正在經歷的痛苦。但是，像這種痛苦時刻來臨

之際，你時常是獨自一人，需要鼓勵自己堅強起來。通常，這可以藉由自我鼓勵的「因應想法」來實踐。

　　因應想法是一種提醒，提醒你也曾在痛苦情境中堅強地倖存下來，同時它也是為你帶來力量的鼓勵話語。當你在某個情境中第一次注意到自己變得煩躁、緊張、憤怒或不安時，因應想法特別有用。如果你能及早察覺到自己的痛苦，就更有機會利用這些想法來自我安慰。也許，在你的生活中有某些情況會定期發生，你就能預料到某種因應想法派得上用場。

因應想法清單

　　這裡列出一些對許多人相當有幫助的因應想法，請勾選對你有幫助的項目並打造屬於自己的清單。

　　□ 這種情況不會永遠持續下去。

　　□ 我經歷了許多痛苦的經驗，但我也好好活了下來。

　　□ 這一切終究會過去。

　　□ 現在我感覺很不舒服，但我可以接受。

　　□ 雖然我很著急，還是可以處理這種情況。

　　□ 我很強大，可以應對現在發生在我身上的事。

　　□ 對我來說，這是一個學習如何應對恐懼的機會。

　　□ 我可以安然度過難關，它不會影響到我。

　　□ 我現在可以不著急而慢慢地放手和放鬆。

　　□ 以前我在類似的情況下倖存下來了，這次我也會安然無事。

　　□ 我的焦慮／恐懼／悲傷不會要我的命；只是現在的感覺不太好。

　　□ 這些只是我的一些感覺，它們終究會消失。

　　□ 有時候，感到悲傷／焦慮／害怕也沒有關係。

　　□ 我的那些念頭並不能控制我的生活，掌控的人是我。

　　□ 如果我願意的話，可以用不同的方式思考這件事。

　　□ 我現在沒有生命危險。

　　□ 那又怎樣？

□ 這種情況糟透了，但只是暫時的。

□ 我很堅強，可以應對這一切。

□ 其他想法：_____

　　因應想法讓你能忍受痛苦的情況，並給予你力量及動力去忍受各種經驗。在瞭解關於因應想法的內容後，你就可以立即開始使用了。將你最喜歡的五個因應想法寫在便利貼上，然後放在皮夾裡，或者把它們放在你每天都看得見的顯眼位置，例如冰箱上或洗手間的鏡子上。或者，如果你想一直隨身攜帶，請將它們存放在智慧型手機的筆記應用程式中。你越頻繁地看見你的因應想法，它們就會越快速地成為你的自動思維過程的一部分。

　　請使用表 2-4「因應想法清單」（85 頁），來記錄自己面對壓力的情境，以及你在這些時候可以運用來強化自己力量的因應想法。請你多複印幾份「因應想法清單」，並隨身攜帶一份，以便在事件發生時立即記錄。對你來說，快速地記錄這些經歷，可能很尷尬或不方便，但這個方法可以幫助你記得更頻繁地運用自我鼓勵的因應想法。閱讀表 2-3 的「因應想法清單・範例」（84 頁），瞭解因應想法何時可能對你有幫助。

技巧九：全然接納

　　「辯證」（dialectic）一詞，是指平衡並比較兩個看似極度不同甚至彼此矛盾的事物。**所謂的辯證行為治療，就是在「改變」及「接受」之間得到平衡。**你需要做的，是改變生活中那些帶給自己和他人更多苦難的行為，同時也要接受自己本來的樣子。這聽起來似乎矛盾，卻是這個療法的關鍵要點。**辯證行為治療取決於接受和改變，而不是接受或改變。**本書大部分的內容都聚焦於培養足以改變人生的技巧。然而，本節的重點是你如何接受自己的人生，事實上，是要教你如何全然徹底地接納自己的人生。

　　「全然接納」是本章最難掌握的技巧之一，因為它需要你以不同的方式看待自己及這個世界，然而，它也是辯證行為治療中最重要的技巧之一（在關於正念覺察技巧的第四章至第六章中，你將會有進一步的探索）。全然接

表 2-3：因應想法清單・範例

痛苦煩惱的情境	新的因應想法
1. 老闆對我大吼大叫。	「這是一份很爛的工作，但只是暫時的。」
2. 電視上的天氣預報員說有一場嚴重的暴風雨正在逼近，可能會導致小規模的洪水。	「我要繼續深呼吸，提醒自己這一切很快就會過去。我應付得來。」
3. 在朋友來家裡拜訪之前，我無法完成園藝工作，我真的好想讓他們看看我的後院有多美麗。	「這種情況令人失望，但我應付得來。我會主動談談我對後院有什麼計畫。」
4. 我姊姊說我「自私」，因為我沒有早點下班載她去買東西。	「她自己生活在一個痛苦的世界裡，而那就是她應對失望的方式。」
5. 看電影時我感到很傷心。	「這些只是我的感覺，它們最終會消失。我可以用一些技巧來應付。」
6. 我聽到街上傳來警笛聲，讓我感到很緊張。	「我現在沒有生命危險。我很安全，在大門緊閉的家中，我很舒服自在。」
7. 店員結帳時找錯錢了，我得要回去向他要回少找的錢。	「我可以好好地應對這件事。我可以說出我想說的話，如果我沒有拿到短少的錢，也可以應對這份失望。」
8. 我的女兒要去上大學了，我真的很想念她。	「這種悲傷不會讓我死去；現在只是感覺有點差而已。」
9. 當我沒有事能保持忙碌時，就會感到緊張。	「現在，我可以不必著急，慢慢地放手和放鬆。」
10. 我真的很討厭搭飛機，但我必須要去土爾沙市（Tulsa）探望祖母。	「對我來說，這是學習如何應對恐懼的機會。我會使用呼吸及視覺想像的技巧。」

納代表你全然地接受某件事，而不對它進行評判。例如，全然接納當下，就意味著你不會抗拒它、不會對它生氣，也不會試圖將它變成其他的樣貌。全然接納當下，就代表著你必須承認「當下是你和其他人在過去造成的一連串事件及決定的結果」。如果不是因為已經發生的事件所引發，當下的時刻永遠不會自發性地存在。想像一下，你生命中的每一刻都像一長串的骨牌般，相互串連並衝擊著彼此。

但是，請記住，全然接納一件事，並不意味著你放棄改變且單純地接受發生在身上的每一件壞事。人生中確實會發生一些不公平的事，例如有人傷

表 2-4：因應想法清單

痛苦煩惱的情境	新的因應想法
1.	
2.	
3.	
4.	
5.	
6.	
7.	
8.	
9.	
10.	

害或攻擊你。但針對人生中的其他情況，你至少得要分擔一些責任。你一手
造成的事件，以及其他人造成的事件之間，存在著平衡。

　　然而，許多在壓倒性強烈情緒中掙扎的人，經常覺得人生只是「發生」
在他們身上的事，而沒有意識到自己在該創造過程中的角色。他們的第一種
反應就是生氣。事實上，本書的其中一位作者曾聽見一位女士向他表示，憤
怒是她的「大腦預設情緒」（default emotion），也就是當她純粹做自己時，
總是感到憤怒。她過度的敵意會導致她傷害自己，像是酗酒、割傷自己、不
斷責備自己，也導致她藉由不斷與自己關心的人爭吵來傷害他們。

相較之下，全然接納當下能為你提供一個機會，讓你認知到自己在創造當前情況中所扮演的角色。因此，它也製造了一個機會，讓你能以一種新方式來應對情況，減緩你自己或他人的痛苦。在許多方面，全然接納就像寧靜禱文（the Serenity Prayer），它說：「請賜我寧靜之心，去接受我無法改變的一切；請賜我勇氣，去改變我能改變的事；並請賜我智慧，能分辨這兩者的差異。」在下面的練習中，你會看見一些當你想實踐全然接納時，必須要問問自己的一些問題。不過，我們先看以下的一個範例，其中展現了全然接納如何幫助處於困境中的人。

範例：實踐全然接納

克麗絲汀與男友約翰的關係岌岌可危。約翰大多將空閒時間花在酒吧跟朋友喝酒，克麗絲汀的回應是生氣並威脅要離開他，然後做一些破壞性的事情來「惹他生氣」。這種情況已經頻繁發生長達五年。

後來，有一天晚上，克麗絲汀下班回家，發現約翰不在身邊而無法和他交談時，感到十分生氣，突然對他們的關係感到絕望。於是，她打電話到酒吧找約翰，表示她要自殺了，因為她再也無法忍受他的行為。

約翰跑回家後，發現克麗絲汀吞下一大把藥物，便逼她把藥吐出來。然後，他要她保證再也不會這麼做。她答應了，接著約翰便離開並拿走克麗絲汀的車鑰匙，這樣她就哪裡也去不了了。

現在，克麗絲汀更生氣了，打電話報警說她的車鑰匙被偷了。然後，她走去酒吧，一找到約翰的車，便拿磚頭砸碎了擋風玻璃。她本來也想砸破其他車窗玻璃，但員警阻攔並逮捕了她。

在這種情況下，克麗絲汀和約翰都不曾考慮要實踐全然接納。兩人都對彼此生氣，而在發洩怒火的同時，不僅傷害了自己，也傷害了對方。

那麼，如果使用全然接納，這件事會不會有不同的結果呢？

我們從克麗絲汀的角度檢視一下情況。與其以自殺當作威脅，她也許可以採用 REST 策略，以及上一章的痛苦耐受技巧。請記住，你處理痛苦情況的策略是放鬆、評估、設定意圖，並採取行動。也許克麗絲汀可以這麼做：

一、停止當下的動作，深呼吸幾次來讓自己放鬆下來；二、評估情況並認知到自己的心情非常沮喪；三、設定一個意圖，並使用痛苦耐受技巧來幫助自己放鬆；四、採取行動，埋在枕頭裡大叫，接著出門散步。或者，她可以打電話給一位朋友聊聊。然後，等到自己冷靜下來之後，就可以問自己一些問題，並用全然接納來重新審視自己的處境。讓我們檢視一下情況，看看如何採用不同的方式來應對。

- **是什麼事件導致了克麗絲汀現在的處境？**多年來，她和約翰一直以這種方式爭吵並做出特定的行為。這個夜晚所發生的事件並非新鮮事。但是，當她帶著對工作的怒火回到家時，因為約翰不在身邊而對他感到更生氣。

- **在造成這種情況的過程中，克麗絲汀扮演了什麼角色？**她沒有試圖以一種健康的方式來因應自己的憤怒及沮喪，而是選擇將情緒發洩到自己和約翰身上。而且，克麗絲汀曾有許多充分的理由和機會來終結這段關係，卻選擇留在這種存在破壞性的關係中。

- **在造成這種情況的過程中，約翰扮演了什麼角色？**約翰有酒癮，而這已經干擾了他們的關係長達五年之久。這一晚，他並沒有花一些時間和克麗絲汀討論她的自殺行為，反而選擇回到酒吧，這讓她更加生氣了。

- **在這種情況下，克麗絲汀可以控制什麼？**如果她願意，她可以終結這段關係，或是選擇以不同的方式來應對這種令人痛苦的局面。

- **在這種情況下，克麗絲汀無法控制什麼？**最終，只有約翰自己才能尋求幫助來戒掉酒癮，克麗絲汀無法讓他戒酒。在這種情況下，她也無法控制約翰選擇如何對待她的方式。

- **在這種情況下，克麗絲汀有什麼反應？**她試圖要自殺，後來又砸破了約翰的車子的擋風玻璃。

- **她的反應如何影響自己的想法和感受？**她的行為讓她對自己及這段關係感覺更差，她不斷思考自己為何深陷在這段破壞性關係中。

- **她的反應如何影響其他人的想法和感受？** 克麗絲汀被警方逮捕，這讓他們兩人對自己及彼此的關係，都感到比以前更差。
- **克麗絲汀如何改變她對這種情況的反應，從而減輕她和約翰的痛苦？** 她本來能採用 REST 策略和其他痛苦耐受技巧，來應對痛苦和憤怒。她也可以用全然接納來重新評估情況，如此一來就能選擇以不同的方式做出反應。

  或許，她甚至可以選擇在那天晚上離開約翰，就算是暫時離開，對他們兩人而言都不會那麼痛苦。
- **如果克麗絲汀決定全然接納這種情況，情況會如何轉變？** 如果那天晚上她使用了某種痛苦耐受技巧，也許她可以等到第二天早上再和約翰聊聊，說明她對於工作感到多麼生氣，以及他酗酒的狀況讓她多麼難受。或者，如果她選擇結束這段關係，就可以在生活中騰出一些空間來建立更健康的戀愛關係，或是讓自己免於再次深陷破壞性關係的痛苦。

◆自我練習：全然接納

　　現在換你自己來回答同樣的問題。想一想你近期經歷的痛苦情況。接下來，請回答以下的問題，這將有助於你以新的方式來全然接納這種情況：

・在這個令人痛苦的情況下發生了什麼事？

＿＿＿＿＿＿＿＿＿＿＿＿＿＿＿＿＿＿＿＿＿＿＿＿＿＿＿＿＿＿＿＿＿

＿＿＿＿＿＿＿＿＿＿＿＿＿＿＿＿＿＿＿＿＿＿＿＿＿＿＿＿＿＿＿＿＿

・過去曾發生哪些事而導致現在的情況？

＿＿＿＿＿＿＿＿＿＿＿＿＿＿＿＿＿＿＿＿＿＿＿＿＿＿＿＿＿＿＿＿＿

＿＿＿＿＿＿＿＿＿＿＿＿＿＿＿＿＿＿＿＿＿＿＿＿＿＿＿＿＿＿＿＿＿

· 在造成這種情況的過程中，你扮演了什麼角色？

_____

_____

· 在造成這種情況的過程中，其他人扮演了什麼角色？

_____

_____

· 在這種情況下，你可以控制什麼？

_____

_____

· 在這種情況下，你無法控制什麼？

_____

_____

· 在這種情況下，你有什麼反應？

_____

_____

· 你的反應如何影響自己的想法和感受？

_____

_____

· 你的反應如何影響其他人的想法和感受？

_____

_____

・你如何改變自己對這種情況的反應，從而減輕你和其他人的痛苦？

_____

_____

・如果你決定全然接納這種情況，情況會如何轉變？

_____

_____

請記住，**全然接納之中，也包括接受自己**，這一點非常重要。在這種情況下，全然接納也代表著欣然接受你自己，不去評判或批評你自己。換句話說，**全然接納自己，也代表愛自己本來的樣子，愛自己的所有長處及所有缺陷**。發掘自己內在的長處，可能是一項艱鉅的挑戰，特別是當你正在應對自己的壓倒性強烈情緒時。

許多面臨這種情況的人，時常認定自己有缺陷、很糟糕，或是不討人喜歡。結果，他們忽視了自己的正向特質，為自己的人生增添更多痛苦。然而，這就是全然接納自己很重要的原因。

技巧十：自我肯定的陳述

為了開始建立更健康的自我形象（Self-image），許多人發現使用自我肯定的陳述很有幫助。

這些陳述的目的是提醒自己所擁有的正向特質，讓你在遇到令人痛苦的情況時，可以給予自己力量及復原的韌性。這些陳述會提醒你，即便在你面對壓倒性強烈情緒的情況，在那之下仍隱藏著一個關愛他人的人，這個人能夠以更健康的方式應對痛苦情境。

範例：自我肯定的陳述

以下是一些自我肯定的陳述之範例。請勾選你願意使用的句子，並打造你自己的陳述：

□ 我可能有一些缺點，但我仍然是一個好人。

□ 我關心自己，也關心他人。

□ 我接受自己是怎樣的人。

□ 我愛自己。

□ 我是好人，一點也沒錯。

□ 我很棒，沒有人是完美的。

□ 我接受自己的優點及缺點。

□ 今天，我對自己的一切言行負責。

□ 我每天逐漸成為一個更好的人。

□ 我是敏感的人，對這個世界有不同的體會。

□ 我是敏感的人，有著豐富的情緒體驗。

□ 每一天，我都盡己所能。

□ 我是好人，雖然我有時會忘記這件事。

□ 我是好人，儘管我過去曾碰到不好的事。

□ 我是好人，雖然我過去曾犯下錯誤。

□ 我來到這世界是有原因的。

□ 我的人生有一個目標，儘管我不會時常清楚看見它。

□ 我全然接納自己。

□ 其他想法：_____

有些人發現一個很有幫助的方法，就是將自我肯定的陳述寫在便利貼上，並張貼在家裡各處。

有一位女人使用可擦拭的麥克筆在洗手間的鏡面寫下她的陳述，所以這就是她每天早上會看到的第一個內容。有個男人在便利貼上寫下陳述，並貼在公司的電腦上。你可以選擇任何有效的方式，來提醒你這些自我肯定的陳述，但最好選擇一種可以在一天中多次提醒你的方法。如果你選擇在智慧型手機的筆記應用程式中寫下陳述，請務必每天查看。你看到該項陳述的次數越多，它就越有助於改變你對自己的看法。

技巧十一：感受與威脅的平衡度

如你所知，當強烈的情緒來襲時，往往會同時產生想要做某件事的衝動。而憤怒和焦慮會讓你特別想要做些什麼來克服威脅。有時候，如果你面臨著重大危險或有人試圖要傷害你，那麼在這種威脅之下，你確實需要採取行動，但你的情緒往往遠遠大於所面臨的實際威脅。

「感受與威脅的平衡度」（feelings-threat balance, FTB）是一種可以幫助你辨識感受和威脅之平衡程度的技巧，讓你可以適切地應對壓力來源。

例如，以 1 至 10 來評分，你的恐懼和想要避免的衝動是否為 10 分，但實際的危險僅有 2 分？或者，你的憤怒和攻擊的衝動為 9 分，而面臨的挑釁和威脅只有 3 分？

「平衡感受與威脅」的過程，將有助於你評估實際威脅的程度與感受的強度。它們之間的差距越大，你就越有理由去因應而非隨著情緒採取行動。高強度的情緒和低程度的實際威脅之間的差距，往往會被一種名為「情緒推理」（emotional reasoning）的東西所惡化，因為人類傾向於相信自身的壓倒性強烈情緒而強化了某種情況的真實性。

例如，也許你相信以下的情況：

· 強烈的憤怒代表了有人對你做了非常糟糕的事。
· 強烈的焦慮代表了你正面臨著相當危險的事。
· 強烈的羞恥感代表你做了一些應該被譴責的事。

情緒推理的問題，就在於情緒不能證明任何事為真，因為那都只是感覺。有時候，負面情緒的強度與任何現實生活中的問題、威脅或失敗之間，幾乎一點關係也沒有。

正如你將在第七章「強化情緒調節的基礎技巧」中所瞭解的，情緒只是一種訊息。有時它們是準確的，但有時卻不準確。那麼，你如何根據情緒要告訴你的訊息，進一步評估實際的威脅程度呢？

現在，請將感受強度和最大的威脅強度（分數最高的項目）放在一起。如果兩個數值接近，表示你的情緒與實際威脅的指數相當平衡，而由於你的

表 2-4：評估感受與威脅的平衡度

首先，以零至十分的痛苦程度來為你的情緒評分（「十分」代表你對這種情緒感受到的最強烈程度）。

0	1	2	3	4	5	6	7	8	9	10

少量					中等					高度
痛苦					痛苦					痛苦

現在對威脅進行評分。

關於憤怒：

對於你的幸福安康，冒犯你的人或情況造成了多大的實際損害？

0	1	2	3	4	5	6	7	8	9	10

少量					中等					高度
損害					損害					損害

對於你的自我價值，冒犯你的人或情況造成了多大的持續傷害？

0	1	2	3	4	5	6	7	8	9	10

少量					中等					高度
傷害					傷害					傷害

關於焦慮／恐懼：

這種情況有多大的潛在危害？

0	1	2	3	4	5	6	7	8	9	10

少量					中度					過度
危害					危害					危害

（接下頁）

發生這種危害的可能性有多大？

0	1	2	3	4	5	6	7	8	9	10

不太　　　　　　　　　　　　有點　　　　　　　　　　　　非常
可能　　　　　　　　　　　　可能　　　　　　　　　　　　可能

關於內疚／羞恥：

　　我造成的傷害有多大？

0	1	2	3	4	5	6	7	8	9	10

沒有　　　　　　　　　　　　一些　　　　　　　　　　　　很大

　　我的行為在多大程度上偏離了我的價值觀或對錯是非的信念？

0	1	2	3	4	5	6	7	8	9	10

沒有　　　　　　　　　　　　一些　　　　　　　　　　　　很大

關於悲傷：

　　我的損失有多嚴重？

0	1	2	3	4	5	6	7	8	9	10

少量　　　　　　　　　　　　中等　　　　　　　　　　　　大量
損失　　　　　　　　　　　　損失　　　　　　　　　　　　損失

　　我的失敗或錯誤所造成的影響，有多嚴重或持續多久？

0	1	2	3	4	5	6	7	8	9	10

少量　　　　　　　　　　　　中度　　　　　　　　　　　　嚴重
影響　　　　　　　　　　　　影響　　　　　　　　　　　　影響

情緒反映了現實狀況中的威脅，或許是該採取行動了，例如，使用「重新發掘你的價值觀」以及本章的承諾行動表單，來引導你做出行為上的各種選擇；你也可以使用第五章的「智慧心」決策，或是第八章的「解決問題」。

然而，如果你的感受和威脅程度之間存有顯著的不平衡，代表你的情緒高漲，但實際上的威脅卻很低，就盡量**不要以被情緒驅動的行為來反應**。不要以自己的衝動或欲望行事，而是因應（cope）的時刻；不要直接做出反應，而是採用痛苦耐受的相關技巧，來幫助降低你的情緒張力：

- REST 策略
- 轉移注意力
- 自我安撫
- 安全空間視覺想像
- 自我暗示放鬆法
- 暫時隔離
- 正念
- 自我鼓勵的因應想法
- 全然接納
- 自我肯定的陳述

小結

因此，每當你的情緒感到激動，出現想做某件事的強烈衝動時，請記得使用感受與威脅的平衡度因應策略。

與其一時衝動行事，不如進行以下事項：

1. 評估你的感受強度（0分到10分）。
2. 評估實際的威脅程度（0分到10分）。
3. 如果感受與威脅的分數是平衡的（數值接近），你可以依據價值觀、智慧心（第五章）或解決問題（第八章）來採取行動。
4. 然而，如果這種感覺的強度明顯高於威脅，就不要依照自己的情緒來採取行動。選擇一種你已學會的因應技巧來安撫自己的情緒。

打造全新的因應策略

既然你已經熟知所有的痛苦耐受技巧，就可以替自己的未來打造一組全新的因應策略。要簡單地做到這一點，就是檢視過往經歷的痛苦情境，並確認你應對這些情況的方法為何。一般情況下，具有壓倒性強烈情緒的人會一遍又一遍地經歷類似的痛苦情況。因此，某種程度上來說，這些是可以預測的情況。

在這項練習中，你將確認自己曾經碰到哪些情況，又是如何應對，以及危險的後果又是什麼。

接著，你將會確定當自己遇到類似的情況時，未來可以採用哪些新的因應策略，以及使用這些新策略可能會帶來哪些有益的結果。

但是，正如你將在 97 至 98 頁看到的表 2-5 和表 2-6，那是兩份不同的新因應策略表單。這是因為當你獨自一人或與其他人在一起時，需要使用不同的因應策略。

例如，當你獨自一人感到不知所措時，最有效的方法可能是使用自我暗示放鬆法，或是能安撫自己的正念呼吸技巧。但是，當你和別人在一起時，這些技巧可能不方便使用，或是無法使用。因此，針對這些情況，你需要準備好其他技巧。

範例：卡爾的新因應策略

當卡爾和他人相處時，發現了有一種情境會讓他感到痛苦。他寫道：「當我和哥哥相處時，他總是會糾正我所做的一切。」這是可以讓卡爾好好檢視的理想情況，因為他可以預見的情況是，當下次和哥哥見面時，就會遇到類似的痛苦情況。

接下來，卡爾辨識出自己如何使用舊策略來應對跟哥哥相處的情況。他寫道：「我們會爭吵，而我會暴飲暴食或抓傷自己。我會一直想著過去他侮辱我的那些經歷。」

然後，卡爾記錄了自己的行為對健康所造成的不良後果：「我們兩人都感到很氣憤。我體重增加了，而且臉和手臂上有許多傷口。這幾天，我一想

表 2-5：為痛苦情況制定新因應策略（和他人共處時）

痛苦情況	舊有因應策略	不良後果	新因應策略	更健康的可能結果
範例：當我和哥哥共處時，他總是會糾正我所做的一切。	我們會爭吵，而我會暴飲暴食或抓傷自己。我會一直想著過去他侮辱我的那些經歷。	我們兩人都感到很氣憤。我的體重增加了，而且臉和手臂上有許多傷口。這幾天，我想起過去時，都感到很糟糕。	先採用暫時隔離法，並使用新的因應想法：「我很堅強，我應付得了他。」以一種新的方法全然接納自己及當下的處境。	我們不會再像過去那樣吵架了。我也不會吃下過多的食物。我感覺自己更加堅強了，也許以後能更理想地應對這種情況。
1				
2				
3				
4				

表 2-6：為痛苦情況制定新因應策略（獨自一人時）

痛苦情況	舊有因應策略	不良後果	新因應策略	更健康的可能結果
範例：有時候，當我獨自一人時會感到害怕。	我會抽大麻、去酒吧喝酒、割傷自己，或是刷信用卡消費。	我抽了太多菸、喝了太多酒，感到噁心不適。我在酒吧和別人打架，受傷流血了。我花太多錢購買自己根本不需要的東西。	使用正念呼吸。記住我與宇宙之間的聯繫。使用安全空間視覺想像。牢記自己重視的價值觀。	我不會再感到那麼焦慮，不會傷害自己，也會存下更多的錢。我的心情會更加輕鬆。
1				
2				
3				
4				

起過去，都感到很糟糕。」顯而易見地，卡爾的任何一項策略，都沒有為他帶來長期的改善。

接下來，卡爾確定了下一次當他應對跟哥哥相處的情況時，可以使用新的痛苦耐受技巧。在「新因應策略」的欄位中，卡爾寫下了最適合此類情況的痛苦耐受技巧。

他從第一章和第二章選擇了一些管用的技巧。他寫道：「先採用暫時隔離法，並使用新的因應想法：『我很堅強，我應付得了他。』以一種新的方法全然接納自己及當下的處境。」

接著，他預測這些新策略可能會帶來哪些更健康的結果：「我們不會再像過去那樣吵架了。我也不會吃下過多的食物。我感覺自己更加堅強了，也許以後能更理想地應對這種情況。」顯然，採用新的痛苦耐受技巧後，對卡爾的健康也更加有益。

然而，這些因應策略可能不同於他獨自身處痛苦情境時所選擇的策略。因此，卡爾也寫下獨自一人時應對痛苦情境的表單。

他選擇的情境如下：「有時候，當我獨自一人時會感到害怕。」同樣的，這對卡爾來說是一個好好檢視的機會，因為可以預想到的是，當他下次獨自一人時也會體驗到同樣難以忍受的感受。卡爾因應這種情況的舊策略是：「我會抽大麻、去酒吧喝酒、割傷自己，或是刷信用卡消費。」

這些行為會產生許多不健康的後果：「我抽了太多菸、喝了太多酒，感到噁心不適。我在酒吧和別人打架，受傷流血了。我花太多錢購買自己根本不需要的東西。」

接下來，為了替未來做準備，卡爾選擇了新的因應策略來面對這種情況：「使用正念呼吸。記住我與宇宙之間的聯繫，使用安全空間視覺想像，牢記自己重視的價值觀。」最後，他預測可能會產生哪些更理想的結果：「我不會再感到那麼焦慮，不會傷害自己，也會存下更多的錢。我的心情會更加輕鬆。」同樣的，對於卡爾而言，全新的痛苦耐受技巧顯然比舊有的因應策略更為理想。

如果你可以花一些時間，為自己往後可預測的情境做準備，也會讓你獲

益良多。在表 2-5 和 2-6 中，分別寫下四種過去讓你感到痛苦的情況，並檢視自己如何因應。

找出你曾使用過的那些不健康的因應策略，以及這對你和其他人的影響。然後，記錄自己可以採用哪些新的痛苦耐受技巧，以更健康的方式因應這些情況。

請複習本章和第一章，選擇你認為有用的痛苦耐受技巧。當你完成兩張表單後，將這些技巧填入「新因應策略」欄位。

最重要的是，要具體一點。如果你要寫下「使用一項新的因應想法」，也請具體寫下這個想法是什麼。或者，如果你要寫下「暫時隔離」，也請你將要做的事情包含在內。

當你寫得具體明確，以後就不會忘記了。

最後，如果你使用新的痛苦耐受技巧之後，為你帶來健康理想的結果，也請記錄下來。請使用以上提供的範例當作為指引。如果你需要更多空間，請複印這些表單。

制定緊急因應計畫

希望你持續地練習本章及第一章的痛苦耐受技巧，包括 REST 策略，也希望你早已清楚瞭解哪些技巧最適合你。也許，採用表 2-5 和 2-6 的新因應策略表單能幫助你預測最適合的技巧。現在，你將要為下一步做好準備，這能幫助你打造應對常見痛苦情況的個人化計畫，無論是與他人共處或你獨自一人時。

在表 2-7（101 頁）中，針對與其他人共處的情況，列出你認為最有效的四種因應策略。

同樣的，要具體並盡可能涵蓋關於該策略的詳細資訊。從對你最有效的一項策略開始，接著是第二項有效策略，依此類推。

計畫的流程是，先嘗試第一個策略，看看它是否能有效幫助你因應痛苦情況；如果沒有的話，就接著繼續執行下一項策略，依此類推。請你參考本章及第一章的各種痛苦耐受技巧、你的 REST 策略、你擬定的新因應策略表

表 2-7：我面對狀況時的緊急因應計畫

當我難過生氣卻要應對其他人時

首先，我會 _____

下一步，我會 _____

接著，我會 _____

最後，我會 _____

表 2-8：我面對狀況時的緊急因應計畫

當我難過生氣而獨自一人時

首先，我會 _____

下一步，我會 _____

接著，我會 _____

最後，我會 _____

單，以及到目前為止所使用的痛苦耐受技巧的任何經驗。

在表 2-8 中，則針對獨處情況進行上述的計畫。

在下一章，你將學到一些關於生理學的因應技巧，在嘗試了各種方法之後，或許你會想要將這些技巧加入緊急因應計畫中。然後，當你完成這兩項因應計畫後，將它們分別抄寫到一張索引卡上，放在皮夾或包包中隨身攜帶，或者將這兩項因應計畫存在手機的應用程式中。

這個策略會不斷地提醒你要運用新的痛苦耐受技巧，讓你不再需要依賴舊有的無效策略。此外，當你下次感到生氣、受傷或難過時，就不必費力地記住該怎麼做了。你只需要拿出索引卡或手機，然後依循自己的緊急因應計畫進行即可。

記住，請盡可能頻繁地練習新的痛苦耐受技巧，如果第一次嘗試沒有成功，也不要感到沮喪。學習新技巧很不容易，而且常常讓人覺得相當棘手。但是，任何人都可以學會這些痛苦耐受技巧，而這些方法早已幫助了成千上萬個像你一樣的人。祝你好運。

| 第 3 章 |

提升痛苦耐受 生理因應技巧

何謂生理因應技巧？

　　除了前兩章學到的所有認知及行為的痛苦耐受技巧之外，還有一些以生理學為基礎的因應技巧也很有幫助。先前已經建議了其中一些技巧，不過仍值得再重述說明。

　　這些技巧可以迅速降低壓倒性強烈情緒的程度，特別是你過度悲傷、煩躁或憤怒而無法使用其他痛苦耐受技巧時。在許多方面，基於生理學的痛苦耐受技巧並不需要你「清晰思考」，因為它們主要是以生物學原理和生理反應為基礎，因此，**不論你是否記得這些技巧的運作原理，它們都有其效用；你只需要實行。**

　　在第七章，你將更進一步瞭解神經系統中的「戰鬥、逃跑或僵住」（fight, flight, or freeze）反應，這是可以幫助你在危險情況中存活下來的反應。但就目前而言，你只需要知道，在神經系統的多項功用中，有兩項分別為「生存」及「放鬆」。在生存模式下，神經系統會啟動身體中生存所必需的「戰鬥、逃跑或僵住」反應，例如加快心跳速率及增加肌肉的緊繃程度。相較之下，放鬆反應會引起相反的一系列反應，例如降低心跳速率及肌肉緊繃程度，這有助於你休息且安心地放鬆。

　　接下來，你要學習的生理因應技巧，是藉由觸發人體的生物反應來開啟放鬆反應。

　　相對於其他技巧，其中會有一些對你更有成效的因應技巧。請確保你瞭解哪些方法最適合你，並將它們當作第二章最後完成的緊急因應計畫的一部分。另外，請記住，如果你遇到任何醫療上的問題，會影響到你的平衡狀態、血壓或心跳速率，尤其是心臟病、呼吸問題、高血壓或懷孕等情況，在

嘗試任何技巧之前，必定要先諮詢專業醫事人員，因為其中一些技巧可能會迅速降低你的心跳速率和血壓。如果你目前有服用任何藥物來調節以上這些問題，這就相當重要。

技巧一：眼球運動

研究顯示，在維持頭部不動的情況下，快速地左右移動雙眼，對於承受極大壓力的人有放鬆的效果。已經有實證指出，這類的眼球運動能減少與痛苦記憶相關的情緒困擾，並讓這些記憶不再如此生動強烈。

有一種結合心理治療的眼球運動，足以緩解與創傷相關的長期痛苦情緒，被稱為「眼動減敏與歷程更新療法」（eye-movement desensitization and reprocessing，簡稱為EMDR）。然而，對許多人而言，即使是最簡單的形式也能有效放鬆，像是以舒適且快速的速度來回移動雙眼大約三十秒。至於這項技巧為何會有效，研究人員仍爭論不休，但無論如何，這項技巧在使用上快速且容易，也值得嘗試。

引導說明

理想情況下，你應該先在放鬆且不受情緒干擾的情況下練習這項技巧。找一個舒服的地方坐下，睜大眼睛，眼睛左右來回地移動。以大約每秒一次的舒適速度，來回移動雙眼，就好像你正在觀看一場快速的桌球比賽一樣。**盡量不要移動頭部，只讓眼睛左右移動**，從房間的一個角落看向另一個角落，大約做三十秒，試著習慣這組來回的動作。如果你覺得眼睛過度疲勞或疼痛，請停止動作，或者將動作放慢至舒適的速度。

接下來，請找出讓你略微感到不愉快的記憶，來練習使用這項技巧。回想一下那段記憶和它引起的情緒反應。盡你最大的努力，以零分至十分來為情緒上的痛苦評分，十分是你所能想像的最痛苦的情況。另外，請注意記憶對你身體造成的任何壓力或緊繃狀態。

現在，讓眼球左右移動大約三十秒。當你移動雙眼時，不要緊抓著那個令人不安的記憶；相反的，讓接下來出現的任何記憶或感覺自然地出現。大

約三十秒後，注意情緒或身體上的任何感受變化。接著，再次嘗試此技巧，從令人不安的記憶重新開始，讓三十秒內出現的所有事情自然地出現。

再次提醒，**請注意自己在情緒或身體上的感受變化，大約嘗試四至五次，並注意這些感受是否得到改善。**

在練習這項技巧時，如果你確實發現情況有所改善，請在下次感到痛苦或對某事產生壓倒性強烈情緒時，嘗試此技巧。確定事件中最令人討厭的部分是什麼、最痛苦的情緒是什麼，或是什麼引發了痛苦的情緒，就從這個起點開始。

如果你正好在某個隱蔽的地方，讓你可以左右移動雙眼，而不會引發不必要的關注，那麼無論你身在何處，都請坐下來嘗試此技巧。

如果你無法公開做左右移動雙眼的動作，請試著閉上雙眼，快速來回移動眼睛大約三十秒，注意自己在情緒或身體上的感受變化，接著，有必要的話請重複三至四次。同樣的，在每個三十秒內，讓所有記憶或想法自然地發生出現。然後，當你重新開始的時候，請回到最初步驟的痛苦記憶或情緒。

本書作者之一時常推薦使用這項技巧來幫助緩解睡前偶爾發生的失眠及焦慮。當你下次睡不著覺的時候可以試試，躺下時閉上雙眼，來回移動雙眼大約三十秒。想像一下，當你的眼睛從一側移動至另一側時，同時也「抹去」任何困擾你的想法或記憶。再次提醒，請繼續使用該技巧四至五次，接著再次嘗試讓自己入睡。

技巧二：以低溫來自我放鬆

利用寒冷低溫來幫助自己放鬆的有效方法有兩種。首先，在臉上放上濕冷的敷布，第二步則是手上拿著一些冰涼的東西。

◆自我練習：潛水反射

這似乎違反直覺，但研究顯示，將臉浸入極冷的水中且屏住呼吸，能讓身體開啟神經系統的放鬆反應，並同時減慢心跳速率，這種現象被稱為「潛

水反射」（Diving Response），是大多數哺乳動物會有的自然反應。人們認為，這種反應的發生是為了在水下保存大腦和心臟中的氧氣。

再次提醒，如果你懷孕了或正在接受與心臟或血壓相關的醫療行為，在嘗試此項技巧之前，請先諮詢專業醫事人員。

引導說明

為了觸發潛水反射來幫助你放鬆，建議你在額頭或臉頰上放一條冰冷的濕毛巾，或者以毛巾包裹半融化的冰袋（切勿將完全冷凍的冰袋直接放在皮膚上；要以毛巾將冰袋包裹起來，以免受傷）。請嘗試其中一種方法，而不是將整張臉浸入一盆冰冷的水中。

將冰冷的敷布放在額頭或臉頰上，會對臉部的三叉神經產生作用，類似於將臉部浸入冰冷的水中（如果你在進行時感受到任何疼痛，請立即停止）。如果你使用的是濕冷的毛巾，請確保它的溫度低於攝氏二十一度，才能觸發潛水反射。

接下來，為了進一步模擬將臉部浸入水中的體驗，請屏住呼吸幾秒鐘（或你覺得可以承受的時間長度），同時保持冰冷的敷布放在你的前額或臉頰上。但是，絕對不要做其他任何事情來刻意阻礙呼吸能力，以免導致頭暈、昏倒，甚至死亡。

◆自我練習：冷加壓技巧

另一種利用寒冷低溫來幫助你緩解情緒的方式，是手中握著一個冰冷的冰袋，或是將雙手放在冰冷的水中二至四分鐘。在一項針對主動進行自毀性行為（例如割傷和劃擦傷）者的調查研究中，結果顯示，進行這種痛苦的行為確實能舒緩某些人的情緒。然而，這類行為也會導致人們受傷，造成醫療上的緊急情況，因此不推薦這麼做。

事實上，辯證行為治療的目標之一，就是停止這種自毀性行為。取而代之的做法，是那些試著複製人們這類疼痛的行為研究中常採用的冷加壓試

驗。在冷加壓試驗中，受試者將手浸入一桶溫度為攝氏零至十度的冰水中，水的高度大約到手腕的位置，長達二至四分鐘後才把手抽離開來。

在一項使用冷加壓試驗的研究中，有一些邊緣型人格疾患受試者的憤怒、困惑、憂鬱及焦慮程度明顯減少，而後來另一項採用冷加壓試驗的研究，也有類似的結果。目前，人們對於這種刺激可以大幅改善情緒的原因，仍爭論不休，但對那些經歷壓倒性強烈情緒而痛苦的人們來說，這些實驗結果仍帶來極大的希望。

引導說明

建議不要將你的手放在一桶冰水中二至四分鐘，而是用很冰的水來沖雙手，或拿著有毛巾覆蓋的冰袋，維持相同的時間（在你感到非常痛苦時，很難找得到一桶冰水，尤其是當你不在家時；你比較有可能取得的是冰袋或很冰的水。或者，如果這兩者都沒有，就拿一罐很冰的飲料。）讓冷水或冰袋的溫度維持在你可以承受的最低溫度，大約在攝氏零至十度之間。

你可以預期自己將會感覺到輕度至中度的不適，但絕不會有強烈的疼痛。如果你在任何時候感到非常疼痛或不適時，請立即停止。

在你的智慧型手機上設定四分鐘以內的計時，並盡力忍受這種不適。如果你在練習的過程中需要關注其他事，請練習你的正念呼吸技巧。

技巧三：高強度間歇訓練

體能訓練已被證明具有大量的健康益處，這可能不足為奇，但它也可以有效治療輕度至中度的憂鬱症、焦慮、恐懼症（phobia）、恐慌發作，甚至有機會治癒創傷後壓力症候群。進行有氧運動時，甚至能增加一些大腦的化學物質，效果類似於服用抗憂鬱藥和抗焦慮藥的成效。光是基於這些原因，運動訓練就足以成為一種對抗痛苦及壓倒性強烈情緒的有效因應策略。

然而，許多人仍然避免定期的運動訓練，因為他們覺得運動不好玩、過於困難，或是太浪費時間。幸好，在過去幾年裡，有足夠的研究支持並擁護一種更有趣、更省時並提供更多健康益處的新型訓練運動。

之前，如美國衛生及公共服務部（HHS）等官方機構表示，建議每週進行中等強度的運動五天，每次運動三十分鐘（美國全民運動指南諮詢委員會於二〇〇八年提出）。然而，目前有新的身體健康研究顯示，將短時間的高強度運動與短時間的恢復結合在一起，具有與長時間運動相同的健康益處。這類型的運動一般被稱為「高強度間歇訓練」（HIIT）。

在一項成功的研究中，他們採用了高強度間歇訓練的其中一組運動，只要透過一分鐘的高強度運動，接著進行一分鐘的低強度恢復時間，總共進行大約十個「強度－中等」的間歇組合，就有相當好的成效。這代表受試者只進行了大約十分鐘的高強度訓練。也許是由於這些較短的運動時間，高強度間歇訓練顯然比其他更耗時的有氧運動更有趣，並受到人們的喜愛。

目前，已經有許多研究結果支持高強度間歇訓練的益處，顯示它適用於所有年齡層，以及患有第二型糖尿病等疾病的人。其中一項研究發現，高強度間歇訓練甚至可以逆轉一些人體細胞內的衰老現象。在該項研究中，受試者在自行車上進行四分鐘的高強度踩踏，接著進行三分鐘低強度的踩踏，並重複了四次「強度－中等強度」的程序。他們以這種方式每週訓練三天，然後每週有兩天以輕快的步伐步行，總共進行十二週。

在一些高強度間歇訓練的研究中，藉由監測受試者的心跳速率來測量其運動強度。在高強度運動期間，受試者試圖維持一定的運動強度，迫使自己以最高心跳速率的 90% 來跳動。然後，在強度較低的中等強度活動期間，他們降低了運動強度，讓心跳速率減慢。

在運動過程中，要保持「最高心跳速率的 90%」似乎令人生畏，甚至連計算起來都令人膽怯，但其實沒有那麼可怕。例如，你決心要嘗試高強度間歇訓練，但 90% 聽起來太嚇人了，那麼最初的目標就可以設定為保持最高心跳速率的 75% 或 80%，直到你獲得力量、信心及耐力，接著再將目標心跳速率增加至 90%。

要計算最高的訓練心跳速率，有一種簡單方法就是將年齡乘以 0.64，然後以 211 減去結果。例如，你現在四十一歲，計算方式為：41×0.64＝26.24，接著 211－26.24＝184.76；接著，要計算最高心跳速率 90% 的訓練目

標，就將這個數字乘以 0.9，於是 184.76×0.9＝166.28。因此，對於四十一歲的人來說，90％ 的目標心跳速率大約是每分鐘 166 下。（請記住，你的目標心跳速率也會受到藥物、醫療條件及健康狀態的影響。如果你才剛開始這項訓練方案，或許可以從較低的目標著手，例如最高心跳速率的 80％，甚至是 75％。在這種情況下，你可以將最高心跳速率乘以 0.8，就是 80％，或是乘以 0.75，則是 75％。）

若要監測運動期間的心跳速率，很簡單，只要使用網路上和多數體育用品商店都買得到的運動心跳速率監測儀器。然而，使用「說話測試」（talk test）就是一種監測運動強度的通用方法。有人建議，如果你可以在進行訓練時說話及唱歌，而不會氣喘吁吁，那麼你就是正處於低強度的運動訓練。進行中等強度運動時，通常可以說話，但只要唱幾句就會開始氣喘吁吁；進行高強度運動時，則完全無法唱歌，就連要說出幾個字也相當困難。

如果你在進行高強度間歇訓練時使用說話測試，請在運動期間盡力保持高強度，並藉由說話來檢視自己的狀態。如果你覺得說話太容易，你的訓練程度可能還不夠費力。在更高強度的運動中，說話應該會很困難，因為你在使盡力氣的同時，呼吸也會越來越喘；此外，你也會感到很吃力，覺得這種步調難以再維持幾分鐘了。然後，在中間恢復體能的期間，請將運動強度降低到能舒適地說話且輕鬆呼吸的程度。

因此，體能訓練已被證明對健康及心理有很多好處，而相較於其他形式的有氧運動，高強度間歇訓練確實更令人愉快且受到喜愛。此外，高強度間歇訓練不需要花大量時間進行，也不需要支付昂貴的健身房會費（請參閱後頁引導說明中提供的替代方法），更不需要的昂貴設備來監測你的運動強度，而且，它可以逆轉一些老化帶來的影響，對所有年齡層的參與者都安全無虞，並且能當作面對不愉快情緒的有效因應技巧。

希望你每週可以進行二至三次的高強度間歇訓練，從而致力且定期地進行高強度間歇訓練。至少，當你感到痛苦、憤怒、焦慮、悲傷或不知所措時，進行高強度間歇訓練也會為你帶來幫助。

請利用以下的引導說明開始進行高強度間歇訓練計畫。當然，在你展開

任何日常運動的訓練之前，請向醫療專業人士諮詢你的健康狀況，特別是當你有心臟病、中風、糖尿病、呼吸困難、慢性疼痛，或是關節問題的病史。然後，一旦開始之後，請記住要開始慢慢地進行訓練，並隨著時間來增加強度及耐力。

引導說明

如果你打算進行高強度間歇訓練，請考慮使用跑步機、健身自行車、滑步機、攀爬登山機、划船機，或是其他能讓你在幾分鐘內以高強度進行訓練的設備（如果要使用你不熟悉的設備，請先諮詢體能訓練的專業人士）。但是，如果你無法取得這一類的設備，請考慮其他形式的高強度訓練，例如戶外的短跑、原地跑、跳繩、做「波比跳」（Burpee，譯注：結合深蹲、伏地挺身及跳躍的一組動作），甚至做開合跳等運動。

在你進行每一組高強度間歇訓練之前，請以伸展運動或一組緩慢的動作來熱身，讓你的肌肉放鬆並變得溫熱。接著，就跟剛開始進行任何一項新訓練方法一樣，「低規格、慢慢來」，從較短的總運動時間開始，而且，不要立即以運動時達到最高心跳速率的 90％ 為目標。相反的，可以從三十秒的高強度運動開始，而目標是在運動時僅保持最高心跳速率的 75％（或使用「說話測試」來進行中等強度），接著以較慢的速度運動兩分鐘，讓心跳速率減慢，讓呼吸變得更輕鬆容易。之後，隨著你的力量及耐力提升，就可以增加時間、運動強度及心跳速率目標。

此外，請考慮調整你要執行的間歇組合的時間及數量。也許，當你剛開始做高強度間歇訓練時，只能執行三至四組長達一分鐘的「強度－中等」的間歇組合（總運動時間為六至八分鐘）。然後，當你累積了耐力及經驗後，也許可以增加為五至六組的一分鐘間歇訓練（總運動時間為十到十二分鐘）。請記住，你剛開始進行訓練的水準及進步空間，在很大程度上取決於你的年齡、身體活動能力、醫療條件，以及訓練的一致性。請將你的目標及期望維持在合理範圍內，不要期望做得太多且太快。

最後，也請好好考量下述的各項建議。一位曾採訪多位高強度間歇訓練

專家的健身作家提出建議，當你開始進行高強度間歇訓練方案時，請避免以下的七大常見錯誤：

一、不要跳過訓練前的熱身。

二、每次運動的時間不要超過二十分鐘或三十分鐘。

三、確保訓練期間用力地達到高強度，以獲得高強度間歇訓練的益處。

四、在每次高強度運動之間，確保你放慢速度並花足夠的時間恢復體力，這樣就能在下一組運動時再次鞭策自己。

五、無論你用哪種運動來進行高強度間歇訓練，都要確保動作簡單，因為你很快就會感到疲勞，無法執行任何過於複雜的動作。

六、不要太快速地立即延長整體的運動時間，例如在第一週時，從五分鐘延長至二十分鐘；相反的，讓你的身體有足夠的時間來增強力量，然後再持續努力。

最後，七、每週進行高強度間歇訓練的次數不要超過二到三次，因為在兩次訓練之間，身體需要一些時間來恢復體力。

請使用表 3-1「高強度間歇訓練運動日誌」（112 頁），來監測自己的訓練強度、整體進度，以及高強度間歇訓練對情緒的影響。請根據你的需求來製作其他的日誌副本。

技巧四：緩慢呼吸

前文中已經提供如何使用正念呼吸做為一種幫助你專注於當下的技巧。但是，當你感到痛苦和焦慮時，調節整體的呼吸頻率也有助於你放鬆，原因如下：你的呼吸方式會直接影響心跳速率及神經系統。每次吸氣時，你的心跳速率都會加快一點，而每次吐氣時，你的心跳速率會減慢一些。當你吐氣時，它也會觸發神經系統的放鬆反應。此外，放慢整體的呼吸頻率、讓吐氣的速度比吸氣慢，都具有放鬆的效果。

在一項研究中，放慢呼吸頻率的人明顯減緩了焦慮和緊張的情緒。受試者將呼吸頻率減慢至每分鐘六次呼吸，這意味著每十秒進行一組吸氣及吐氣

表 3-1：高強度間歇訓練運動日誌

日期	實際執行練習	高強度訓練的時間長度及次數	最大強度水準（心跳速率或說話測試）	中等強度訓練的時間長度	高強度間歇訓練前，情緒強度等級0-10（弱至強）	高強度間歇訓練後，情緒強度等級0-10（弱至強）
範例：六月十二日星期一	健身自行車／健身房	一分鐘，共五組間歇組合	高強度運動時難以說話；監測儀器顯示為最高心跳速率的80%。	兩分鐘，能夠更輕鬆地說話和呼吸。	對工作感到非常生氣。8/10	感覺好很多了，已經沒有那麼生氣了。4/10

的循環，這比一般人的呼吸頻率要緩慢得多，一般人通常每分鐘呼吸九至二十四次。因此，將每分鐘的呼吸減緩至六次，可能需要一些時間和練習才能達成。

同樣的，讓吐氣的速度比吸氣慢，也被證明對於放鬆有正面影響。在另一項研究中，受試者在兩秒內快速吸氣，接著在八秒內緩慢吐氣，藉此來減少壓力情境下的激動不安；而且受試者也將呼吸頻率減慢至每分鐘六次（每分鐘呼吸六次，似乎是許多人會感到相當放鬆的「神奇」數字）。

因此，簡略地回顧一下：一、放慢你的整體呼吸頻率，二、拉長你的吐氣時間，可以幫助你放鬆並因應緊張的情況。

以下你將要學習的緩慢呼吸是一種痛苦耐受技巧，你應該要每天練習三到五分鐘。但是，請別擔心，你不必一整天都如此緩慢地呼吸。相反的，請將它視為另一種痛苦耐受技巧，在情緒高漲且真正需要它之前，於平靜的氣氛中進行練習。

只要有足夠的練習，你就能在面臨極大的壓力情境時採用這項技巧。

然而，在你開始練習緩慢呼吸的技巧之前，請先確定自己呼吸的速度有多快。使用時鐘或計時器，坐下來計算你在一分鐘內呼吸幾次，同時整體上感覺很放鬆。將每一組的吸氣及吐氣計算為一次，例如，吸氣及吐氣，一次；接下來吸氣及吐氣，兩次，依此類推。在一分鐘後記錄呼吸次數，並使用表 3-2（114 頁）來找出最接近你呼吸速度的近似值。例如，你計算自己每分鐘呼吸二十三次，請查看表格內的二十四次，或者如果你計算為每分鐘十四次，請查看表 3-2 上的十五次。

你可能會發現，要立即將呼吸頻率降低至每分鐘呼吸六次（每十秒吸氣一次、吐氣一次）很困難，尤其是你目前的呼吸頻率很高的話，例如每分鐘呼吸二十次（每兩秒半吸氣一次、吐氣一次）。我們建議的替代方法是，使用表 3-2 為指引，在幾天或幾週的時間內逐漸降低呼吸頻率。試著每隔幾天或幾週減少一次呼吸，隨著時間增加，練習緩慢呼吸會變得越來越容易，直到達成每分鐘呼吸六次為止。例如，你目前的呼吸頻率為每分鐘十四次，請嘗試在第一週將呼吸頻率降低至每分鐘十次；然後，當你開始對此感覺輕鬆

表 3-2：呼吸速度對照表

每分鐘呼吸次數	每一組呼吸長度
24 次	2.5 秒
20 次	3 秒
15 次	4 秒
10 次	6 秒
8 次	（大約）8 秒
6 次	10 秒

自在時，將呼吸減少至每分鐘八次；最後，再過幾天或幾週的時間，將你的呼吸頻率降低至每分鐘六次。

除了降低整體的呼吸頻率外，請盡量專注於將吐氣時間延長一、兩秒鐘，而不是延長吸氣時間。例如，一旦你能夠將呼吸減慢到每分鐘呼吸十次（每六秒有一次吸氣及吐氣），你就可以專注地吸氣兩秒並吐氣四秒。然後，一旦你可以將呼吸減慢至每分鐘呼吸六次（每十秒吸氣及吐氣各一次），就能做到吸氣四秒並吐氣六秒，或者吸氣兩秒並吐氣八秒。然而，別指望自己能夠立即做到，尤其是當你平時以更快的速度呼吸的話。

在練習過程中，如果在任何時刻感到頭暈目眩、站立不穩、昏厥，或是注意到嘴唇或指尖有刺痛感，請停止練習，讓自己恢復到正常的呼吸頻率。因為當這種感覺出現時，通常代表你換氣過度、呼吸過快。請你稍後再嘗試這項技巧，等到情況穩定下來，就可以放慢呼吸速度了。

最後，請使用能下載到智慧型手機的呼吸應用程式來進行練習，這非常有幫助。你可以在網路上搜尋到許多關於呼吸的應用程式，而且都是免費的，它們會提供視覺上的指引，告訴你何時要吸氣、何時要吐氣。此外，在某些應用程式中，你甚至可以設定每次吸氣及吐氣的時間長度（例如，設定為十秒），以及每次吸氣及吐氣的時間長度（例如，設定吸氣兩秒、吐氣八秒）。然後，你可以在應用程式上觀看視覺指引並相應地呼吸。

除此之外，你也可以使用手機上的計時器來計算秒數，盡最大努力吸氣

和吐氣，一邊呼吸一邊數著數字，例如：「吸氣，二、三。吐氣，二、三、四、五。」

在你開始進行練習之前，請先閱讀引導說明以熟悉這項體驗。如果你覺得聆聽引導說明的方式更自在，請使用智慧型手機以緩慢且平穩的聲音錄下來，以便在練習此技巧時聆聽。

如果你使用智慧型手機上的呼吸應用程式，請設置呼吸的總長度，以及每次吸氣和吐氣的長度，然後按照視覺指引進行呼吸，直到時間結束。否則，請你在智慧型手機的計時器設定三到五分鐘，然後在計算呼吸的同時觀察秒數。以下的範例使用每分鐘十次呼吸（六秒進行一次吸氣及吐氣），吸氣兩秒，接著吐氣四秒。但是，你應該根據自己目前練習的吸氣及吐氣的長度，來調整數字。

引導說明

首先，請找一個設定計時後就不會被打擾的房間，找個舒適的位置坐下，關掉任何會轉移注意力的聲音。請進行幾次緩慢且深長的呼吸，接著放鬆，將一隻手放在腹部上。現在，請緩慢地用鼻子吸氣，然後從嘴巴慢慢吐氣，感受你的腹部隨著呼吸而起伏。想像一下，吸氣時，感覺到自己的腹部像氣球一樣膨脹，接著吐氣時感覺腹部毫不費力地消氣；感覺氣息從鼻孔進入，然後從嘴唇吐出，就像吹熄生日蛋糕的蠟燭一樣。

現在，當你繼續呼吸時，開始計算吸氣和吐氣的時間長度；一邊看計時器，一邊默默地計算。當你慢慢吸氣時，想著：「吸氣，二。」然後當你開始吐氣時，想著：「吐氣，二、三、四、五。」然後再次開始這個模式：「吸氣，二。吐氣，二、三、四、五。吸氣，二。吐氣，二、三、四、五。」繼續以計時器靜靜地調整呼吸節奏，盡力進行緩慢且平穩的呼吸。緩慢且平穩的呼吸，盡量不要呼吸得過快。

請記住，你不必讓空氣填滿整個肺部。相反的，想著緩慢的呼吸在你的腹部進進出出，像一顆氣球般輕輕地充滿空氣。「吸氣，二；吐氣，二、三、四、五；吸氣，二；吐氣，二、三、四、五；吸氣，二；吐氣，二、

三、四、五。」當你分心時，或者無法計數自己的呼吸時，只需將注意力輕輕地轉移至腹部進進出出的呼吸上，或者再次專注在你的計時器上。「吸氣，二；吐氣，二、三、四、五；吸氣，二；吐氣，二、三、四、五；吸氣，二；吐氣，二、三、四、五。」

　　保持呼吸，直到計時鈴聲響起，然後慢慢地將注意力轉移到房間裡。

技巧五：漸進式肌肉放鬆法

　　漸進式肌肉放鬆法是一種透過有系統的方式來縮緊和放鬆特定肌群的技巧，目的是緩解焦慮並幫助你放鬆。艾德蒙・雅各布森（Edmund Jacobson）醫師於二十世紀初創立這項技巧，其研究成果最終於一九二九年發表於他的著作《漸進式放鬆》中。

　　雅各布森博士是早期身心醫學（psychosomatic medicine）的先驅之一，研究了心理情緒狀態，以及它與造成身體上各種影響的關係。他發現，人類會透過縮緊肌肉來因應壓力和焦慮；換句話說，他發現情緒壓力會導致肌肉緊繃。為了修正這一點並緩解焦慮，雅各布森博士提倡了漸進式放鬆法，這是一種縮緊和放鬆肌肉的方法，可同時緩解精神和情緒層面的困擾。雅各布森博士藉由頻繁的練習，發現這種放鬆肌肉的技巧不僅可以緩解眼前的痛苦，還可以預防未來的痛苦，因為身體的肌肉不可能同時放鬆又緊繃。

　　將近三十年後，精神病學家約瑟夫・沃爾普（Joseph Wolpe）將漸進式放鬆法應用於焦慮症治療中，並採用該項技巧的簡短版本，其中包括用來放鬆身心的口頭示意。在放鬆肌肉的過程中，藉由反覆地伴隨著口頭上的提示（如「平和」一詞），之後只要使用提示字詞，就能訓練肌肉釋放緊繃的狀態。沃爾普博士發現，採用這種漸進式放鬆法的患者，可以更理想地應對自己焦慮及恐懼的情況。

　　自從沃爾普博士針對雅各布森博士的技巧進行修改以來，已經有許多心理專家根據自身的需求來進一步調整技巧。以下所描述的漸進式肌肉放鬆法模式，改編自戴維斯（Davis）、艾許爾曼（Eshelman）及麥凱（McKay）所著的《放鬆與減壓訓練手冊》。

引導說明

大多數的人都沒有意識到自己身體各處的緊繃肌肉。下次當你身處在一群人之中時，請注意有多少人對抗著自己身上肌肉緊繃的狀況。看看那些人駝背、不良的姿勢、緊繃的下巴、緊握的拳頭，甚至連臉部都扭曲了。不幸的是，有許多人早已習慣讓身體承受緊繃狀態，以至於我們接受這是一種「正常狀態」。然而，不管這正常與否，多數情況下還是可以矯正的。

漸進式肌肉放鬆法的重點，是幫助你辨識肌肉緊繃與放鬆之間在感受上的差異。為了幫助你更輕鬆地察覺這些感覺，漸進式肌肉放鬆法的重點是一次縮緊和放鬆一小部分的肌群。藉由緩慢地縮緊再放鬆特定肌群，你將學會辨識其中的差異，之後當這些肌肉確實處於緊繃狀態時，你就能夠更輕鬆地發現並釋放緊繃狀態。

使用下面的技巧，你將依序讓全身的小塊肌肉縮緊和放鬆，學習辨識並釋放緊繃狀態，以及有效地放鬆肌肉。

當你針對每個肌群進行練習時，會縮緊肌肉大約五秒鐘，然後迅速地釋放原先緊繃的肌肉；盡快地釋放緊繃狀態是相當重要的，如此一來，你才能明確分辨放鬆的感覺。然後，以大約十五至三十秒的時間，注意肌肉鬆開和放鬆的感覺；接著，再次縮緊和放鬆同一個肌群，持續注意緊繃和放鬆感之間的差異。

一般來說，每個肌群至少要縮緊和放鬆兩次，但如果你需要特別強化某一區肌群的放鬆，最多可以進行縮緊和放鬆五次。無論你是坐著或躺著，都可以練習漸進式肌肉放鬆法，藉由練習，你甚至可以在行走及站立時隨時緊繃和放鬆肌肉。

在開始之前，有三個部分需要仔細注意。

首先，你需要確定自己要進行哪一種縮緊肌肉的方式，這主要分為三種：主動縮緊肌肉（active tensing）、淺度縮緊肌肉（threshold tensing）、被動縮緊肌肉（passive tensing），以下會提供各種方式的說明。

第二，在放鬆時刻選擇一個口頭提示。以下會提供一些建議。藉由反覆讓口頭提示搭配放鬆肌肉的動作，最終你就能以口頭提示來訓練肌肉放鬆。

第三，決定你要採用漸進式肌肉放鬆法的基本程序或是簡略速記程序。當你剛開始學習如何繃緊及放鬆肌群時，建議先採用基本程序長達幾週，直到你能輕鬆地察覺到緊繃肌肉並有效地釋放壓力為止。之後，你再開始使用簡略速記程序，把數個肌群視為較大的肌群組合，同時進行放鬆。你可以思考是否要在智慧型手機中錄製其中一組說明，如此一來，你就可以閉上雙眼放鬆，同時進行漸進式肌肉放鬆法。

在你展開漸進式肌肉放鬆法之前，請注意自己身體上的各種限制（如果有的話），如果你目前有任何背部、頸部、關節或肩部的疼痛，則要特別小心。如果你對自己繃緊及放鬆身體肌肉的能力有任何疑問，請在開始前諮詢醫療保健人員。此外，如果你懷孕了或是容易暈倒，請在嘗試此技巧之前先諮詢醫護人員。即使你的健康狀況不會造成問題，也請特別注意背部、頸部和腳部的肌肉。切勿過度地繃緊這些部位，否則會導致疼痛。

繃緊肌肉的三種程度

在使用漸進式肌肉放鬆法時，你可以嘗試三種不同的繃緊肌肉法。一般來說，人們會先從主動繃緊肌肉法開始進行，接著嘗試淺度繃緊肌肉法，最後隨著經驗累積而使用被動繃緊肌肉法。

但是，不論基於什麼原因，只要你覺得使用其中一種方式較為舒適，就請依照你最適合的方式進行。

1 主動繃緊肌肉法

這是你主動縮緊身體的一個肌群，直到察覺到緊繃的狀態，維持緊繃長達五秒鐘，然後迅速地釋放緊繃狀態。有些開業醫師會建議你，盡可能用力地壓縮肌群，但這個方法對多數人而言往往過於緊繃，或者有時人們會因為過於用力壓縮肌肉而導致疼痛。取而代之的是，你要將肌群壓縮得緊到足以讓你察覺到緊繃狀態，但不要緊到導致疼痛。當你縮緊一個肌群時，盡量讓身體的其餘部位放鬆。

此外，積極縮緊肌肉的同時也要持續呼吸。有些人喜歡在整個練習過程

中正常呼吸或使用腹式呼吸法；也有些人更喜愛吸氣時維持在緊繃狀態，接著在釋放緊繃的同時吐氣。無論採用哪種方式，只要適合你就可以。

對於沒有身體疼痛的人來說，主動繃緊肌肉往往是首選的方法，因為保持緊繃狀態和釋放的過程，通常是較為愉快的體驗，幾乎就像是在幫自己進行一個小規模的按摩。

2 淺度繃緊肌肉法

這比主動繃緊肌肉法更加微妙而難以捉摸。淺度繃緊肌肉法需要你主動繃緊肌肉，但只能緊到幾乎感覺不到緊繃的程度。再次，以最小程度維持緊繃狀態五秒鐘。接著，釋放微妙的緊繃狀態，並在十五到三十秒內注意那種更加放鬆的感覺。在整個過程中持續地呼吸。有些人在熟悉了主動繃緊肌肉法的注意並釋放緊繃肌肉的程序之後，更喜愛使用淺度繃緊肌肉法。然而，如果有的人背部不好或曾受傷，就會採用淺度繃緊肌肉法。

3 被動繃緊肌肉法

這需要你只注意特定肌群的緊繃程度，而不是完全縮緊那個肌群。再次提醒，注意肌肉的緊繃狀態長達五秒鐘，然後集中注意力，利用你的創造性思維釋放緊繃狀態。例如，想像肌肉變得更長、更放鬆，就像在陽光下融化的蠟一樣。或者，吸一口氣、屏住呼吸，接著，當你吐氣時，想像一下這些肌肉釋放了緊繃狀態。然後，專注在放鬆的身體感覺十五至三十秒。

當你練習了讓肌肉緊繃並察覺到緊繃狀態之後，通常比較容易執行被動繃緊肌肉法。但是，有些人更喜歡採用被動繃緊肌肉法，因為舊傷和健康狀況會讓他們無法縮緊身體上的任何肌肉。如果你採用被動繃緊肌肉法，在遵循以下基本步驟的過程中，當提示要你縮緊肌肉時，請替換為「注意緊繃狀態」的短句。

放鬆提示

在釋放緊繃的肌肉時，選擇使用一個口頭提示。你的口頭提示不僅會提

醒你放鬆，而且藉由反覆地讓口頭提示搭配放鬆肌肉的動作，最終你就可以採用口頭提示來訓練肌肉放鬆。以下是幫助你放鬆的一些建議，或者你也可以打造屬於自己的方法：

- 放開並放手
- 放鬆
- 冷靜並休息
- 平和
- 放開越來越多的事物
- 鬆開並放鬆
- 平滑且放鬆的肌肉
- 冷靜
- _____

基本程序的引導說明

首先，請找一個不會被打擾的房間，在一個舒適的地方坐下或躺下。關掉任何會轉移注意力的聲音，鬆開任何太緊或可能轉移注意力的衣物。請進行幾次緩慢而深長的呼吸，然後放鬆。

現在，當你放鬆身體其他部位時，先握緊拳頭並將拳頭往後彎至手腕處。縮緊拳頭，直到你注意到拳頭、手腕及前臂有緊繃的感覺，維持五秒鐘（如果你進行錄音，在此計數一、二、三、四、五，後續針對其他肌群做同樣的事），然後釋放緊繃狀態並放鬆。如果你使用提示字詞來幫助你放鬆，請在釋放緊繃狀態時說：「平和」（如果你要使用提示字詞，每當釋放緊繃狀態時，在此處及下方插入你自己的字詞）。注意自己的肌肉在伸長、鬆開及放鬆時，緊繃和放鬆之間的感受差異。

現在，花幾秒鐘時間，更充分地意識到肌肉放鬆的感覺（如果你進行錄音，請在此暫停十五秒，後續針對其他肌群做同樣的事）。現在，請重複縮緊並放鬆同一個肌群（如果進行錄音，請在此處及後續的每個肌群重複相同的說明）。

現在，從肘部彎曲手臂，並縮緊你的二頭肌，讓它們緊繃，直到你察覺到手臂的緊繃狀態為止，維持五秒鐘；然後放下你的雙手，釋放緊繃狀態，放鬆下來（如果你要使用提示字詞，請在此插入字詞）。感受兩種狀態的差異，花幾秒鐘的時間充分意識到放鬆的感覺（重複數次）。

　　現在，請將注意力轉移到頭部，在抬高眉毛的同時皺起額頭。縮緊額頭的肌肉，直到你感覺到前額及頭皮的緊繃狀態，維持五秒鐘。然後，釋放緊繃狀態，想像你的額頭和頭皮再次變得平滑（如果你要使用提示字詞，請在此插入字詞）。感受兩種狀態的差異，花幾秒鐘的時間充分意識到放鬆的感覺（重複數次）。

　　現在，皺眉，注意你的前額和眉毛的緊繃感。縮緊這裡的肌肉，直到你察覺到前額的緊繃感，維持五秒鐘，然後放鬆下來，想像你的前額和眉毛再次變得平滑及放鬆（如果你要使用提示字詞，請在此插入字詞）。感受兩種狀態的差異，花幾秒鐘的時間充分意識到放鬆的感覺（重複數次）。

　　現在，緊緊地閉上雙眼，注意眼睛、鼻子及臉頰四周的緊繃感，維持五秒鐘，然後釋放緊繃狀態，同時仍閉著雙眼，想像眼睛四周的肌肉再次變得平滑和放鬆（如果你要使用提示字詞，請在此插入字詞）。感受兩種狀態的差異，花幾秒鐘的時間充分意識到放鬆的感覺（重複數次）。

　　現在，張大嘴巴，感受下巴的緊繃感，維持五秒鐘。然後藉由閉上嘴巴來釋放緊繃狀態（如果你要使用提示字詞，請在此插入字詞）。感受兩種狀態的差異，花幾秒鐘的時間充分意識到放鬆的感覺（重複數次）。

　　現在，將你的舌頭壓著上顎。將舌頭壓得更緊一些，直到感覺到舌頭和口腔後部的緊繃狀態，維持五秒鐘，然後釋放緊繃狀態，讓你的舌頭放鬆（如果你要使用提示字詞，請在此插入字詞）。感受兩種狀態的差異，花幾秒鐘的時間充分意識到放鬆的感覺（重複數次）。

　　現在，請你噘起嘴唇並呈現「O」的嘴型，感受到嘴巴和下巴四周的緊繃感，維持五秒鐘，然後鬆開你的嘴唇，讓嘴巴放鬆（如果你要使用提示字詞，請在此插入字詞）。感受兩種狀態的差異，花幾秒鐘的時間充分意識到放鬆的感覺（重複數次）。

現在，請注意你的前額、頭皮、眼睛、下巴、舌頭及嘴唇整體的放鬆感覺。用你的心念掃描這些部位，如果你注意到有任何緊繃感，請回到那個肌群並針對該部位重複縮緊及放鬆。讓放鬆的整體感覺傳遍全身（如果你要使用提示字詞，請在此插入字詞）。

現在，慢慢轉動你的頭部。從一隻耳朵幾乎快碰觸到肩膀開始，慢慢地將下巴向下移動至胸前，然後再移到另一側的肩膀。當你的頭部從一側移動至另一側時，感受緊繃位置的切換變化。然後，再次慢慢地向下移動轉下巴，回到另一側的肩膀。現在放鬆下來，讓你的頭部回到直立的舒適位置（如果你要使用提示字詞，請插入字詞和／或重複該過程）。

現在，請你聳肩，將肩膀抬高至耳朵旁。繼續將肩膀向上抬，直到你注意到頸部、肩部和上背部的緊繃感，維持五秒鐘。然後迅速地鬆開你的肩膀，讓它們向下垂放，感受你的頸部、肩部及上背部蔓延著放鬆的感覺（如果你要使用提示字詞，請在此插入字詞）。感受兩種狀態的差異，花幾秒鐘的時間充分意識到放鬆的感覺（重複數次）。

現在，吸氣並讓空氣充滿你的肺部。感受胸口的緊繃感，屏住呼吸並縮緊五秒鐘，然後釋放胸部的緊繃狀態並開始正常呼吸（如果你要使用提示字詞，請在此插入字詞）。感受兩種狀態的差異，花幾秒鐘的時間充分意識到放鬆的感覺（重複數次）。

現在，縮緊下腹部區域的肌肉，保持緊繃狀態五秒鐘，然後釋放緊繃狀態（如果你要使用提示字詞，請在此插入字詞）。注意腹部放鬆的感覺。現在，將你的手放在下腹部，緩慢而充分地呼吸，讓自己的腹部在吸氣時像氣球一樣輕輕膨脹；然後屏住呼吸，注意腹部的緊繃狀態；最後，鬆開腹部，吐氣時腹部可以毫不費力地同時放鬆。當你吐氣時，感覺緊繃的感覺消失了（如果你要使用提示字詞，請在此插入字詞）。感受兩種狀態的差異，花幾秒鐘的時間充分意識到放鬆的感覺（重複數次）。

現在，輕輕地拱起你的背部，不要使勁，只要讓你能注意到下背部肌肉的緊繃程度即可。盡可能讓身體的其餘部分保持放鬆。保持下背部的輕微緊繃狀態長達五秒鐘，然後，藉由恢復身體至挺直的姿勢來釋放壓力（如果你

要使用提示字詞，請在此插入字詞）。感受兩種狀態的差異，花幾秒鐘的時間充分意識到放鬆的感覺（重複數次）。

現在，縮緊你的大腿和臀部區域，壓縮腿部的股四頭肌、腿後側肌群、臀部肌群，保持緊繃狀態五秒鐘，接著釋放緊繃狀態並放鬆（如果你要使用提示字詞，請在此插入字詞）。感受兩種狀態的差異，花幾秒鐘的時間充分意識到放鬆的感覺（重複數次）。

現在，藉著將腳趾頭朝下來伸直並拉緊你的雙腿，感受整條腿的緊繃感，保持緊繃狀態五秒鐘，接著釋放緊繃狀態並放鬆（如果你要使用提示字詞，請在此插入字詞）。感受兩種狀態的差異，花幾秒鐘的時間充分意識到放鬆的感覺（重複數次）。

現在，藉著將腳趾頭朝向天空捲曲來伸直並拉緊你的雙腿，感受整條腿的緊繃感，尤其是小腿肌肉，保持緊繃狀態五秒鐘，接著釋放緊繃狀態並放鬆（如果你要使用提示字詞，請在此插入字詞）。感受兩種狀態的差異，花幾秒鐘的時間充分意識到放鬆的感覺（重複數次）。

最後，注意你的整個身體放鬆且釋放開來，讓這種放鬆帶來的舒適溫暖感受持續擴散至全身，不斷地增長且擴張（如果你要使用提示字詞，請在此插入字詞）。

用你的心念掃描身體，從腳趾到頭部，注意任何需要更加放鬆的肌肉，並讓這些肌肉繃緊、鬆開且放鬆。從你的腿部開始，放鬆腳……腳踝……小腿肚……脛部……膝蓋……大腿……臀部。接著，讓這種放鬆的整體感覺延伸至你的腹部和下背部，再讓放鬆的感覺蔓延到胸部和上背部。讓這些肌肉伸展、鬆開，並且放鬆。現在，讓放鬆的感覺在肩膀……手臂……手……手指之間增長且擴張，再讓放鬆的感覺在脖子……下巴……嘴巴……臉頰……眼睛四周……前額……頭皮……後腦勺，持續地增長且擴張。繼續緩慢地呼吸，注意放鬆的感覺隨著每次呼吸而增長且擴張開來（如果你要使用提示字詞，請在此插入字詞）。

當你做好準備後，慢慢地睜開你的雙眼，將注意力移回房間，感覺放鬆而機敏，並覺知周圍的環境。

簡略速記程序

當你採用上述的基本程序，成功地放鬆身體各部位的肌肉後，請試著進行簡略速記程序。簡略速記程序將肌肉分為五個基本姿勢，幫助你更快地放鬆。在每個姿勢中，整組肌群會同時一起繃緊和放鬆，從而縮短放鬆整個身體所需的時間。

簡略速記程序的過程與基本程序相同：在每個姿勢中保持緊繃狀態五秒鐘，接著釋放緊繃狀態，並注意放鬆的感受長達十五至三十秒。接著，至少再重複一次緊繃狀態。另外，如果你想繼續使用提示字詞，請在每次釋放緊繃狀態時說出來。

1. 雙手握緊拳頭，彎曲二頭肌和前臂，就像健美運動員舉起雙臂在鏡子前所擺的姿勢一樣，感受雙手、手臂、肩膀及上背部的緊繃感覺，然後釋放開來並放鬆肌肉（重複數次）。

2. 試著將你的左耳放在左肩上，然後慢慢地將下巴向下移動至胸部，持續地慢慢轉動頭部，直到右耳幾乎要碰到右肩為止；然後反向移動，再次將下巴向下移動至胸部上方，接著將頭部放回左肩上。當你的頭部慢慢轉動時，感受脖子、上背部及下巴的緊繃感覺，然後釋放開來並放鬆肌肉（重複數次）。

3. 縮緊臉部和肩部的所有肌肉，擠壓臉部並抬起肩部，就好像剛吃了很酸的食物一樣（或是想像一下，當你聳起肩膀時臉部皺得像核桃一樣）。縮緊你的雙眼、嘴巴、前額和肩膀周圍的肌肉，然後釋放並放鬆肌肉（重複數次）。

4. 肩膀輕輕地向後拱起並擴張前胸，然後深吸一口氣，擴張你的胸部和腹部。屏住呼吸五秒鐘，同時注意胸部、肩部、背部和腹部的緊繃感覺，然後吐氣，釋放肌肉的緊繃狀態（重複數次）。

5. 伸直雙腿，將腳趾朝上指向臉部，感受大腿和小腿的緊繃感覺，然後釋放開來並放鬆。現在伸直你的腿，讓腳趾不再指向臉部而是其他方向，再次感受大腿和小腿的緊繃感覺，然後放鬆（重複數次）。

最後，當你開始使用漸進式肌肉放鬆法時，可以採用以下技巧來讓練習更有成效：

1. 漸進式肌肉放鬆法需要經常練習才能發揮作用。在一開始的前兩週，你可以試著每天進行一次，或者至少每週進行三次。請記住，要從基本程序開始，然後在你可以辨識肌肉中緊繃及放鬆之間的差異後，轉換至簡略速記程序。練習漸進式肌肉放鬆法的次數越多，當你出現壓倒性強烈情緒時，這項抗壓技巧就會越有成效。

2. 繃緊頸部及背部肌肉時要特別小心，特別是如果你不確定自己是否有或是已經被診斷出頸部及背部損傷，或是其他退化性的病症時。避免會引發疼痛的任何肌肉緊繃，同時也避免過度繃緊腳趾或雙腳，因為這可能導致抽筋。

3. 釋放肌肉的緊繃感覺時，動作要迅速。例如，你正向上拉提肩膀，在釋放壓力時，讓肩膀迅速向下垂放，而不是慢慢地放下。快速地釋放肌肉，會增強放鬆的感覺。

4. 當你練習漸進式肌肉放鬆法時，會更加意識到緊繃的部位在哪裡。當你清楚認知到之後，可以每天定時檢查這些肌肉部位，即使你正在工作或身處於不能進行全套放鬆程序的其他地方。最有可能的做法是，無論你身在何處，都可以隨時隨地繃緊並放鬆肌肉。

5. 如果你為自己在智慧型手機或其他設備上錄製引導說明，請確保有夠長的停頓時間，好讓自己體驗緊繃狀態以及更長的放鬆時間。

如何運用生理因應技巧？

這些生理因應技巧中的每個項目都需要練習。當你被情緒淹沒時，不能指望第一次嘗試該項技巧就能發揮作用。另外，有些技巧對你來說比其他技巧更有成效，有些技巧即使有效，也可能不適用於所有情況。例如，在開車時使用潛水反射技巧，可能不切實際或不安全。因此，你一定要嘗試每種技巧，並定期練習那些你認為有效的技巧。

此外，請務必在第二章最後完成的緊急因應計畫中，納入對你有用的生

理因應技巧。同時，你可能需要花些時間想像一下，自己如何在面臨重大壓力情境下使用生理因應技巧，這將讓你更有可能在未來的壓力情境下使用這些技巧。例如，回想過去曾導致壓倒性強烈情緒的壓力經驗，當時是什麼情況？你有什麼感覺？你有什麼反應？那次經驗的最終結果是什麼？現在，請你想像一下，下一次出現壓倒性強烈情緒時，採用了生理因應技巧。你會使用哪一項技巧？這項技巧會讓你有什麼感覺？你可能會因此有什麼不同的反應？在那種情況下，可能會有什麼不同的最終結果？請利用以下的空白處來記錄你的答案。

· 過去導致我產生壓倒性強烈情緒的是什麼情況？

_____

_____

_____

· 在那種情況下我有什麼感覺？

_____

_____

_____

· 我因此有什麼反應？

_____

_____

_____

· 這種情況的最終結果是什麼？

_____

_____

_____

· 在那種情況下，我可以使用哪些生理因應技巧？

_____

_____

_____

· 這項技巧會讓我有什麼感覺？

_____

_____

_____

· 我可能會因此有什麼不同的反應？

_____

_____

_____

· 在那種情況下，可能會有什麼不同的最終結果？

_____

_____

_____

現在，請想像一下你在未來會面臨壓力重大的情境，那可能是你已預知
會發生的事件，例如你與配偶或伴侶進行費力艱困的談話。你覺得會發生什
麼事？

在想像中，你會有什麼樣的情緒反應？在那種情況下，可能最有效的生
理因應技巧是哪一種？

現在，請你想像一下自己在練習這項技能，像是你必須暫時離開這種情
境，以便去洗手間練習緩慢呼吸。

你認為這項技巧如何有助於你應對狀況？如果你確實使用了這項技巧，

情況可能會發生什麼樣的變化？當這種情況發生時，你如何提醒自己使用該技巧？請利用以下的空白處來記錄你的答案。

· 可能會發生的情況是什麼？

_____

_____

· 你認為會發生什麼事？

_____

_____

· 你會有什麼樣的情緒反應？

_____

_____

· 在那種情況下，可能最有效的生理因應技巧是哪一種？

_____

_____

· 你認為這項技巧如何有助於你應對狀況？

_____

_____

_____

· 如果你確實使用了這項技巧，情況可能會發生什麼樣的變化？

_____

_____

_____

· 當這種情況發生時，你如何提醒自己使用該技巧？

_____

_____

_____

第 4 章

學習正念覺察 基礎技巧

關於正念覺察在實行上的操作型定義是：藉由有意識地關注目的，處在當下此刻，不評判地投入此刻體驗而生的覺察。

——喬·卡巴金（Jon Kabat-Zinn）

何謂正念覺察技巧？

正念覺察（Mindfulness），也稱為冥想（meditation），是一種寶貴的技巧，世界上有許多宗教已經傳授此技巧達數千年之久，包括基督教、猶太教、佛教及伊斯蘭教。自從一九八〇年代開始，喬·卡巴金便開始使用非宗教的正念覺察技巧，來幫助醫院的患者應對慢性疼痛問題。最近，類似的正念覺察技巧也被整合到其他形式的心理治療中，包括辯證行為治療。

研究顯示，正念覺察技巧可以有效降低重度憂鬱症發作的機率、減輕焦慮的症狀、緩解慢性疼痛、減少暴飲暴食、增加面對痛苦情況的耐受度、越來越放鬆，以及提高因應艱困情境的技巧。基於這些調查發現，正念覺察已被認定為辯證行為治療中最重要的核心技巧之一。

那麼，正念覺察到底是什麼？研究者卡巴金在前面的引文中提供了一種定義。但就本書的目的而言，**正念覺察是在不評判或批評自己、他人或自身經歷的情況下，覺察到自己當下的思維、情緒、身體知覺及行為的能力。**

你聽過「珍惜此刻」或「活在當下」這些句子嗎？這兩種不同的說法都表達了「覺察發生在你身上及周遭的事」。但這不是一件容易的事，在任何時刻，你都可能在思考、感受、感知並做著許多不同的事。

例如，思考一下現在正發生在你身上的事，你可能坐在某個地方，閱讀這些文字，但與此同時，你也在呼吸著，聆聽著周圍的聲音，感受書本的觸

感，注意靠在椅子上的身體重量，甚至想著其他事情。你也有可能意識到自己的情緒和身體狀態，例如快樂、悲傷、疲倦或興奮。也許，你意識到身體知覺，例如心跳或呼吸時胸前的起伏動作。甚至，你可能做著一些自己完全沒意識到的事，例如抖腿、哼唱著歌曲，或是用手心托住頭。這其中有許多需要留心的地方，而現在，你只是在閱讀一本書。

想像一下，當你正做著生活中其他事情，例如與某人交談或應對工作場合的人時，那些發生在你身上的事。

事實上，沒有人可以一直維持著百分之百的正念覺察。但是，你越用心地學會正念覺察，就越能夠掌控自己的人生。

但是，請記住，時間永遠不會停滯不前，生命中的每一秒都是如此不同，正因為如此，重要的是你要學會保持覺察「身處當下每一刻」。例如，當你讀完這句話時，閱讀句子的那一刻早已過去，當下的時刻已然不同。**事實上，現在的你已經不一樣了**，你體內的細胞會不斷死亡及替換，因此依照自然規律而言，你已經是另外一個人了。同樣重要的是，在任何情況下，你的想法、感受、感覺能力和行為，都不會全然相同，所以它們也都不尋常。因此，很重要的一點，就是在人生中每個時刻，學會覺察自己的經歷如何產生變化。

最後，為了充分覺察自己當下的經歷，你必須不批評自己、處境或其他人。在辯證行為治療中，這被稱為「全然接納」。正如第二章所述，**全然接納意味著容忍某件事，而不去評判或試圖要改變它**。這一點很重要，因為如果你評判著自己、自身經歷或當下此刻的其他人，就不是真正地關切著此刻正在發生的事。

例如，許多人花太多時間擔心自己過往犯下的過錯，或將來有可能犯下的錯誤。但是，當他們這麼想的同時，注意力就不是放在現在正在發生的事情上，他們的想法飄散到其他地方，使自己身處於痛苦的過去或未來之中，感覺人生如此艱難。

因此，複習一下，正念覺察是在不評判或批評自己、他人或自身經歷的情況下，覺察到自己當下的思維、情緒、身體知覺及行為的能力。

「無意識」的非正念覺察

正念覺察是一項需要練習實踐的技巧。大多數人會注意力分散、恍神，或者在日常生活中多數時間都漫不經心或開啟自動運作模式。結果，當情況沒有如預期的狀況發展時，他們就會迷失、焦慮而沮喪。以下是所有人都曾經歷的一些常見描述。請勾選你曾做過的事：

☐ 你正在開車或旅行時，不記得當時經歷的事或走過的道路。

☐ 你正在談話時，突然意識到自己不知道對方在說些什麼。

☐ 你正在談話時，在對方還沒有停止說話之前，就已經想著接下來要開口說的話。

☐ 你正在閱讀時，突然意識到自己一直在想著其他事，完全不知道剛剛讀到的內容是什麼。

☐ 你走進一個房間時，突然忘記了自己走來這裡的原因。

☐ 你才剛剛擺放好東西，就不記得把它放在哪裡了。

☐ 你正在洗澡，就開始計畫等一下要做的事，接著便忘記自己是否已經洗好頭髮或身體的其他部位。

☐ 做愛時，你想著其他事或其他人。

以上這些例子都相當無害。但是，對於具有壓倒性強烈情緒的人來說，漫不經心往往會對他們的人生造成毀滅性的影響，以下舉例說明。

小李認為公司裡的每位同事都討厭他。有一天，在員工自助餐廳裡，一位很有魅力的新進員工走向小李，詢問是否能坐在他旁邊。這名女子試著表示友好並和他聊天，但小李更專注於自己腦子裡的自我對話，而不和她進行交談。

「她可能就跟其他人一樣自視甚高。」他想，「像她這種人怎麼可能對我感興趣呢？她為什麼要和我坐在一起？這可能只是別人叫她來跟我開的一個玩笑。」從那名女子試著坐下來和小李對談的那一刻開始，小李就越來越憤怒、越來越猜疑了。

這名女子盡力地想要和他閒聊。她問小李在這個公司裡工作的感覺如

何、在這裡工作多久了，甚至問他覺得天氣如何，但小李卻不曾留心注意。他全神貫注地和自己對話，只留意那些自我批評的想法，以至於他根本未意識到那名女子試著要示好。

在長達五分鐘的嘗試失敗後，女子終於不再與小李對話。幾分鐘後，她移動到另一張桌子，當她這麼做的時候，小李竟然感到慶幸。「我就知道，我就知道她不是真的對我感興趣。」他想著。然而，就因為小李欠缺正念覺察的態度，反而一直自我批評，讓他失去了正確判斷的能力，也錯過了結識潛在朋友的另一個機會。

為什麼正念覺察技巧如此重要？

既然你對於正念覺察是什麼及不是什麼，有了更進一步的認知，就很容易瞭解這項技巧為什麼如此重要了。但為了本書的目的，你需要更清楚瞭解學習正念覺察技巧的原因為何。三個原因如下：

1. 正念覺察技巧有助於你在當下專注於一件事，藉此更有力地控制並撫慰自己的壓倒性強烈情緒。
2. 正念覺察會助你從經歷中學會辨識且區分評判的想法，這些想法經常是助長壓倒性強烈情緒的刺激因素。
3. 正念覺察將助你培養辯證行為治療中很重要的一項技能：智慧心。

智慧心（Wise mind）是根據你的理性思維和情緒，對人生做出健康決策的能力。例如，你可能已經注意到，當你的情緒強烈且失控，或是與理性相互矛盾時，就往往很難（甚至是不可能）做出正確的決定。同樣的，當你的想法過於偏激、不合理，或是與你的感受相互矛盾時，也很難做出明智的決定。智慧心是一個決策過程，它平衡了你的思考推理及情緒的需求，這一項技巧將於第五章中進一步討論。

關注於「什麼」的正念覺察技巧

在本章和下一章，我們將會提供一些能幫助你更加關注當下體驗的練

習。本章將介紹初步的正念覺察練習，幫助你更仔細地觀察並描述自己的想法和情緒。在辯證行為治療中，這些被稱為「什麼」正念覺察技巧，它們將幫助你注意自己正在關注什麼事物。接著，在下一章，你將學習到更進階的正念覺察技巧，在辯證行為治療中，它們被稱為「如何」正念覺察技巧，將幫助你學習如何在日常經歷中保持正念覺察，不對事物妄加評判。

本章所介紹的「什麼」正念覺察技巧，可分為以下四類：

1. 更加專注於當下。

2. 辨識並專注於思維、情緒和身體知覺。

3. 專注於每時每刻的意識流（stream of awareness）。

4. 將思維與情緒、身體知覺區分開來。

當你閱讀以下各項練習時，請務必依循順序來進行練習。本章提供的練習依據了四類「什麼」正念覺察技巧來進行分組，每項練習都建立於前一項練習的基礎之上。

◆自我練習：專注一分鐘

「專注一分鐘」是能幫助你更專注於當下的第一項練習。它做起來很簡單，但往往會產生驚人的效果，其目的是幫助你更加關注自己的時間感。在這項練習中，你需要準備有秒針的手錶或智慧型手機上的計時應用程式。

很多人都覺得時間過得很快，因此總是急迫地行事，而且總是不斷思考接下來必須做的事，或接下來有什麼事可能會出錯，不幸的是，這只會讓他們無法專注於當下正在進行的事物。有些人則覺得時間過得很慢，以為自己擁有的時間比實際的時間更多，甚至還經常遲到。這個簡單的練習將幫助你更加注意時間實際流逝的快慢。

引導說明

開始練習之前，請找一個幾分鐘內不會被打擾的房間，在一個舒適的位

置坐下，並關閉任何會轉移注意力的聲音。開始使用你的手錶或智慧型手機為自己計時，然後，不用算秒數，也不必看著手錶，只要坐在你所處的位置。當你認為一分鐘已經過去時，請再次查看手錶，或按下計時器的停止鍵。請注意實際上已有多少時間過去了。

你估計的時間少於一分鐘嗎？如果是的話，它持續了多長的時間？是幾秒、二十秒，還是四十秒？如果沒有長達一分鐘之久，請思考一下這對你會有什麼影響。你是否總是覺得自己沒有足夠的時間而匆忙行事？如果是這樣的話，這項練習的結果對你而言代表著什麼意義？

或者，你估計的時間已經超過一分鐘了？如果是這樣，它持續多長的時間？是一分半鐘，還是兩分鐘？如果是這樣的話，請思考一下這對你會有什麼影響。你總是認為自己擁有的時間比實際上更多，對於已約定安排的行程，你是否因此而經常遲到？如果是這樣的話，這項練習的結果對你而言代表著什麼意義？

無論你的結果如何，學習正念覺察技巧的目的之一，就是幫助你更準確地瞭解所有時刻的瞬間體驗，包括你對於時間的感知。

如果可以的話，請你在練習正念覺察技巧的幾週後再次進行這項練習，看看你對時間的感知是否有所改變。

◆自我練習：專注於單一物品

第二項正念覺察技巧是專注於某個物品，它可以幫助你更專注於當下。請記住，漫不經心（unmindful）最大的陷阱之一，就是你的注意力從一件事漫遊到另一件事，或者從一個想法漫遊到另一個想法。結果，你時常會迷失方向、分心和沮喪。這項練習將幫助你將注意力集中在單一物品上，目的是要訓練你的「心智肌肉」（mental muscle），也就是學會把注意力集中於正在觀察的事物上。藉由這項練習，你可以確實地集中注意力，就像運動員鍛鍊特定的肌肉而變得強壯一樣。

在這項練習的過程中，你一定會被自己的想法、記憶或其他知覺而分散注意力。沒關係，每個人在進行這項練習時都會遇到這種情況，盡量不要批判自己或中斷這項練習。只要注意你的思緒何時開始漫遊，並將注意力放回至你正在觀察的任何物品上。

選擇將你的注意力集中在一個小物品，選擇可以放在桌子上、可安全觸摸且不帶有情緒的東西。它可以是任何東西，例如一支筆、一朵花、手錶、戒指、杯子，或是其他類似的物品。不要選擇將注意力放在可能會傷害你的事物或是不喜歡的人們的照片上，因為它們會挑起過多的情緒。

在房間裡找一個幾分鐘內不會被打擾的舒適位置坐下，然後將物品放在你面前的桌子上。關掉任何會分散注意力的聲音，用你的智慧型手機計時五分鐘。每天進行這項練習一次或兩次，持續兩週的時間，每次集中注意力時都選擇不同的物品。你可以使用智慧型手機上的錄音應用程式，以緩慢而平穩的聲音錄製引導說明，並在探索這項物品時播放。

引導說明

一開始時，請舒適地坐下並緩慢地深呼吸幾次。然後，在不接觸物品的情況下，開始觀察它並利用你的雙眼來探索它的不同表面。花一些時間探索它的外觀，然後嘗試想像該物品具有哪些不同特性。

- 該物品的表面是什麼樣子？
- 它具有光澤，還是無光澤的？
- 它看起來是光滑的，還是粗糙的？
- 它看起來是軟的還是硬的？
- 它有多種顏色，還是只有一種顏色？
- 該物品的外觀還有什麼獨特之處？

花一些時間觀察這個物品。現在，將物品拿在手中或伸手觸摸。開始注意它的不同觸感。

- 它是光滑的，還是粗糙的？
- 它有隆起處，還是表面平坦？
- 它是軟的還是硬的？
- 它是可彎曲的，還是堅硬固定的？
- 此物品是否有摸起來感觸不同的區域？
- 此物品本身的溫度感覺如何？
- 如果你可以將它握在手裡，請注意它的重量。
- 關於它帶給你的感覺，你還注意到什麼了？

　　以你的視覺及觸覺繼續探索這個物品。持續舒服自在地呼吸。當你的注意力開始分散時，請將注意力拉回這個物品上。持續探索這個物品，直到你的鬧鐘響起或者已徹底檢視了這個物品的所有特性為止。

◆自我練習：明亮光束

　　這項練習能幫助你更專注於當下，以及更注意身體知覺（sensation）。在開始練習前先閱讀引導說明，以熟悉這個過程。如果你進行練習時需要參考，可以將這些說明放在身邊，或者使用智慧型手機的錄音應用程式，以緩慢且平穩的聲音錄下來，在觀察身體知覺的同時播放。

　　與本章的其他練習一樣，當你進行這項練習時，注意力很可能會開始分散，那也沒關係。當你意識到注意力分散時，輕輕地將注意力集中至練習上，盡量不要批評或評判自己。

引導說明

　　首先，在一個可以獨處且十分鐘內不會被打擾的房間，找個舒適的位置坐下；關掉任何會分散注意力的聲音。請進行幾次緩慢而深長的呼吸，然後閉上雙眼。

　　發揮你的想像力，請想像如光環般的狹窄白色明亮光束環繞在你的頭頂

上。隨著這項練習的進行，光束慢慢地向下移動到你的身體，隨著它的移動，在光束的壟罩下，你意識到不同的身體知覺。當你閉上雙眼繼續呼吸時，持續想像環繞在頭頂上的白色明亮光束，並注意自己在該部位的身體知覺。也許你會注意到頭皮感到刺痛或發癢，無論是什麼感覺都沒關係。

- 慢慢地，光束開始圍繞你的頭部並向下移動，經過耳朵頂端、雙眼及鼻子頂端。在此同時，請注意這些部位感受到的任何知覺，即使是很微小的知覺。
- 注意你頭頂上可能會感受到的肌肉緊繃。
- 當光束慢慢向下移動至你的鼻子、嘴巴及下巴時，請繼續集中注意力在這些部位所感受到的知覺。
- 注意後腦勺可能有知覺的地方。
- 注意你在口腔、舌頭或牙齒上，可能感受到的任何知覺。
- 繼續觀察你想像中的光束，它環繞著你的脖子，注意喉嚨裡或脖子後方肌肉緊繃的任何感覺。
- 現在光束變寬，並開始沿著你的軀幹向下移動，穿過你的肩膀。
- 注意你在肩膀、上背部、上臂和上胸部區域可能感受到的任何感覺、肌肉緊繃或是刺痛感。
- 當光束繼續圍繞你的雙手手臂並向下移動時，請注意你在上臂、肘部、前臂、手腕、雙手及手指之間所察覺的任何感覺。注意這些部位可能會有的任何刺痛、癢感或緊繃。
- 現在開始注意你的胸膛、背部中間的部位、軀幹的側面、下背部及腹部。再次注意是否有任何緊繃或知覺，無論那感覺有多麼細微。
- 隨著光束持續沿著你的下半身移動，注意骨盆區域、臀部及大腿的任何知覺。
- 務必注意你的腿部後方並注意該部位的任何感覺。
- 繼續觀察光束圍繞著你的下半腿部、小腿肚、脛部、雙腳及腳趾向下移動。注意你正在經歷的任何感受或緊繃感。

然後，隨著光束向下移動後消失，請進行幾次緩慢而深長的呼吸，當你感覺舒服自在時，再慢慢地睜開眼睛，將注意力轉移到房間裡。

◆自我練習：內在與外在體驗

在關注外在物品及自己內在身體知覺的兩項練習之後，下一步就是結合這兩種體驗。這是關於如何辨識並專注於思維、情緒和身體知覺的第一項練習，將教導你以一種正念覺察且專注的方式，在內部體驗（例如你的身體知覺和思維）與外在體驗（例如你用眼睛、耳朵、鼻子及觸覺所注意到的事物）之間，轉移注意力。

開始練習之前，請先閱讀引導說明以熟悉這項體驗。如果在練習時需要參考，可以將這些引導說明放在手邊，或者使用智慧型手機以緩慢且平穩的聲音錄下來，以便在練習於內在及外在意識之間轉移焦點時聆聽。

引導說明

首先，在一個可以獨處且十分鐘內不會被打擾的房間，找個舒適的位置坐下；關掉任何會轉移注意力的聲音。

請進行幾次緩慢而深長的呼吸，然後放鬆。

現在，持續張開你的雙眼，將注意力集中在房間裡的一個物品上。注意該物品的外觀，注意它的形狀和顏色。想像一下，如果你可以用手握住該物品，它會有什麼觸感。想像一下這個物品的重量。在心裡對自己描述該物品，盡可能仔細描述，花一點時間來做這件事。持續地呼吸。如果你的注意力開始分散，只需要將注意力再次投入練習之中，而不要批判自己（如果你正在錄製音檔，請在此處暫停一分鐘）。

當你完成對這個物品的描述後，將注意力轉移到你的身體，注意你可能正在經歷的任何身體知覺。

從頭到腳掃描你的身體，注意你可能維持的任何肌肉緊繃、可能經歷的刺痛感，或者你意識到的任何其他感覺。

花一分鐘做這件事，並保持緩慢的深呼吸（如果你正在錄製音檔，請在此處暫停一分鐘）。

現在，請將你的注意力轉移到聽覺上，注意你聽得到的任何聲音。注意從房間外傳來的任何聲音，並記下那些是什麼聲音。現在開始注意你在房間內聽見的任何聲音，並記下那些是什麼聲音。不論是多小的聲音，也要試著注意聆聽，例如時鐘的滴答聲、風聲或心跳聲。如果你因任何想法而分心，請將注意力轉移到你的聽覺上。花一分鐘做這件事，並保持呼吸（如果你正在錄製音檔，請在此處暫停一分鐘）。

當你聽完注意到的所有聲音後，將注意力再次放回自己的身體上，再次注意身體的任何感覺。意識到你坐的那張椅子上的身體重量，注意雙腳放在地板上的重量，注意落在脖子上的頭部重量，大略地注意自己的身體感覺如何。如果你因為其他想法而分心了，只要注意那些想法是什麼，然後盡可能地將注意力再次集中在身體知覺上。花一分鐘做這件事，並保持緩慢的深呼吸（如果你正在錄製音檔，請在此處暫停一分鐘）。

再次轉移你的注意力，這一次，請將注意力放在嗅覺上。注意房間裡的任何氣味，無論是令人愉快的還是其他感受。如果你沒有注意到任何氣味，只需要意識到當你藉由鼻子吸氣時空氣流動至鼻孔內即可。

盡力將注意力集中在嗅覺上，如果你因任何想法而分心，請將注意力轉移到鼻子上。花一分鐘做這件事，並保持呼吸（如果你正在錄製音檔，請在此處暫停一分鐘）。

當你練習了嗅覺後，再次將注意力集中於自己的身體知覺。注意你可能感受到的任何知覺。再一次，從頭到腳掃描身體，注意任何肌肉緊繃、刺痛，或其他身體感覺。如果你因為其他想法而轉移注意力，請盡力將注意力集中於身體知覺。花一分鐘做這件事，並保持緩慢的深呼吸（如果你正在錄製音檔，請在此處暫停一分鐘）。

現在，將你的注意力轉移到觸覺上。伸出你的一隻手去觸摸一個可及的物品，如果伸手可及的範圍內沒有任何物品，請觸摸你坐的那張椅子或你的腿。注意該物品所帶來的觸感，注意它是光滑或粗糙的，注意它是柔韌或堅

硬的，注意它是軟的或硬的，注意指尖皮膚的知覺。如果有想法開始分散你的注意力，只需將注意力轉移到你正在觸摸的物品上即可。

花一分鐘做這件事，並保持緩慢的深呼吸（如果你正在錄製音檔，請在此處暫停一分鐘）。

完成後，請進行三到五次緩慢而深長的呼吸，然後慢慢地將注意力轉移到房間裡。

◆自我練習：記錄三分鐘的想法

這是可以幫助你辨識並專注於思維、情緒和身體知覺的第二項練習。在這項練習中，你將可以辨認出自己在三分鐘內會有多少想法，讓你更加注意到思維真正的運作速度。本練習也同時有助於你為下一項的「思緒脫鉤」練習做好準備。

這項練習的引導說明相當簡單：設定計時三分鐘，接著開始在一張白紙上寫下你的每一個想法。

但是，不要試著逐字逐句地記錄想法，只要寫下代表那個想法的一或兩個字詞。例如，你正在思考下週工作上必須完成的一個專案，就只需要寫下「專案」或「工作專案」。然後，記錄你的下一個想法。

在三分鐘內，看看你能捕捉到多少想法，無論這些想法有多麼瑣碎。即使你開始思考這一項練習，也請你寫下「練習」。或者，如果你開始思考這張用來寫字的白紙，請寫下「白紙」。這份記錄不需要讓任何人看，所以請對自己誠實。

完成後，數一數你在三分鐘內出現了多少個想法，然後將這個數字乘以二十，就可以得知你在一個小時內可能有多少個想法。

◆自我練習：思緒脫鉤

這是可以幫助你辨識並專注於思維、情緒和身體知覺的第三項練習。

思緒脫鉤（Thought Defusion）這項技巧，借用了「接納與承諾治療」的概念，被證明是相當成功的情緒治療方法。

當痛苦的思緒不斷重複產生時，人們往往很容易「上鉤」，就如同咬住魚鉤的一條魚。相較之下，思維脫鉤技巧有助於你用心觀察自己的思緒，而不會被它們困住，你可以更自由地選擇想要關注及放棄的思緒，而不是深陷在所有思緒之中。

你要善用自己的想像力來進行脫鉤。這項技巧的目的，是透過圖片或文字，將你的想法具象化，讓這些思緒無害地從你身邊飄過，讓你不會過度沉迷其中或追根究柢。無論你選擇哪種方式來執行都沒關係，以下是幾個人們覺得有效的建議：

- 想像自己坐在田野中，看著思緒飄浮在雲端之上。
- 想像自己坐在溪水邊，看著思緒在樹葉上飄過。
- 想像自己把思緒寫在沙灘上，接著看著海浪將文字沖散。
- 想像自己開著車，看見那些思緒寫在大型廣告牌上一閃而過。
- 想像思緒脫離你的頭腦，看著它們在蠟燭的火焰中嘶嘶作響。
- 想像自己坐在一棵樹旁，看著樹葉上的思緒四處飄落。
- 想像自己站在有兩扇門的一個房間內，然後觀看著思緒從一扇門進入，又從另一扇門離去。

只要其中有一個點子在你身上適用，那就太好了。如果沒有，請你隨意創造屬於自己的點子，只要確保它符合這項練習的目的，可以讓你直觀地觀察各種思緒的來去，不緊抓著它們不放，也不過度分析它們。記住，進行這項練習時，要使用全然接納的概念，讓你的思緒隨心發展，不要為了努力擊敗這些思緒而分心，也不要因為擁有這些思緒而批判自己。單純地讓思緒來來去去即可。

開始練習之前，請先閱讀引導說明以熟悉這項體驗。如果你覺得聆聽引導說明的方式更自在，請使用智慧型手機以緩慢且平穩的聲音錄下來，以便在練習此技巧時聆聽。當你第一次使用思緒脫鉤技巧時，計時三到五分鐘，

練習放下你的思緒，直到鬧鐘的鈴聲響起為止。然後，隨著你越來越習慣使用這項技巧，可以設定更長的時間，例如八分鐘或十分鐘。但是，不要指望自己一開始就能靜坐那麼久。剛開始進行思緒脫鉤技巧時，三到五分鐘已經是很長的一段時間。

引導說明

首先，找一個設定了定時器後就不會被打擾的房間，找個舒適的位置坐下；關掉任何會分散注意力的聲音。請進行幾次緩慢而深長的呼吸，放鬆，然後閉上雙眼。

現在，想像自己在所選擇的場景中，看著思緒來來去去，無論是在海灘上、溪流旁、田野中、房間裡，或是任何地方。盡力去想像自己在該場景中。在進行之後，開始意識到你的各種思緒，觀察即將出現的思緒，無論它們是什麼。不要試著阻礙自己的思緒，盡量不要因為任何思緒而批判自己。只要看著思緒產生，然後使用你選擇的任何技巧，看著思緒消失。無論這些思緒是大是小、重要或不重要，都持續觀察你腦海中出現的思緒，然後以你選擇的任何方式讓它飄散或消失。

持續觀察思緒的出現及消失。使用圖像來展現這些思緒或文字，只要是適合你的就可以。盡力去觀察思緒的出現和消失，不要陷入其中，也不要批評你自己。

如果同時出現的思緒不只一個，就觀察它們同時出現和消失。如果思緒來得很快，盡力看著它們全部消失，不要被任何一個思緒所吸引而困住。繼續呼吸，觀察思緒的來去，直到計時器停止。

完成後，再進行幾次緩慢而深長的呼吸，然後慢慢地睜開眼睛，將注意力轉移到房間裡。

◆自我練習：描述你的情緒

這是可以幫助你辨識並專注於思維、情緒和身體知覺的第四項練習。到

目前為止，本章的幾項練習已經足以幫助你學會更關注自己的身體知覺和想法。這一項練習將有助於你更加關注自己的情緒，它的引導說明聽起來或許很簡單，卻有很強大的成效。本練習需要你選擇一種情緒，然後藉由繪製及探索來描述這種情緒。

因此，首先請你選擇一種情緒，可以是愉快或不愉快的情緒。在理想的情況下，你應該選擇一種現在正感受到的情緒，除非那是一種極度悲傷或自毀性的情緒。如果是這樣，請等到你可以有效控制情緒後再開始進行這項練習。另一方面，如果你無法確定自己現在的感受，請選擇近期感受到的、你可以輕鬆回想起來的情緒。

但是，無論你的選擇是什麼，請試著具體說明那種情緒。例如，最近你因為配偶或伴侶對你做了一些事，造成你與對方的爭執，那是一種情況，而不是情緒。也許這種情況讓你感到憤怒、受傷、難過、愚蠢，或造成其他感覺。請具體地說明自己的感受。

另一個例子是，也許最近有人送你一份禮物，這就是一種情況，而你的情緒取決於你對禮物的感受。如果這是你一直都想要的東西，你可能就會感到開心。如果這份禮物來自於不太熟識的人，你可能會對贈禮的目的感到不安。請具體地說明自己的感受。

為了幫助你選擇一種情緒，請使用表 4-1「常見情緒清單」。

當你確定好要探索哪一種情緒後，將它寫在表 4-2「描述你的情緒」（146頁）的最上方或另外使用一張白紙。

然後，發揮你的想像力，以圖像來描繪出你的情緒可能會是什麼樣子。這件事可能聽起來很困難，但你只需要盡力而為。例如，你感到快樂，或許畫有太陽的圖畫就足以表達你的感受，或者畫上冰淇淋甜筒會更棒。除了你之外，沒有任何人理解這張圖畫也沒關係，請試試看吧。

接下來，嘗試想出一種可以描述這個情緒的聲音。例如，你感到難過，嘆息聲或許足以描述你的感受，例如「唉」；或者，也許某首歌可以更貼切地表達你的情緒。盡你所能地描述這個聲音，並將它寫在圖畫旁邊。

然後，描述一個「符合」該情緒的行動。例如，你覺得無聊，也許可以

表 4-1：常見情緒清單

崇拜	厭惡	非常震驚	滿意
害怕	煩躁不安	受傷	驚恐
生氣	尷尬	歇斯底里	思緒散漫
惱怒	空虛	漠不關心	受保護
焦慮	充滿活力	癡心	害羞
感到歉意	被啟發	感興趣	聰明
羞愧	變得活潑快活	嫉妒	難過遺憾
受祝福	被激怒	喜悅	強大
樂而忘憂	熱情	活潑	驚訝
無聊	羨慕	寂寞	可疑
困擾	興奮	被愛	極度恐懼
心灰意冷	筋疲力盡	鍾愛	疲勞
活潑熱情	輕浮	狂熱	不確定
謹慎	愚蠢	緊張	心煩意亂
歡快	脆弱	迷戀	活力四射
自信	受驚嚇	高興	易受傷害
滿足	沮喪	自豪	擔心
好奇	高興	遺憾	毫無價值
欣喜	愧疚	鬆了一口氣	值得尊敬
沮喪	快樂	受人尊敬	
下定決心	滿懷希望	坐立不安	
失望	不抱希望	悲傷	

採取的行動就是小睡一下；或者，你感到害羞，也許會採取逃跑或躲藏起來的行動。盡力描述這個行動，並將它寫在你的繪畫旁邊。

這項練習的下一步，是描述你所關注的情緒之強度。這需要好好地思考一下，盡力描述這種情緒的強度。如果需要的話，請隨意發揮創造力並使用隱喻。例如，你感到非常緊張，可能會描述這種感覺強烈到你的「心就像搖滾演唱會上的鼓聲一樣」；或者，你只是感到有點生氣，可能會寫下這種強度就像是「蚊子叮咬」一樣。

在描述這個情緒的強度之後，簡略地描述它在感受上的整體特性。再次強調，你可以依據自己的描述來隨意發揮創意。如果你很緊張，也許這會讓你覺得自己的「膝蓋像是果凍做成的」；或者，如果你生氣了，那可能會讓你感覺像「快要燒開的熱水」。為了要傳達你的感受，請盡可能準確地描述，並發揮你的創造力。

表 4-2：描述你的情緒

・為情緒命名：＿＿＿＿＿＿＿＿＿＿＿＿＿＿＿＿＿＿＿＿＿＿＿＿＿＿＿＿＿

・以圖像描繪你的情緒

・描述一個相關的行動：＿＿＿＿＿＿＿＿＿＿＿＿＿＿＿＿＿＿＿＿＿＿＿
　＿＿＿＿＿＿＿＿＿＿＿＿＿＿＿＿＿＿＿＿＿＿＿＿＿＿＿＿＿＿＿＿＿

・描述一個相關的聲音：＿＿＿＿＿＿＿＿＿＿＿＿＿＿＿＿＿＿＿＿＿＿＿
　＿＿＿＿＿＿＿＿＿＿＿＿＿＿＿＿＿＿＿＿＿＿＿＿＿＿＿＿＿＿＿＿＿

・描述這個情緒的強度：＿＿＿＿＿＿＿＿＿＿＿＿＿＿＿＿＿＿＿＿＿＿＿
　＿＿＿＿＿＿＿＿＿＿＿＿＿＿＿＿＿＿＿＿＿＿＿＿＿＿＿＿＿＿＿＿＿

・描述這個情緒的特性：＿＿＿＿＿＿＿＿＿＿＿＿＿＿＿＿＿＿＿＿＿＿＿
　＿＿＿＿＿＿＿＿＿＿＿＿＿＿＿＿＿＿＿＿＿＿＿＿＿＿＿＿＿＿＿＿＿

・描述與這個情緒有關的想法：＿＿＿＿＿＿＿＿＿＿＿＿＿＿＿＿＿＿＿＿
　＿＿＿＿＿＿＿＿＿＿＿＿＿＿＿＿＿＿＿＿＿＿＿＿＿＿＿＿＿＿＿＿＿

　　最後，加上因這個情緒而產生的任何想法。再次申明，你要描述的是一種想法，而不是另一種情緒。例如，不要選擇表 4-1「常見情緒清單」的任何一個字詞來描述你的想法；那些是情緒，不是想法。你的想法應該能夠完成以下的句子：「我的情緒讓我認為……」或「我的情緒讓我想到……」等。很重要的是，請開始將你的思維和情緒區隔開來，因為這會讓你在未來更理想地控制這兩件事。

　　以下所舉的例子，都是可能由情緒引發的想法。如果你感到自信，一個有關的想法可能是「你認為可以向老闆要求加薪」，或者這讓你想起人生中

一些感到自信和成功的時刻。或者，如果你感到脆弱，一個有關的想法可能是你認為「自己無法應對生活中更多的壓力」，或者它讓你思考「如果自己不堅強起來的話，將要如何對抗未來的問題」。

◆自我練習：轉移焦點

這項練習屬於第三類「什麼」正念覺察技巧，也就是在每時每刻的意識流中，學習辨識自己關注的是什麼。現在，你已經練習如何注意自己的情緒和感官體驗（視覺、聽覺及觸覺），該將這兩種體驗結合在一起了。這項練習類似於前面介紹的「內在與外在體驗」（139 頁）的練習，因為它也會幫助你以一種正念覺察及專注的方式來轉移注意力。然而，這項轉移焦點的練習，將會展現你的情緒和感官知覺之間的轉變，並幫助你區分兩者。

在我們生命中的某個時刻，都會陷入自己的情緒中。例如，當有人對你說了一些侮辱性言語時，也許會讓你一整天心煩意亂，認為自己很糟糕，對別人生氣，或者以更加悲觀消極的方式看待這個世界。

這種「情緒陷阱」是所有人都會有的經歷，但對於那些對抗自身壓倒性強烈情緒的人來說，這些經歷會更頻繁且強烈地發生。正念覺察技巧將有助於你將當下的體驗與內心正在發生的情緒變化區隔開來，也因而讓你選擇自己要關注哪個焦點。

在進行這項練習之前，你需要確定目前的感受。如果你需要參考上一個練習中的情緒清單，請儘管參考。盡可能準確地表達自己的感受，即使你認為自己沒有什麼特別的感覺，其實也可能是有的。一個人從來都不可能完全沒有情緒，也許你只是感到無聊或心滿意足，盡最大的努力去辨識那個情緒是什麼。

開始進行之前，請先閱讀引導說明以熟悉這項體驗。如果在練習時需要參考，可以將這些引導說明放在手邊，或者使用智慧型手機以緩慢且平穩的聲音錄下來，以便在練習於情緒及感官知覺之間轉移焦點時聆聽。

如果有需要的話，你可以為這項練習設定計時五至十分鐘。

引導說明

首先，在一個可以獨處且十分鐘內不會被打擾的房間，找個舒適的位置坐下；關掉任何會轉移注意力的聲音。

請進行幾次緩慢而深長的呼吸，接著放鬆。

現在，閉上你的眼睛，把注意力集中在自己的感受。在心裡默默地為這種情緒命名。發揮你的想像力，想像一下如果你的情緒有形狀，它會是什麼樣子。除了你之外，沒有任何人理解這個圖像也沒關係。只要讓想像力為你的情緒賦予一種形態或形狀。花一分鐘做這件事，並保持緩慢的呼吸（如果你正在錄製音檔，請在此處暫停一分鐘）。

現在，請張開你的雙眼，將注意力集中在房間裡的一個物品上。注意該物品的外觀，注意它的形狀和顏色。想像一下，如果你可以用手握住該物品，它會有什麼觸感。想像一下這個物品的重量。在心裡對自己描述該物品，盡可能仔細描述。花一點時間來做這件事，持續地呼吸。如果你的注意力開始分散，只需將注意力再次投入練習之中，而不要批判自己（如果你正在錄製音檔，請在此處暫停一分鐘）。

當你完成對物品的描述後，閉上雙眼，請將注意力轉移到你的情緒上。想一想可能與這種情緒有關的聲音，這可以是你認為足以描述情緒的任何聲音，像是一種噪音、一首歌曲，或是其他任何聲音。當你對自己描述這個聲音後，想一想與你的情緒相關的行動，同樣的，這可以是任何一種能進一步增強你對情緒的理解的行動。花一分鐘做這件事，並保持緩慢的深呼吸（如果你正在錄製音檔，請在此處暫停一分鐘）。

現在，閉上你的眼睛，請將注意力轉移到聽覺上，注意你聽得到的任何聲音。注意從房間外傳來的聲音，並記下那些是什麼聲音。現在開始注意你在房間內聽見的任何聲音，並記下那些是什麼聲音。不論是多小的聲音，也請試著注意聆聽，例如時鐘的滴答聲、風聲或心跳聲。如果你因任何想法而分心，請將注意力轉移到你的聽覺上。花一分鐘做這件事，並保持呼吸（如果你正在錄製音檔，請在此處暫停一分鐘）。

當你聽完注意到的所有聲音後，將注意力再次放回自己的情緒上。閉上

雙眼，默默地向自己描述情緒的強度和特性。再次重申，如果有需要的話，請自在地發揮創意，並使用比喻的描述。花一分鐘做這件事，並保持緩慢的深呼吸（如果你正在錄製音檔，請在此處暫停一分鐘）。

再次轉移你的注意力。這一次，請將注意力放在嗅覺上。注意房間裡的任何氣味，無論是令人愉快的，還是其他感受。如果你沒有注意到任何氣味，只需要意識到當你藉由鼻子吸氣時空氣流動至鼻孔內即可。盡力將注意力集中在嗅覺上。

如果你因任何想法而分心，請將注意力轉移到鼻子上。花一分鐘做這件事，並保持呼吸（如果你正在錄製音檔，請在此處暫停一分鐘）。

當你練習了嗅覺後，再次將注意力放回自己的情緒上。注意與你的情緒相關而可能產生的任何想法，盡可能具體地描述想法，並確保這個想法並非另一種情緒。花一分鐘做這件事，並保持緩慢的深呼吸（如果你正在錄製音檔，請在此處暫停一分鐘）。

現在，將你的注意力轉移到觸覺上。伸出你的一隻手去觸摸一個可及的物品。或者，如果伸手可及的範圍內沒有任何物品，請觸摸你坐的那張椅子或你的腿。注意這個物品所帶來的觸感，注意它是光滑或粗糙的，注意它是柔韌或堅硬的，注意它是軟的或硬的，注意指尖皮膚的知覺。

如果有想法開始分散你的注意力，只需將注意力轉移到你正在觸摸的物品上即可。花一分鐘做這件事，並保持緩慢的深呼吸（如果你正在錄製音檔，請在此處暫停一分鐘）。

完成後，進行三到五次緩慢而長的呼吸，然後將注意力轉移到房間裡。

◆自我練習：正念覺察呼吸

這種正念覺察呼吸屬於第四類「什麼」正念覺察技巧，也就是學習將你的思維與情緒、身體知覺區分開來（你已經在第二章「痛苦耐受的進階技巧」中學習了正念覺察呼吸的基礎知識，但這項練習會讓你對此技巧有更進一步的瞭解）。許多時候，當你因為自己的想法和其他刺激而分心時，可以

進行的最簡單和最有效的一件事，就是將專注力集中在呼吸的起伏上。這種呼吸方式還會讓你的呼吸速度變慢、變長，從而幫助你放鬆身心。

為了有意識地呼吸，你需要專注於體驗的三個部分。首先，你必須計數呼吸，這將有助於你集中注意力，也可以在你因為思緒而分神時，讓心思沉靜下來。其次，你需要專注於呼吸的身體體驗，做法是觀察吸氣及吐氣時胸部和腹部的起伏。第三，你需要注意那些在呼吸時出現的任何會轉移注意力的思緒，然後放下它們，而不是身陷其中，就如同之前的「思緒脫鉤」練習（141 頁）一樣。放下雜念能讓你再次將注意力集中於呼吸上，並進一步幫助你自己沉靜下來。

開始練習之前，請先閱讀引導說明以熟悉這項體驗。如果你覺得聆聽引導說明的方式更自在，請使用智慧型手機以緩慢且平穩的聲音錄下來，以便在練習此技巧時聆聽。

當你第一次進行這項練習時，設定三到五分鐘的計時，練習呼吸直到鬧鐘響起為止。當你越來越習慣於使用此技巧來幫助自己放鬆時，就可以設定更長的計時時間，例如十分鐘或十五分鐘。但是，不要指望自己一開始就能靜坐那麼久。一開始進行時，花上三到五分鐘來集中注意力及呼吸，已經是很長的時間了。稍後，當你更習慣使用這種呼吸方式時，也可以在進行其他日常活動時使用，例如在散步、洗碗、看電視或和他人交談時。

許多人常常覺得，在進行正念覺察呼吸時，自己與呼吸「合而為一」，這表示他們感受到這種體驗中的深切聯繫。如果這種情況發生在你身上，那就太好了。如果沒有，那也沒關係。只要堅持地練習下去。此外，有些人在第一次練習這項技巧時，會覺得頭暈目眩，這有可能是由於呼吸太快、太深或太慢所導致，你不需要驚慌。如果有必要，請在你開始感到頭暈目眩時就停下來，或者讓呼吸恢復到正常頻率，並開始數著自己的呼吸。

這是非常簡單卻強大的一項技巧，理想的做法是每天都練習。

引導說明

首先，請找一個設定計時後就不會被打擾的房間，找個舒適的位置坐

下；關掉任何會轉移注意力的聲音。如果你覺得閉上雙眼較為舒服自在，這麼做也有助於放鬆。

在開始練習之前，請進行幾次緩慢而深長的呼吸，然後閉上雙眼，將一隻手放在腹部上。現在，請緩慢地用鼻子吸氣，然後從嘴巴慢慢吐氣，感受你的腹部隨著呼吸而起伏。想像一下，吸氣時，感覺自己的腹部像氣球一樣膨脹，接著吐氣時感覺腹部毫不費力地消氣。感覺氣息從鼻孔進入，然後從嘴唇吐出，就像吹熄生日蛋糕的蠟燭一樣。

當你呼吸時，注意身體的感覺。當你啟動了橫隔膜的肌肉並讓肺部充滿空氣時，感覺你的腹部正在移動。注意身體的重量落在你坐著的地方。在每次呼吸時，注意到身體的感覺越來越放鬆。

現在，當你繼續呼吸時，開始在每次吐氣時計數呼吸。你可以默默地計數，也可以大聲地計數。每次吐氣都要計數，從「一」數到「四」，接著再從「一」開始計數。首先，從鼻子慢慢吸氣，然後從嘴巴慢慢吐氣，數「一」。再次，從鼻子慢慢吸氣，然後從嘴巴慢慢吐氣，數「二」。再重複，從鼻子慢慢吸氣，然後從嘴巴慢慢吐氣，數「三」。最後一次，從鼻子吸氣，從嘴巴吐氣，數「四」。現在從「一」開始計數。

不過，這一次，當你繼續計數的時候，偶爾將注意力轉移到你如何呼吸上。當你在吸氣和吐氣時，注意胸部及腹部的起伏。再一次，感受空氣從你的鼻子進入，然後慢慢地從你的嘴巴吐出。如果你想的話，可以將一隻手放在腹部上，感受自己的呼吸起伏。

進行緩慢且深長的呼吸，繼續計數。吸氣時，感覺腹部像氣球一樣膨脹，而吐氣時感覺腹部縮小。在計數及呼吸的身體體驗之間，持續轉移你的注意力。

最後，開始注意那些讓你的注意力從呼吸上分散開來的想法或其他干擾；這些干擾可能是記憶、聲音、身體知覺或情緒。當你的思緒開始漫遊，而你發現自己想著其他事情時，請將注意力轉移到呼吸的計數上；或者，將你的注意力轉移到呼吸時的身體知覺。盡量不要因為分心而批判自己，你只需要持續緩慢而深長地將空氣吸進腹部，吸氣並吐氣。想像一下，感覺自己

的腹部像氣球一樣被空氣填滿，感覺腹部隨著每次吸氣而擴張，隨著每次吐氣而消氣。持續計數每一次的呼吸，同時隨著每一次吐氣，感覺你的身體越來越放鬆。

保持呼吸，直到鬧鐘響起。在此之前，繼續計數你的呼吸，注意呼吸時的身體知覺，並放下那些分散注意力的任何想法或其他刺激。然後，當鬧鐘響起時，你慢慢地睜開眼睛，將注意力轉移到房間裡。

◆自我練習：對情緒的正念覺察

這是可以幫助你學會將思維與情緒、身體知覺區分開來的第二項練習。對情緒的正念覺察，始於專注於呼吸，也就是注意空氣從鼻子進入再從嘴巴吐出時，肺部裡的空氣充盈及排空。然後，在四、五次緩慢而深長的呼吸之後，將注意力轉移到你當下的情緒感受。從簡單地注意自己的感覺是好是壞開始，你基本的內在感覺是快樂還是不快樂？

接著，看看你是否能更仔細地觀察自己的情緒。什麼字詞最能描述這種感覺？如果你在思索最準確的描述時遇到困難，請查閱表 4-2「描述你的情緒」（146 頁）練習的情緒清單。持續觀察這種感覺，同時也持續向自己描述觀察到的情況。注意感覺的細微差別，或是有其他情緒的線索交織其中。例如，有時悲傷中會帶有焦慮甚至憤怒的傾向；有時羞愧又會與失落或怨恨緊密相連在一起。此外，你也要注意自己的情緒強度，並檢視它在你觀察時如何變化。

情緒總是會突然地如潮水般湧來。它們逐漸加劇，然後達到頂峰，最終又逐漸減弱。你可以觀察這種情況，並隨著感覺的增強和消散，向自己描述情緒浪潮中的每一個點。

如果你很難找到可以描述的當下情緒，仍然可藉由最近的感受來進行這項練習。回想一下，過去幾週你出現壓倒性強烈情緒的情況，更具體地想像事件：你在哪裡、發生了什麼事、你說了什麼，而你有什麼感受？繼續回想該場景的細節，直到現在再次感受到當時的情緒為止。

無論你選擇觀察哪一種情緒，一旦清楚地辨識出那是什麼情緒，就堅持下去。不斷向自己描述這個情緒的特性、強度或類型上的轉變。

在理想的情況下，你應該觀察這種感覺，直到它在特性或強度上發生顯著的變化，而且你對情緒的波浪效應該有一定的感受。在觀察自己的感覺時，你也會注意到那些分散注意力的想法、感覺及其他干擾，這是很正常的。每當你的注意力分散時，盡力將注意力轉移到情緒上。堅持下去，直到時間夠長，足以觀察到自己的情緒在增強、變化及消散。

當你學會以正念觀察一種感覺時，會出現兩個重要的認知。第一，是意識到**所有感受都有一個自然的生命週期**。如果你觀察自己的情緒，會發現它們會達到頂端高點，接著逐漸消退。第二個認知是，**光是描述自身的感受，就足以讓你對感受有一定程度的控制**。描述自身情緒的同時也會產生一種效應，就是將感受裝入一個你所建造的容器，因而避免這些情緒將你壓垮。

開始練習之前，請先閱讀引導說明以熟悉這項體驗。如果你覺得聆聽引導說明的方式更自在，請使用智慧型手機以緩慢且平穩的聲音錄下來，以便在練習此技巧時聆聽。如果你錄下說明，請在每個段落之間適度暫停，保留時間來充分體驗其中的過程。

引導說明

慢慢地長吸一口氣，注意空氣從你的鼻子進入，順著喉嚨後方進入肺部的感覺。再吸一口氣，觀察吸氣和吐氣時身體發生的變化。保持呼吸並持續觀察。呼吸時，請持續注意身體知覺（如果你正在錄製音檔，請在此處暫停一分鐘）。

現在，將你的注意力轉移到自己的情緒上。看看內心，找到你當下經歷的情緒，或者找到你最近感受到的一種情緒。注意情緒帶來的感覺是好還是壞，注意感覺是令人愉快或不快的。只需將注意力集中在這種感覺上，直到你對它產生了感受為止（如果你正在錄製音檔，請在此處暫停一分鐘）。

現在，請尋找足以描述這種情緒的字詞。例如，是興高采烈、滿足，或是興奮、激動？或者，是悲傷、焦慮、羞愧，或是失落？無論是什麼，請繼

續觀察並描述心中的情緒。注意感覺上的任何變化，並描述不同之處。如果你分心了或是有其他想法浮現，盡力讓它們離開，不要陷入其中。注意自己的感覺是在增強或減弱，並描述那是什麼感覺（如果你正在錄製音檔，請在此處暫停一分鐘）。

持續觀察情緒，放下讓你分心的雜念。持續尋找字詞來描述感覺的特性或強度的最細微變化。如果有其他情緒交織進來，請繼續描述它們。如果你的情緒變成了另一種新的情緒，只要繼續觀察它並找到描述它的字詞（如果你正在錄製音檔，請在此處暫停一分鐘）。

思維、身體知覺和其他的干擾因素會吸引你的注意力。注意它們，並放下它們，接著將注意力再次集中在情緒上。堅持下去，並持續觀察。持續進行下去，直到你觀察到自己的情緒發生變化或減弱為止。

*　*　*

現在，你已學會一些基本的正念覺察技巧了。希望你能更進一步地理解自己思維的運作方式，也明白這些技巧如此重要的原因。你應該每天持續使用這些技巧。

在下一章，你將以這些技巧為基礎，學習更進階的正念覺察技巧。

| 第 5 章 |

學習正念覺察 進階技巧

在上一章你學會了正念覺察，也瞭解辯證行為治療中基礎的「什麼」正念覺察技巧，藉由這些方法，你學會了更覺察到自己關切「什麼」事物：

· 更加專注於當下
· 辨識並專注於思維、情緒和身體知覺。
· 專注於每時每刻的意識流。
· 將思維與情緒、身體知覺區分開來。

關注於「如何」的正念覺察技巧

在本章，你將瞭解更進階的「如何」正念覺察技巧，它們將幫助你在日常體驗中學著保持正念覺察又不帶偏見，這些技巧可分為五類：

1. 如何使用智慧心。
2. 如何用全然接納來接受日常經歷而不評判。
3. 如何做有成效（可產生預期結果）的事。
4. 如何為自己制定正念覺察的養生之道，讓生活更有覺察、更專注。
5. 如何克服正念覺察練習的障礙。

跟上一章一樣，很重要的是依循前後順序來完成本章的練習。每項練習都根基於前一項練習的基礎之上。

智慧心

正如上一章所述，「智慧心」是指可以對人生做出健康決定的能力。過往，在佛教的正念覺察練習中也曾使用「智慧心」這個字詞。它描述一個人

同時認知兩件事的能力。首先，他或她正在遭受著痛苦，例如疾病、壓倒性強烈情緒或不健康行為的結果；其次，他或她想保持健康狀態，並且有改變現況的潛力。林納涵博士認為，佛教禪宗信徒的實踐行為，大大地影響了辯證行為治療的發展，**辯證行為治療也因此認同「一個人需要接受自己的痛苦，同時也採取有助於減輕痛苦的行動」**。

在辯證行為治療中，實現這項目標的主要工具之一，就是使用「智慧心」，即依據你的理性思維和情緒做出決定的能力。聽起來，要實行相當容易，但我們來思考一下人們時常陷入什麼陷阱之中。

例如，里歐是一家新公司的成功推銷員，擁有幸福的家庭及美好的未來。然而，里歐經常因為無法達成交易而心煩意亂，感到沮喪，並認為自己是一個永遠無法成功的人。儘管主管給予里歐積極的回饋，但里歐仍無法擺脫未達成交易所帶來的挫敗感。結果，在開始工作幾個月後，里歐就辭職了，就像他過往辭去的工作一樣。里歐又換了新的工作，但無論走到哪裡，相似的失敗感仍緊隨著他，他不曾對自己感到完全滿意。

同樣的，泰凱莎是一位受到大家喜愛的大學教授，學生及其他教職員工總是給予她高度的評價。但是，她在歷經幾次失敗的戀愛關係後，感到非常孤獨。泰凱莎不再試著結識新朋友，因為她預期這些關係也會以失敗告終。結果，她覺得自己不值得被愛，並認定自己會獨自度過餘生。

里歐和泰凱莎都被辯證行為治療中稱為「情緒之心」（emotion mind）的東西所打敗了。當你僅憑著個人感受做出判斷或決定時，就是在使用情緒之心。

但請記住，情緒本身並不是一件壞事或問題，我們都需要情緒才能過健康的人生（在第七章和第八章，你將瞭解到情緒的更多作用）。然而，當你的生活被情緒所控制時，關於情緒之心的問題就會出現。對於有壓倒性強烈情緒的人來說，這個陷阱特別危險，因為情緒之心會讓人扭曲想法及判斷力，讓你很難為人生做出健康有益的決定。請想一下，里歐和泰凱莎所發生的狀態：儘管他們獲得了成就，但其人生仍被情緒給壓垮了，並導致他們做出不健康的決定。

「理性之心」（reasonable mind）是可以讓情緒之心獲得平衡的對應物。理性之心是決策過程的一部分，它會分析情境的現實狀況，清楚地思考正在發生的事情，考量細節，然後做出理性的決定。顯而易見的，我們每天都會透過理性思考來解決問題並做出決定。但同樣的，就跟情緒一樣，過多的理性思考也可能是個問題。我們都曾聽過這類故事：一個非常聰明的人，總是不知道該如何表達自己的情感，因此過著非常孤獨的人生。因此，為了可以過滿意而健康的人生，絕對有必要保持兩者的平衡。然而，對於具有壓倒性強烈情緒的人來說，往往很難做到感覺和理性思維的平衡。

這裡提供的解決辦法，就是以智慧心來為人生做出健康的決定。智慧心是同時使用情緒之心和理性之心的結果，也是感覺和理性思維之間的平衡。

我們再來討論里歐和泰凱莎的案例。他們都被情緒掌控著。如果里歐能以智慧心來進行決策，那麼在辭去工作之前，他就會以理性之心來權衡自己的決定，提醒自己在這種情境下的真相：他已經是一位成功的推銷員了，他會感到沮喪，只是因為無法成交一筆生意。所以，他選擇辭職是否合理呢？當然不是。而泰凱莎呢？學生及其他教職員都給了她很好的回饋。那麼，她在歷經幾次失敗的戀愛關係後就不再結識新的朋友，這是否合理？絕對不是。這就是使用智慧心如此重要的原因。

你可以藉由第四章練習的正念覺察技巧來培養智慧心。請記住，這些練習的部分效果，是幫助你辨識並區分自己的思維和情緒。因此，你已經學會如何使用自己的情緒之心和理性之心了。藉由更頻繁地練習這些正念覺察技巧，就能依據平衡的情緒和理性思維，更輕鬆地做出健康的決定。

智慧心與直覺

根據辯證行為治療的觀點，智慧心類似於直覺。通常，直覺及智慧心都是被描述為來自「內臟」（gut，註：此字也有「腸道」之意）或腹部區域的「感覺」。接下來的練習，將會幫助你進一步瞭解關於自己的本能感覺（gut feelings），而它其實包含了生理感覺和心理感覺。這個練習將幫助你找到智慧心所在的體內中樞。

許多人表示，從這項練習開始，他們便明白自己該怎麼做，並為自己的人生做出通情達理而明智的決定。

很有趣的一件事是，這種內在感覺的直覺現象，可能有科學證據的支持。研究人員發現，人類的腸胃消化系統覆蓋了巨大的神經網路，而且這種神經網路的複雜性僅次於人腦，因此有些研究人員將這個部位稱為「腸腦」（enteric brain），意思即是指腸道中的大腦。

◆自我練習：智慧心冥想

當你開始練習這項技巧時，計時三到五分鐘，再開始進行，直到鬧鐘響起為止。然後，隨著你越來越習慣使用這項技巧，可以設定更長的時間，例如十分鐘或十五分鐘。如果你覺得聆聽引導說明的方式更自在，請使用智慧型手機以緩慢且平穩的聲音錄下來，以便在練習此技巧時聆聽。

引導說明

首先，找一個設定計時後就不會被打擾的房間，找個舒適的位置坐下；關掉任何會轉移注意力的聲音。如果你覺得閉上雙眼較為舒服自在，這麼做也有助於放鬆。

現在，請找出胸腔的胸骨底部的準確位置。你可以用手觸摸胸部中央的骨頭，然後沿著骨頭向下移至腹部，直到骨頭末端。現在，將一隻手放在胸骨底部和肚臍之間的腹部，這裡就是智慧心的中樞。

請進行幾次緩慢而長的呼吸，然後放鬆。現在，請緩慢地用鼻子吸氣，然後從嘴巴慢慢吐氣，感受你的腹部隨著呼吸而起伏。想像一下，吸氣時，感覺到自己的腹部像氣球一樣膨脹，接著吐氣時感覺腹部毫不費力地消氣。感覺氣息從鼻孔進入，然後從嘴唇吐出，就像吹熄生日蛋糕的蠟燭一樣。

當你呼吸時，注意身體的感覺，感受你的肺部充滿了空氣，注意身體的重量落在你坐著的地方。在每次呼吸時，注意到身體的感覺越來越放鬆。

現在，當你繼續呼吸時，讓注意力集中在手下方的位置。讓你的注意力

集中在智慧心中樞。請繼續緩慢而長的呼吸。如果你有任何分心的想法，就讓這些想法離開你，不要與之抗爭，也不要深陷其中。繼續呼吸並專注於智慧心中樞。感覺你安放在腹部上的手。

當你將注意力集中在智慧心中樞時，注意發生了什麼情況。如果你在生活中曾有過任何令人不安的想法、問題或必須做出的決定，請花幾秒鐘的時間想一想，然後問問智慧心中樞，你應該如何應對這些問題或決定。向你內在的直覺尋求指引，然後關注你的智慧心中樞出現了什麼想法或解決方案。不要批判你所收到的任何答案，把它們記在心裡，然後保持呼吸。繼續將你的注意力集中在智慧心中樞。如果你的問題沒有得到任何想法或答案，也請繼續呼吸。

現在繼續注意你的呼吸起伏。保持呼吸並將注意力集中於智慧心中樞，直到計時器停止。當你完成後，慢慢地睜開眼睛，將注意力轉移到房間裡。

如何做出基於智慧心的決策

現在你練習了如何找出智慧心中樞的準確位置，在你做任何決定之前，可以「探詢」身體的這個部位，幫助你確認這是否為好的決定。你只需要在考慮要採取什麼行動時，將注意力集中在智慧心中樞。接著，思考你的智慧心中樞要告訴你什麼。你覺得這是一項不錯的決定嗎？如果是這樣，也許就該這樣做。如果你覺得這並非好決定，那麼也許你應該考慮其他的選項。

只要你還活著，學習為人生做出可靠的正確決定，就是一個不斷進展的過程，而且要做到這件事，沒有什麼單一的途徑。向你的智慧心中樞進行探詢，只是對某些人管用的方法之一。需要提醒的是，當你第一次使用智慧心中樞來進行人生決策時，可能難以區分以下兩者的差異：直覺感受，以及使用情緒之心這個舊方式所做出的決策。你可以藉由三種方式來確定差異：

1. 當你進行決策時，是否同時考量了自身情緒及實際情況？

換句話說，你是基於情緒之心和理性之心所做出的決定嗎？如果你沒有考慮到實際情況，而是被情緒所控制，就沒有使用智慧心中樞。有時候，我們需要先讓情緒沉穩下來，「冷靜下來」，才能做出正確的決定。如果你最

近身陷一個非常情緒化的情境中，無論好壞，請給自己足夠的時間讓高漲的情緒冷靜下來，如此一來才能使用理性之心。

2. 這個決定對你來說「感覺」正確嗎？

在你做出決定之前，向智慧心中樞進行探詢，並注意它的感覺。如果你探詢了智慧心中樞，卻感到緊張，那麼你即將做出的決定可能不是一個好或安全的決定。但是，你會感到緊張，也可能是因為嘗試新事物而感到興奮，這或許是一件好事。有時會難以區分，所以這就是以理性之心做出決定也至關重要的原因。以後，當你為自己的人生做出健康的決定並累積許多經驗之後，就更容易分辨良好的緊張與不好的緊張之間的差異。

3. 有時候，藉由檢查你的決定所帶來的結果，可以判斷自己是否運用了智慧心中樞。

如果你的決定為人生帶來有益的結果，那麼你很可能運用了智慧心中樞來做決定。當你開始運用智慧心中樞，請記錄自己的決定及其後續的結果，以確定你真的運用了智慧心中樞。請記住，智慧心中樞應該可以幫助你針對自己的人生做出健康的決策。

全然接納

智慧心中樞和正念覺察的一個關鍵部分，便是名為「全然接納」的技巧（你已經在第一章和第二章探究了全然接納，但以下的描述將幫助你理解它與正念覺察技巧的關係）。

全然接納意味著容忍某件事，而不去評判或試著改變它。上一章提供的正念之定義，你還記得嗎？**正念覺察是一種覺察到自己當下的思維、情緒、身體知覺及行為的能力——在當下時刻——而不去評判或批評自己、他人或自身經歷。**全然接納是維持正念的一個關鍵要素，如果你在當下評判自己、自身經歷或他人，就無法好好關注於當下此刻所發生的事情。

就許多層面而言，評判是通往痛苦的捷徑，因為當你評判別人時，就會生氣，而當你評判自己時，也會變得沮喪。所以，為了在當下時刻保持正念，為了完全專注於智慧心中樞，你必須練習不評判。

聽起來，「全然接納」是一項難以掌握的技巧，但絕對值得付出努力。請參考以下的案例。

湯瑪士是個具有壓倒性強烈情緒的人，一直在努力解決一個常見的問題。他將所有人、所有事都劃分為兩個範疇：不是好，就是壞。對他而言，兩者之間並沒有中間地帶。別人對他好，就是好人；別人和他意見不合，他就斷定對方是壞人，哪怕這個人幾分鐘前才和善地對待他。這種善惡之間的快速動搖，導致湯瑪士對自己和他人有許多評判及批評的言論。

多年來，湯瑪士累積了對於善惡的不斷波動和評判，便對可能產生問題的情況變得非常敏感。他總是預期他人會犯錯、侮辱他，或者以某種方式背叛他。

曾有一次，他姊姊說自己無法幫他把車子開去修車廠，湯瑪士就對她大發雷霆，批評她忘恩負義又自私。然而，那是因為他姊姊必須帶女兒去看醫師，但湯瑪士從來不仔細聆聽她的理由。他太專注於自己主觀判斷的想法，無法好好聽取他人的意見。

事實上，湯瑪士為自己的人生創造了一種模式，讓所有的評判和批評性思緒都變成現實，導致了他的人生非常孤獨且痛苦。

後來，當湯瑪士接觸到「全然接納」的技巧時，也抱持著批判態度。他想著，「這太荒謬了吧！如此愚蠢的想法對我一點幫助也沒有，我才不需要。怎麼可能會有人不抱持著批判態度呢？」然而，在家人的鼓勵下，湯瑪士決定嘗試全然接納的方式。

一開始，湯瑪士很難不對自己或他人評判，但他持續採用本書的練習，而且隨著練習次數增加，全然接納對他來說變得容易多了。慢慢地，他的想法開始產生轉變。湯瑪士花更少時間在評判性想法及批評言論上，他花更少的時間去預期誰會侮辱或背叛他。他也不再認定世界上只有好人或壞人。他開始認知到每個人都可能會犯錯，但這沒有關係。他也更加注意自己當下的想法、感受、知覺及行動，這有助於他更加關注自己的日常經歷，並為人生做出更健康的選擇。

正如湯瑪士的情況，實踐全然接納最困難的部分之一，是認知到自己何

時在評判自己或他人。這需要一些練習，而本書的技巧會有所幫助。但是，認知到自己什麼時候正在評判，也需要一些時間。你一定會有犯下錯誤的時候。當你一開始學著不評判時，也一定會有評判的時刻。然後，你會意識到自己正在做什麼，而且會因為自己評判事物而更加批評自己。但這也沒關係，這就是學習過程的一部分。

學習如何運用全然接納技巧，就如同以下這個故事：

有個人走在城市的街道上，從敞開的下水道人孔蓋掉落下去。他爬了出來，往洞裡看了看，然後說：「我最好不要重蹈覆轍了。」但第二天，他走在同一條街上，又掉進同一個敞開的人孔蓋中，他爬出來，說道：「我真不敢相信，我又做了一樣的事。」

然後，到了第三天，當他正要踏入同一個敞開的孔洞時，突然想起前兩天發生的事，才沒有摔落。第四天，當這個男人走在那條街上時，他記得要繞過敞開的下水道人孔蓋。而在第五天，他選擇走另一條街，以完全避開這個問題。

顯然，學習如何運用全然接納技巧，需要超過五天的時間，但落入同一個評判陷阱的過程，會以相似的方式發生。

下面提供幾項練習，可以幫助你培養一種不評判的態度，並運用全然接納技巧。但在你開始之前，讓我們再次明確地重述「全然接納」，因為對許多人來說，它是一個令人感到困惑的概念。**採用全然接納，不代表你要默默地忍受人生中潛在有害或危險的情況**。例如，你身處暴力或虐待關係之中，而你需要離開，那就離開。不要讓自己身處危險之中並容忍所有發生在你身上的事。全然接納是一項可以幫助你擁有更健康人生的技巧，而不是讓你的人生充滿更多苦難的工具。

然而，一開始運用全然接納技巧會很困難，因為它需要你以一種全新的方式來思考自己、生活及其他人。一旦你開始實踐全然接納，會發現它其實給予你更多的自由。你不會再花費過多的時間來評判自己及他人，因此可以更自由地做許多事。「全然接納」是辯證行為治療中最重要的學習工具之一，絕對值得你付出努力。

◆自我練習：記錄負面評判

改變問題的第一步，是意識到問題何時發生。因此，要開始改變你的評判性思維，第一步是認知自己何時正在進行評判和批評。請從下週開始使用表 5-2「負面評判紀錄・空白表單」（165 頁）。盡力記錄自己所有的負面評判和批評，包括你對於報紙和電視上的所見所聞，以及你對自己及他人的評判。如果有需要，請多印出幾份，並將其中一份隨身攜帶，以便在你意識到自己口出評判時立即記錄。如果你決定只要每天一次寫下自己的負面評判，例如在睡覺前，那麼在學習全然接納的過程中，你就會花費更長的時間。在一天結束之際，你可能會忘記當天曾提出的多項負面評判。

為了提醒自己寫下負面評判，給自己視覺上的提醒可能會有幫助。有些人覺得佩戴一些特別的物件可當作提醒，能促使他們記住並寫下自己的評判，比如新的戒指或手環。也有些人在家中及辦公室的四處張貼上面寫著「評判」的便利貼。你可以採用任何最適合你的方式。這個練習請至少進行一週，或者直到你能注意到自己正在提出負面評判的那一刻。記錄自己提出負面評判的時間、所在的地點及其內容。

請利用表 5-1「負面評判紀錄・範例」（164 頁）來幫助自己。

（注意：當你完成負面評判紀錄後，請將其保留在本章後文的「評判脫鉤」〔169 頁〕練習中使用。）

全然接納和初學者之心

現在，你已認知到自己有許多的負面評判，已經更接近全然接納一步了。請記住，全然接納意味著你關注生活中的情況，而不去評判或批評自己或他人。在前一個練習中，你專注於察覺自己的負面評判，因為它們是最容易察覺的。但是，積極正向的評判也可能造成問題。

前文提到的湯瑪士，將所有人都區分為兩個範疇：不是好，就是壞。他喜歡那些對他友好的人，但如果他們做了讓他不高興的事時，他就會生氣並給他們貼上「壞人」的標籤。所以，對人或事有積極正向的評判，也會產生

表 5-1：負面評判紀錄・範例

時間	地點	事件
星期日下午兩點	家裡	我想著「我好討厭星期日，星期日總是很無聊。」
星期日下午六點三十分	家裡	我告訴女朋友，我不喜歡她穿的那件襯衫。
星期一上午八點三十分	去上班的共乘汽車	我想著自己有多麼討厭路上那些開車像是白癡的人。
星期一上午十一點	公司	我想著那些每天老是問我同樣問題的同事有多麼愚蠢。
星期一中午十二點半	公司	老闆買了一臺速度不夠快而讓我很難處理工作事務的電腦，我想著自己有多麼討厭老闆。
星期一下午一點四十分	公司	我因為犯了錯誤而生自己的氣，並叫自己「白癡」。
星期一下午兩點半	公司	讀到報紙上總統對於外交政策的看法後，我對他感到很生氣。
星期一下午四點十五分	公司	我想著公司的人如何把這個空間的牆面漆成醜陋的顏色。
星期一下午五點十五分	回家的共乘汽車	我告訴桑德拉，她將汽車的收音機開得那麼大聲，很沒禮貌。
星期一晚上十一點三十分	家裡	我熬夜到很晚而睡眠不足，這讓我感到心煩意亂。

表 5-2：負面評判紀錄 · 空白表單

時間	地點	事件

問題，你看出來了嗎？想到某個人（或某事）時，若你對那個人對待你的方式，存有一種僵化的既定想法時，就容易感到失望，因為沒有人（也沒有什麼事）是完美的。

總統有時會撒謊，有宗教信仰的人有時會賭博，我們喜歡的事物有時會崩壞，而我們信任的人有時也會傷害我們。因此，當你將某人歸於百分之一百的善良、值得信賴、品德高尚、思想健全或是誠實的範疇內時，就很容易感到失望。

但是，這不意味著你永遠都不該相信任何人。**全然接納的意思是，面對生活之中的人們和情境時，你不應該評判他們是好是壞、是積極正向或消極負面的。**在某些形式的冥想中，這被稱為「初學者之心」（beginner's mind，亦簡稱「初心」），意指當你進入每種情境和每段關係時，都應該像初次相遇一樣。這種反覆出現的新鮮事物，會阻斷你將舊有的評判（不論是好是壞）帶入當下，讓你保有更高的覺察。此外，藉由讓情境變得新穎有趣，也有助於你更恰當地控制情緒。

如此一來，你就很容易明白，**辯證行為治療的目標之一，就是幫助你完全停止做出任何評判，不論是正面評價或負面評價。**

◆自我練習：記錄初學者之心

接下來，你將會練習全然接納和初學者之心。這個練習跟上一個練習很類似，但首先你必須意識到自己當下做了正面或負面的評判。同樣的，為了幫助你記得寫下評判，有必要的話，請善用視覺上的提醒，採用適合你的任何方法：手環、戒指、上面寫有「評判」二字的便利貼，或智慧型手機上的提醒等等。

請至少進行這個練習一週，或者直到你能注意到自己正在進行評判的那一刻。記下你進行評判是在何時、何地，以及那些正面或負面評判的內容是什麼。就跟上一個練習一樣，如果需要，請多印出幾份，並將其中一份隨身攜帶，以便在你意識到自己說出評判時立即記錄下來。在評判後，你越快

速地記錄下來，「全然接納」就會越快成為你人生中的一部分。請利用表
5-3「初學者之心紀錄·範例」以得到幫助。後續頁面有提供你個人使用的
表 5-4「初學者之心紀錄·空白表單」。（注意：當你完成「初學者之心紀
錄」後，請將其保留在本章後續的「評判脫鉤」（169頁）練習中使用。）

表 5-3：初學者之心紀錄·範例

時間	地點	事件
星期五中午十二點	和蘿拉一起吃午餐	我想著，「蘿拉是一個非常有才華的人，從不會犯任何錯誤。」
星期五下午兩點三十分	公司	我說自己「無能」，因為我不可能在五點之前完成所有的文書工作。
星期五下午兩點四十五分	公司	和母親通完電話後，我想著她沒有好好地把我養大，她把母親的職責做得很糟糕。
星期五下午五點三十分	下班後的酒吧	我想著那位調酒師看起來很不錯，或許是那種可以成為好丈夫的人。
星期五晚上七點三十分	家裡	一開始，我告訴男朋友，他做了晚餐，真是太貼心了。但當我發現食物太鹹時，就對他說他是個白癡。
星期六下午兩點三十分	購物中心	我找到了一條「完美」的牛仔褲，它會讓我看起來很棒。
星期六下午三點	購物中心	我想，店裡有個看起來很醜的男人。
星期六下午四點十五分	家裡	當我意識到這條牛仔褲不合身時，我很沮喪，並罵自己是白癡。
星期六晚上九點	家裡	我對男朋友很生氣，因為他今天沒有幫我完成所有的家事。
星期六晚上十點三十分	家裡	我想，明天將會是完美的一天。

表 5-4：初學者之心紀錄．空白表單

時間	地點	事件

評判與標籤

　　完成上一個練習之後，希望你更加明白，為人們、思想及事物貼上標籤（不論是好或壞），將會導致你更加失望。為了更成功地運用全然接納技巧，下一項練習將繼續幫助你監看自己產生的評判，並放下這些評判。

目前為止，你已經認知到關於評判的許多問題：

· 評判會引發壓倒性強烈情緒。

· 評判時常會導致失望和痛苦。

· 評判會阻斷你在當下真正地維持正念。

很明顯地，評判和批評的問題之一，是它們會占據了你的思緒。在許多情況下，人們很容易開始沉迷於單一的評判。

也許，你曾經讓一個評判性的看法占據一整天的思緒，它可能是關於你自己或他人的壞事或好事。我們都曾有這種經驗，因此，當你的思緒被過去發生的事或未來可能發生的事所占據時，你對當下的覺察程度如何？你可能無法保有高度的覺察力。

當這些對你自己或他人的評判，成了強迫性想法時，你的情緒有多容易被一觸即發？在你苦於應對壓倒性強烈情緒時，這種情況特別容易發生。

◆自我練習：評判脫鉤

這一項評判脫鉤的練習，旨在幫助你釋放或「放下」評判和其他強迫性想法。它跟上一章的「思緒脫鉤」技巧（141頁）很類似。

再次提醒，此練習的目的是為了觀察自己所產生的評判，但接著就要放下它，而不是深陷其中。

就跟「思緒脫鉤」技巧一樣，在進行「評判脫鉤」技巧時，也需要發揮你的想像力。這個練習的目的是要將你的評判具象化，無論是透過圖像或文字的形式，都讓它們無害地從身邊飄過，而你不會身陷其中或過度分析。不論你要選擇哪種執行方式都可以。如果你在上一章使用了一項有效的技巧，請在此再度使用。如果你需要不同的視覺想像技巧，以下提供一些人們覺得有助益的建議：

· 想像自己坐在田野中，看著評判隨雲飄散而去。

· 想像自己坐在小溪旁，看著評判從樹葉上飄走。

- 想像自己站在有兩扇門的一個房間內，看著評判從一扇門進入，並從另一扇門離去。

如果這其中有任何一個點子適合你，那就太好了。如果沒有的話，請隨意打造屬於你自己的點子，只要確保它符合這項練習的目的，也就是直觀地觀察自己的評判來去，不要緊抓著不放，也不針對情境過度分析。

在開始進行這項練習之前，回顧一下你為負面評判及初學者之心練習所填寫的紀錄，以便重新溫習你在過去幾週做出的一些評判。甚至，你可以將這些紀錄放在身邊，以便在你想不到近期的評判時可供參考。在練習的過程中，你可以閉上雙眼，想像所選擇的任何一種視覺想像技巧。接著，你會看見自己的評判（和任何新的評判）進入你的思維之中並飄散而去，而你不會停留並困在其中。

開始練習之前，請先閱讀引導說明以熟悉這項體驗。如果你覺得聆聽引導說明的方式更自在，請使用智慧型手機以緩慢且平穩的聲音錄下來，以便在練習此技巧時聆聽。當你第一次練習評判脫鉤技巧時，設定三到五分鐘的計時，並在鬧鐘響起之前放下你的評判。然後，當你越來越習慣使用此技巧之後，可以設定更長的計時時間，例如八到十分鐘。

引導說明

首先，找一個設定計時後就不會被打擾的房間，找個舒適的位置坐下；關掉任何會轉移注意力的聲音。進行幾次緩慢而深長的呼吸，放鬆，然後閉上雙眼。

現在，想像自己身處所選擇的場景中，以便觀察你的評判來來去去，無論是在溪流旁、田野中、房間裡或是其他地方。盡力想像你自己身處在那個場景中。如此進行之後，開始意識到自己的評判，就像你在前一個練習中寫下自己的評判一樣。開始觀察腦海中出現的評判，無論它們是什麼。不要試圖阻礙自己的思緒，也盡量不要因為任何評判而批評自己。只要看著評判出現，然後使用你選擇的任何技巧，看著評判消失。

如果有需要的話，你可以參考過去練習之中的任何紀錄，來提醒自己最近出現的評判。然後閉上你的眼睛，看著那些評判飄散。

無論評判的內容是大是小，重要或是不重要，都要觀察評判如何在你腦海中出現，然後讓它以你選擇的方式飄散或消失。繼續觀察評判的出現和消失；使用最適合你的圖像或文字來代表評判。盡力去觀察評判的出現和消失，不要陷入其中，也不要批評自己。如果同時出現多個評判事項，就觀察它們同時生起又消失。如果評判來得很快，盡力看著它們全部消失，不要被任何一個吸引。

繼續呼吸並觀察評判的來來去去，直到計時鈴聲響起為止。

完成後，請進行幾次緩慢而深長的呼吸，然後慢慢地睜開眼睛，將注意力轉移到房間裡。

不評判你的日常經歷

上一個練習的目的是幫助你放下評判，當你越頻繁地練習，這件事就會變得更容易。然後，當你完成了連續幾週的規律練習之後，就更容易在當下放下評判。希望你很快就能做到，無論思緒中出現正面或負面的評判，都可以就此放下。也許，你需要閉上雙眼幾秒鐘，如果你在一個安全的地方，就可以想像思緒飄散而去。又或許，當你與某人交談時出現了評判的想法，你也可以放手隨它去。那正是你真正學會全然接納的時刻。

◆自我練習：評判與當下

你已經在上一章練習了如何覺察自己的思緒、感受和知覺，也在本章中練習了如何覺察自己的評判，下一步就是結合這兩種體驗。

在本練習中，你將學會以一種覺察且專注的方式，在評判和身體知覺之間轉移注意力。

當你花太多時間沉迷於自己的思緒和評判時，很容易迷失在自己對於「世界應該要如何」的幻想中，但這些幻想往往會導致失望和折磨。當你持

續在生活中練習正念覺察技巧時，始終重要的一件事，是辨識並區分什麼是評判和幻想，而什麼是當下真正發生的事。最簡單的方法之一，就是覺察自己的身體感官（也就是眼睛、耳朵、鼻子，以及觸覺和味覺的感官）正在關注什麼。通常，人們談到這件事時，會說這是「落實（grounding）於自身」。讓自己沉浸在身體的各種感官中，可以讓你不過度執著於評判，並且更加覺察當下正在發生的事情。

　　開始練習之前，請先閱讀引導說明以熟悉這項體驗。然後，你可以將這些引導說明放在手邊，如果你覺得聆聽引導說明的方式更自在，請使用智慧型手機以緩慢且平穩的聲音錄下來，專注於你的評判和當下的意識。

引導說明

　　首先，在一個可以獨處且十分鐘內不會被打擾的房間，找個舒適的位置坐下；關掉任何會轉移注意力的聲音。請進行幾次緩慢而深長的呼吸，閉上雙眼，接著放鬆。

　　現在，持續閉上你的雙眼，將注意力集中在你所坐的那張椅子上的身體重量，注意雙腳和雙腿放在地上的重量，注意雙手和手臂的重量，注意落在脖子上的頭部重量。用心念從頭到腳掃描你的身體，注意你感受到的任何知覺。你可以慢慢來（如果你正在錄製音檔，請在此處暫停一分鐘）。

　　現在，注意任何身體部位可能感受到的緊繃感，並想像這種緊繃感如同烈日下的蠟逐漸融化。再一次，花一些時間檢查身體是否有任何緊繃感，並保持緩慢的深呼吸（如果你正在錄製音檔，請在此處暫停一分鐘）。

　　當你掃描完身體後，將注意力轉移到你的思緒和評判上。只要注意你腦海中出現的任何思緒或評判，並在它們出現時，藉由你在上一個練習中覺得有效的方式，讓它們飄散而去。允許這些思緒和評判離你而去，而不是身陷其中。花一分鐘時間做這件事，並保持緩慢而深長的呼吸（如果你正在錄製音檔，請在此處暫停一分鐘）。

　　現在，請將注意力轉移到聽覺上。注意從房間外面傳來的任何聲音，並記下那些是什麼聲音。現在，開始注意你在房間內聽見的任何聲音，並記下

那些是什麼聲音。不論是多小的聲音,也請試著注意聆聽,例如時鐘的滴答聲、風聲或心跳聲。如果你因為任何思緒而分心,請將注意力轉移到聽覺上。花一分鐘做這件事,並保持呼吸(如果你正在錄製音檔,請在此處暫停一分鐘)。

當你完成對聲音的關注後,再次將注意力轉移到思緒和評判上。注意你腦海中出現的任何思緒或評判,並在它們出現時,藉由你在上一個練習中覺得有效的任何方式,讓它們飄散而去。允許這些思緒和評判離你而去,而不是身陷其中。花一分鐘做這件事,並保持緩慢的深呼吸(如果你正在錄製音檔,請在此處暫停一分鐘)。

現在,再次轉移你的注意力,將注意力放在嗅覺上。注意房間裡的任何氣味,無論是否令人愉快。如果你沒有注意到任何氣味,只需意識到你以鼻子吸氣時空氣進入鼻孔中即可。盡力將注意力集中在嗅覺上。如果你因為任何思緒而分心,請將注意力轉移到鼻子上。花一分鐘做這件事,並保持緩慢的深呼吸(如果你正在錄製音檔,請在此處暫停一分鐘)。

當你完成對氣味的關注後,再次將注意力轉移到思緒和評判上。注意你腦海中出現的任何思緒或評判,並在它們出現時,藉由你在上一個練習中覺得有效的任何方式,讓它們飄散而去。允許這些思緒和評判離你而去,而不是身陷其中。花一分鐘做這件事,並保持緩慢而深長的呼吸(如果你正在錄製音檔,請在此處暫停一分鐘)。

現在,請將注意力轉移到觸覺上。注意你的手放在物品上的感受,或者,請你閉上雙眼,伸出一隻手去觸摸一個可及的物品;或者,如果伸手可及的範圍內沒有任何物品,請觸摸你坐的那張椅子或你的腿。注意物品所帶來的觸感。注意它是光滑或粗糙的,注意它是柔韌或堅硬的,注意它是軟的或硬的,注意指尖皮膚的知覺。如果有思緒開始分散你的注意力,只需將注意力轉移到你正在觸摸的物品上即可。花一分鐘做這件事,並保持緩慢而深長的呼吸(如果你正在錄製音檔,請在此處暫停一分鐘)。

當你完成對觸覺的關注後,再次將注意力轉移到思緒和評判上。注意你腦海中出現的任何思緒或評判,當它們出現時,藉由你在上一個練習中覺得

有效的任何方式，讓它們飄散而去。允許這些思緒和評判離你而去，而不是身陷其中。花一分鐘做這件事，並保持緩慢而深長的呼吸（如果你正在錄製音檔，請在此處暫停一分鐘）。

現在，請慢慢地張開你的雙眼，保持緩慢的深呼吸。花幾分鐘時間將視覺注意力集中在所坐著的房間內。注意房間裡的物品，注意房間的亮度或暗度，注意房間裡有哪些不同的顏色，注意你在房間內的位置。轉動你的頭部以環顧四周，盡可能吸收所有視覺上的訊息。如果思緒開始分散你的注意力，只需將注意力轉移回你正在觀察的這個房間裡。花一分鐘做這件事，並保持緩慢而長的呼吸（如果你正在錄製音檔，請在此處暫停一分鐘）。

當你完成對視覺的關注後，再次將注意力轉移到你的思緒和評判上。這一次，請你睜開雙眼，在房間裡挑選一些用來集中注意力的物品，但在你的腦海裡，持續注意任何思緒和評判的出現，當它們出現時，讓其飄散而去。允許這些思緒和評判離你而去，而不是身陷其中。如果你需要閉上雙眼才能做到這一點，也沒問題。當這些思緒飄散而去時就睜張雙眼，將注意力放回你身處的房間。持續監看自己的思緒和評判，也持續地放下它們，而不是身陷其中。

花一分鐘做這件事，並保持緩慢而深長的呼吸（如果你正在錄製音檔，請在此處暫停一分鐘）。

完成後，如果還有時間的話，請在思緒和評判、視覺上注意到的事物之間，持續轉移注意力。然後，當計時器響起時，慢慢地進行三到五次長呼吸，再將注意力轉移到房間裡。

自我疼惜

對某人懷抱疼惜心（compassion，又譯悲憫、慈悲），意味著認知到對方處於痛苦之中並需要幫助。當我們對別人表現疼惜心時，會以善意對待他們，而不是以其處境或感受來評判他們，不論這是誰的過錯。然而，對於許多人而言，幫助和原諒他人（甚至是陌生人）往往比善待自己更容易。對他人懷抱疼惜心如此容易，為什麼對自己抱有疼惜心卻如此困難呢？

- 或許你認為其他人比你更值得被幫助、被尊重。
- 或許你認為自己做錯了很多事，沒有人會原諒你，而你也不值得被對方以疼惜心對待。
- 或許你害怕自己會被痛苦壓垮而不敢承認自己處於痛苦之中。
- 或許你認為原諒自己等同於為自己的行為辯解，以及不想要承擔其後果。
- 或者過去從未有人以疼惜的方式對待你，所以你認為自己有問題。

事實上，以上這些說法都不正確。想像一下，如果有一位你摯愛的朋友或家人來找你，說：「我不值得同情，因為我（填寫以上其中一項陳述）……」你可能不會同意他們的看法，而且會試著說服他們，事實並非如此。同樣的，現在你該開始對自己展現疼惜心，並承認你就跟其他人一樣應該得到善意及協助（如果你早已相信這一點，請跳至 176 頁的「自我疼惜冥想」以強化信念；如果不是，請繼續閱讀）。

不管讓你陷入困境的信念是什麼，「以疼惜心對待自己」正是你可以在本書學到的關鍵技能之一。有了自我疼惜，才能讓你的人生獲得長期的改善。每種方式的自助行為，不論是獲得治療師提供的幫助或是使用這本書，都始於自我疼惜。**所謂的自我疼惜，就是相信自己應當得到善意、寬恕及協助，就跟其他人一樣！**

事實上，我們在人生中都會犯下錯誤，而其中有些錯誤不幸地傷害了我們自己或他人。但是，為了自己曾犯下的過錯而不斷懲罰自己，是無濟於事的，只會讓情況更加惡化。在許多方面，自我疼惜也需要你實踐全然接納。

請記住，全然接納技巧能讓你放下評判，並承認人生中實際發生的事件是基於一連串的事件而來。在自我疼惜時，也需要同樣的認知。你要正面承認自己是這樣的一個人，有著不可改變的過往歷程，而且仍應該得到平和、安全、健康和幸福。從現在開始，你可以徹底地接受所有過往曾犯下的過錯，開始為人生做出更健康且基於價值觀的決策，因為你也應當得到幸福和寬恕，就跟其他人一樣！

這裡有另一個你值得被疼惜的重要原因。你曾經在人生中經歷了巨大的痛苦，像是面臨失去、在某個時刻遭遇拒絕或遺棄、面臨身體上的痛苦及疾病等等。當你迫切期盼的事物未能實現時，可能會感到失望。你很可能在童年時期遭受相似的傷害和失去，而這些經歷的記憶為你的人生蒙上一層陰影。此外，你可能經歷了羞恥、悲傷及恐懼的折磨，而這些相同的痛苦感受如今仍持續出現在你的人生中。你值得被人們疼惜，因為你必須面對自己的痛苦和折磨。

面對一個承受這般痛苦的人，即使他是陌生人，難道你不會疼惜他嗎？那麼，你是否也應該給予自己等量的疼惜心？

請使用後面的冥想練習，來發展並強化你的自我疼惜。請定期練習，每天都要尋求機會對自己展現疼惜心，比如原諒自己、做出健康的決定，以及為自己做一些好事。

◆自我練習：自我疼惜冥想

這項自我疼惜冥想，可以培養並強化你對自己表現善意及接納的能力。首先，請運用正念覺察的呼吸來幫助自己放鬆並集中注意力。

開始進行之前，請先閱讀引導說明以熟悉這項體驗。如果你覺得聆聽引導說明的方式更自在，請使用智慧型手機以緩慢且平穩的聲音錄下來，以便在練習此技巧時聆聽。

引導說明

首先，在一個可以獨處且十分鐘內不會被打擾的房間，找個舒適的位置坐下；關掉任何會轉移注意力的聲音。如果你覺得閉上雙眼較為舒服自在，這麼做也有助於放鬆。

首先，請進行幾次緩慢而深長的呼吸，然後放鬆，將一隻手放在腹部上。現在，請緩慢地用鼻子吸氣，然後從嘴巴慢慢吐氣，感受你的腹部隨著呼吸而起伏。想像一下，吸氣時，感覺到自己的腹部像氣球一樣膨脹，接著

吐氣時感覺腹部毫不費力地消氣。感覺氣息從鼻孔進入，然後從嘴唇吐出。當你呼吸時，注意身體的知覺。感受你的肺部充滿了空氣，注意身體的重量落在你坐著的地方。在每次呼吸時，注意到身體的感覺越來越放鬆（如果你正在錄製音檔，請在此暫停三十秒）。

現在，當你持續呼吸時，開始在每次吐氣時數著呼吸的次數。你可以默默地計數，也可以大聲地計數。每次吐氣都要計數，從「一」數到「四」，接著再從「一」開始計數。首先，從鼻子慢慢吸氣，然後從嘴巴慢慢吐氣，數「一」。再次，從鼻子慢慢吸氣，然後從嘴巴慢慢吐氣，數「二」。重複進行，從鼻子慢慢吸氣，然後慢慢吐氣，數「三」。最後一次，從鼻子吸氣，從嘴巴慢慢吐氣，數「四」。現在，從「一」開始重新計數（如果你正在錄製音檔，請在此暫停三十秒）。

現在將你的覺察帶入自己的身體內，注意此時此刻體內的知覺世界。你棲身在這個身體之中，允許自己覺察你的呼吸、生命力。當你維持著這種意識時，在每次吐氣時緩慢地重複（默念或大聲說出）以下的句子：

「願我安寧平靜。」

「願我平安。」

「願我健康。」

「願我快樂，遠離痛苦。」

現在，請將這些句子重複二至三遍，每次都加深語句中的意義。允許自己感受並接受自己的疼惜心（如果你正在錄製音檔，請將這些句子重複二至三遍）。

最後，當你完成時，再進行幾次緩慢的呼吸，靜靜地休息，仔細體會自己的善意和疼惜心。

與他人的正念溝通

當你持續練習正念覺察技巧時，很重要的是開始將這些技巧融入你與他人的互動之中。正念溝通（mindful communication）往往是美好關係的關鍵。如果你經常對某人做出評判性的陳述，就可能失去這段關係。在關於人

際效能技巧的章節中,你將會學到如何以健康的方式向他人尋求你需要的事物。現在,我們就來看看如何將給予他人的訊息變得更具正念。

請思考以下的語句:

· 「你讓我生氣。」
· 「你真是個混蛋,讓我好想放聲尖叫。」
· 「有時候你讓我感到很沮喪,我只想要結束這一切。」
· 「我知道你是故意這麼對待我的,你就只想要傷害我。」

這些陳述句的共同點是什麼?的確,它們都表達了某一種情緒,例如憤怒、痛苦或悲傷。但更重要的是,它們都是針對他人的評判。每個陳述句都是將說話者的感受歸咎於對方。

現在想想,如果有人對你說其中一句話,你會有什麼感覺?你會怎麼做?或許,你也會對著對方說出憤怒的話語,這就會造成一場爭執了。無論最終的結果是什麼,都無法解決問題。或者,也許你會感到情緒低落、停止傾聽,或直接揚長而去。同樣的,這仍然無法解決任何事情。類似的評判性陳述會阻斷所有形式的有效溝通。那麼,該怎麼做才對呢?

解決方案之一,是將以「你」開始的陳述句,轉變成具有正念的「我」陳述句。

· 正念的「我」陳述句是基於你對自己的感受的覺察意識。
· 正念的「我」陳述句可以讓你更準確地表達自身感受。
· 正念的「我」陳述句可以讓他人以非評判的方式瞭解你的感受。
· 正念的「我」陳述句可以喚起他人更多的同理心和體諒,從而讓對方滿足你的需求。

我們來看看,如何把前述的四個例子從「你」開始的陳述句,變成有察覺力的「我」陳述句。

與其說「你讓我生氣」,不如說「現在,我感到非常生氣」。這聽起來是不是少了許多評判與指責?如果他人對你採用另一種陳述方式(「我感到

很生氣」），你是否會更有意願針對情況進行討論？你是否會覺得比較不那麼生氣了？

再看第二個句子。請不要說「你真是個混蛋，讓我好想放聲尖叫」，而是說：「我現在很生氣，好想放聲尖叫。」你聽到陳述句中將「你」改變成「我」後，有什麼不同嗎？對方不再覺得自己受到責備，會更樂意傾聽。

接著來看第三個句子。請不要說「有時候你讓我感到很沮喪，我只想要結束這一切」，而是說：「有時候我會感到相當難過且絕望，就會覺得特別沮喪。」

至於最後一個句子，與其說「我知道你是故意這麼對待我的，你就只想要傷害我」，不如說：「當你這麼做的時候時，我會感到很受傷。」

同樣的，採用正念的「我」陳述句，能更準確地表達你的感受，此外，由於陳述句中的評判性減少，如果你採用這種方式，對方會更願意並能夠傾聽你的意見，而且最重要的是，更有可能讓你的需求獲得滿足。

◆自我練習：正念的「我」陳述句

現在，我們來看看以下這些更具評判性的「你」陳述句，並練習將它們變成正念的「我」陳述句。請於評判性陳述句下方的空白處寫下你的「我」陳述句。

1.「你讓我感覺很糟糕。」

_____

2.「我知道你這麼做是故意要讓我抓狂。」

_____

3.「你為什麼總是要讓我感到如此憤怒？」

_____

4.「你是在侮辱人吧。」

_____

5.「不要再瞎鬧了，你真的惹毛我了。」

_____

6.「如果你不聽我說的話，我就不再跟你說話了。」

_____

7.「你現在真是個混蛋，給我住手。」

_____

8.「你真是一個@%&!*#!，我簡直不敢相信。」

_____

9.「你為什麼總是要這麼對待我？」

_____

10.「有時候我覺得你太頑固死板了。」

_____

你進行得如何呢？隨著你逐步進行練習，是否更難想到「我」陳述句？後面的幾個句子可能需要比較費心的思考。

我們來看看一些恰當的答案。

第一個句子很簡單，其中傳達的訊息是，說話者的心情很糟糕。因此，取而代之的正念「我」陳述句可以是：「我感覺很糟糕」或「當你（說那句話、做那件事等）時，有時我會感覺很糟糕。」

第二個句子中，說話者感到抓狂、焦慮，或是心煩意亂，因此，取而代

之的正念「我」陳述句可以是：「當你這麼做時，我會覺得抓狂／焦慮／心煩意亂。」

第三個句子中，說話者感到憤怒，因此，取而代之的正念「我」陳述句可以是：「我現在感到憤怒」。

第四個句子中，說話者感到被侮辱或覺得難堪，因此，取而代之的正念「我」陳述句可以是：「當你那麼做的時候，我覺得自己像個白癡。」

第五個句子中，說話者感到焦慮、心力交瘁，或是憤怒，因此，取而代之的正念「我」陳述句可以是：「當你那樣取笑我時，我感到焦慮／心力交瘁／憤怒。」

第六個句子中，說話者感到被侮辱、無人傾聽，並且被忽視，然而，他或她也可能是因為被忽視而感到難過。因此，取而代之的正念「我」陳述句，也可以是：「當你不理我的時候，我感到很沮喪。」

第七個句子中，說話者可能會有許多感受。當你要求某人停止做某事時，往往那是因為該行為造成了傷害。因此，也許說話者覺得受傷，取而代之的正念「我」陳述句可以是：「當你這麼做的時候，我感到很受傷」。

第八個句子就比較棘手了。說話者用侮辱性的字句咒罵對方，這往往表示他本身受到傷害。因此，取而代之的正念「我」陳述句，可能就類似於上一句話：「當你那樣做時，我感到很受傷。」

第九句雖然是疑問句，但實際上陳述了說話者的感受。同樣的，這代表說話者覺得自己被傷害、侮辱、輕視，或有類似的情緒。因此，取而代之的正念「我」陳述句，就是以這個句子進行修改：「當你對我這麼做時，我感到非常受傷（侮辱，或其他字詞）。」

最後，第十句是最棘手的一句了，因為說話者採用了「覺得」（feel）這個字詞。也許你被表面矇騙了，認定這句話不需要修改。然而，這句話其實掩蓋了一種針對他人的評判。說話者的真正意思是：「我認為（think）你太頑固死板了。」然而，人們經常將「認為」一詞換成「覺得」一詞，以隱藏他們的批評或讓評判聽起來不那麼強烈刺耳。現在你已經瞭解了，就不要再落入同樣的陷阱中。在這種例子裡，對方的死板行為讓說話者感到不舒

服或陷入困境，也許對方在決定之前不曾考量過其他觀點。因此，取而代之的正念「我」陳述句可以是：「當你不考量我的觀點時，我感到不愉快。」

以正念的「我」陳述句來傳達你的感受和需求，是一種更有效的方法，但它們取決於你對自己的感受有所覺察。希望你在完成最後兩章的練習之後，會更擅長覺察自己的情緒，並開始以正念「我」的陳述句來讓別人明白你的感受。

做有效用的事

使用成功的溝通技巧，例如採用正念的「我」陳述句，是辯證行為治療中所謂的「做有效用的事」（doing what's effective）的一部分。這意味著，你在當下做恰當且必要的事情，例如解決問題、應對情況，或是實現你的目標，即使你所做的事感覺起來不合常理、不自在，或是違背了情緒上的感受。例如，你可能不喜歡像上一個練習那樣發表自己的陳述，也就是直接和他人談論自己的感受。

但是，為了達到你想要的結果，就必須改變自己的應對方式，尤其是當你因為壓倒性強烈情緒而痛苦時。以下提供一些有效用之事的例子：

- 你正在雜貨店購買每週需要的食物，但不幸的是，其他人也是如此。你逛了一個小時，排隊排了十五分鐘，覺得累死了。你感到相當疲倦又火大，好想扔下購物車就直接離開。但是，如果你真的走了出去，這一週就沒有存糧，或是得去其他超市再重新排隊，所以你留在隊伍中，忍耐地熬過這件事。

- 你正行駛於高速公路上，前方的車輛在左側車道上以低於限速的速度行駛。你感到非常生氣，甚至想要撞開那輛汽車來清空這個車道。但是，如果你這麼做了，你和其他開車的人會受重傷，而且你很可能也會被逮捕。因此，你可以耐心地等待超車的機會，或者等到達交流道口時下高速公路。

- 你和另一半發生了激烈的爭執，兩人都大喊大叫著。你感到相當受傷而沮喪，甚至考慮要離家並結束這段關係。但是，在你的內心深

處，明白這是你長久以來所擁有最理想的戀愛關係，希望可以找到解決方案。因此，你沒有離開，而是深吸了一口氣，以正念的「我」陳述句來表達，讓伴侶明白你的感受。

· 你的老闆指派了一項新任務給你，即便你的工作量早已負擔過大，甚至沒有時間消化。你覺得自己被侮辱、被占便宜，並且憤怒不已。你太生氣了，想對著老闆破口大罵、斥責他一頓，開口辭職並走出公司門外。

  但是，如果你選擇這麼做，將會有很長的一段時間沒有收入，所以決定暫時保持沉默，直到不久後你能更冷靜地與老闆對話的某個時間點，在此同時也在工作上盡力而為。

· 你請朋友帶你去購物，因為她有車而你沒有。但是，朋友說她正忙著其他事，無法這麼做。你感到惱怒且生氣，因為當她向你求助時，你總是為她提供幫助。你想對她大吼大叫，說她是個多麼糟糕的損友。但如果你這樣做了，可能會徹底失去她這個朋友。因此，你沒有大喊大叫，而是打電話給另一位朋友，請他開車載你一程。

　　如你所見，有時候，做有效用的事，代表著不做自己喜歡做的事，或者不做多年來習慣做的事。這也是為什麼正念覺察會是做有效用之事的重要一環。如果你想要改變當下的行為模式，就必須意識到自己當下的想法、感受及言行，如此一來才能選擇做有效用的事。

　　做有效用的事，也取決於不進行評判。你已經清楚明白，不論是正面或負面的評判都會導致失望和痛苦。但是，針對眼前的情況和你的行為進行評判，也會阻礙你做有效用的事。以下提供一個案例。

　　數學老師指定了茱蒂絲認為難度太高的家庭作業。茱蒂絲心裡想著，「這太荒謬了，他要我們寫這些指定作業，太不公平了，這是不對的；他不應該被允許這麼做。我才不打算寫這份作業。」因此，她沒有做作業，結果這堂課就被當掉了。

　　茱蒂絲對於什麼是「對」和「錯」的評判，阻斷了她自己完成有效用的

事。顯然，如果她一直關注自己的想法和感受，並避免對指定作業進行評判，另一方面也盡力而為，對她會有更正向的益處。

做有效用的事，正是在既定情境下做必要的事情，以便解決問題。做有效用的事，並不是指「為了情勢而妥協」、「放棄」，或是「屈服」。

「做有效用的事」就跟演戲一樣是一種技能，有時為了達到你想要的結果，就必須以某種方式行事。有時候，為了實現目標，你必須表現得好像自己有能力、有特殊技能，或對情況感到滿意，即使你並不是這麼想的。這就是有效用的事所設定的主旨：幫助你實現自己的目標。在上述的案例中，茱蒂絲的目標是在數學課拿到令人滿意的成績，但她卻任由內心的評判和感受，阻礙了自己想要實現的目標。

記住，為了實現有效用的事，你必須做到以下幾點：

- 覺察自己的想法及感受。
- 避免評判當下的情況或自己的行為。
- 選擇適當且必要的行動來實現目標。
- 盡力而為。

在日常生活中保持正念覺察

現在，你快要完成了正念覺察技巧的兩個章節，可能早就發現在日常生活中保持正念覺察的好處。但老實說，沒有人可以一直維持正念覺察的狀態。在生活中，你肯定會在某些時刻忘了要維持正念覺察。那你該怎麼做？

心理學家查爾斯・塔特（Charles Tart）在著作《過著正念的人生：活在當下的訓練手冊》中談到：「讓自己保持正念覺察並活在當下，並不需要花費大量的精力，所費的力氣真的不大。重點在於記住去做！我們總是會忘記。這件事並不難，但我們總是忘記要這麼做。」

因此，你要如何記得做到正念覺察呢？塔特博士在她的書中，建議使用一個隨機響起的鈴聲，來提醒讀者注意自己的想法及感受。但是，如果你不想使用隨機的鈴聲，也有其他方法可以當作提醒。

在本章的部分練習中，你可能以特殊的戒指或手環來提醒自己，或者你

的方法是使用便利貼或手機的應用程式。如果這些工具對你有幫助，請持續使用，以便提醒自己保持正念。

然而，在日常生活中持續保持正念的最好方法，就是練習正念覺察。你越頻繁地練習，就更能牢記要保持正念覺察。我們針對本節的最後一項練習，設計了一個簡單的日常正念覺察養生法，將幫助你繼續練習相關技巧。重點是，持續運用這些技巧，並練習其他你認為有必要的正念覺察練習，即使你正學習本書的其他辯證行為技巧，也要持續進行。對於辯證行為治療整體的有效性而言，正念覺察技巧相當重要，所以才被稱為「核心」技巧。

日常正念覺察養生法

你的日常正念覺察養生法涵蓋了三項技巧：

1. 正念覺察呼吸
2. 自我疼惜冥想
3. 智慧心冥想

另外，你在後續將學會：

4. 以正念覺察行事

正念覺察呼吸是你在第四章學到的一項技巧。請記住，若要帶著正念覺察呼吸，你必須專注於三個環節：

1. 你需要計數自己的呼吸次數。這可以幫助你集中注意力，當各種思緒分散你的注意力時，這也有助於讓頭腦沉靜下來。
2. 你需要專注於呼吸的體驗。若要做到這一點，就需要藉由緩慢地吸氣及吐氣時，觀察呼吸的起伏。
3. 當你呼吸時，需要注意是否有分散注意力的思緒出現。然後，你必須讓思緒飄散而去，而不身陷其中，就如同「思緒脫鉤」這項技巧。放下雜念，可以讓你再次將注意力集中於呼吸，並幫助自己進一步沉靜下來。

每天至少練習三到五分鐘的正念覺察呼吸。但是,如果你想花更多時間練習,就盡可能多練習。請記住,你練習正念覺察技巧的頻率越高,就越能得到平靜,而針對當下體驗的控制力就會越理想。如果你需要查看引導說明,請見第四章中的正念覺察呼吸練習(149頁)。

接著,當你完成正念覺察呼吸練習後,藉由練習兩到三分鐘的「自我疼惜冥想」,來增強你對自己的善意和寬恕。首先,將你的覺察帶入自己的身體內,注意此時此刻體內呼吸的知覺世界。然後,當你維持著這種意識時,於每次吐氣時緩慢地重複(默念或大聲說出)以下的句子:

「願我安寧平靜。」

「願我平安。」

「願我健康。」

「願我快樂,遠離痛苦。」

然後,請將這些句子重複二至三遍,每次都加深語句中的意義。

本章前面介紹的「智慧心冥想」技巧(158頁),可以幫助你將注意力集中在智慧心中樞(有時也被稱為直覺中心或「本能感覺」)。請記住,智慧心只是許多人認為有助益的一種決策過程,它同時結合了情緒之心及理性之心,這表示充滿智慧的決策需要你考量自己的感受及實際情況。這項技巧也能幫助你做出依賴直覺的決定,也就是對你而言「覺得」正確的事。根據身體對於決定的反應方式,以及你自己的內在知識(你知道對自己而言什麼是「確實的」),智慧心冥想能幫助你進行決策。同樣的,每天至少花三到五分鐘進行智慧心冥想,如果你願意的話也可以投入更多時間。

最後,你的日常正念覺察養生法,也包括了帶著正念覺察來完成任務。對你來說,這聽起來像是一項全新的技巧,但其實你已經練就所有必要的步驟了。以正念覺察行事,代表著在進行生活中的所有大小事,例如說話、走路、吃飯及刷牙盥洗的同時,也專注於自己當下的思維、情緒、身體知覺及行為,而不去評判當下發生的事。實際上,這項練習將會匯整你在最後兩章中所學到的所有技巧。

如何以正念覺察行事

要以正念覺察行事，你需要執行以下的相關步驟：

- 試著在你的思維、情緒、身體知覺及行為之間，集中及轉移注意力，以便你覺察當下的體驗。
- 放下那些會分散注意力的思緒及評判，讓它們飄散而去，不身陷其中，如此一來，你就不會從當下正在發生的事分心。
- 以全然接納來維持不評判。
- 以智慧心為你的人生做出健康的決策。
- 做有效用的事以實現你的目標。

有些人發現一個很好記憶的方法，可以提醒自己以正念覺察行事：

「正念覺察就像一團火焰（FLAME）。」

- 集中（Focus）及轉移注意力，以覺察當下。
- 放下（Let go）那些會分散注意力的思緒和評判。
- 以全然接納（Acceptance）來維持不評判。
- 以智慧心（Mind）做出健康的決策。
- 做有效用的（Effective）事以實現你的目標。

我們來看以正念覺察行事的參考案例，其中採納了本章及第四章學到的所有技巧。

獨自以正念覺察行事的例子

蘿蕾塔在讀完這兩章後，開始以正念覺察的方式來認真行事。晚上，她甚至會帶著正念覺察專心地刷牙。首先，她將注意力集中於牙刷在手中的感觸，以及當她將牙膏擠出時的那種感覺。她也覺察到自己站在洗手間鏡子前的身體知覺，以及站在洗手臺前身體重量帶給她的感受。然後，當她開始刷牙時，開始覺察到口中的味道、刷毛在牙齦上的感觸，以及刷牙時的手臂動作。每當令她分心的想法出現時，例如她當天稍早所做的事，她會想像著這

些想法漂浮於一片樹葉上順流而下。如果她的心裡出現了對於熟識之人的評判，也會做同樣的事情，就看著那些評判漂流遠離。然後，每隔幾分鐘，她持續地將注意力轉移到呼吸上，感受呼吸之間的起伏。蘿蕾塔做得很好，在那一刻，她盡可能地覺察自己只進行刷牙這件事。

在一天之中的其他時間，她在進行其他活動時也會有類似的體驗。當她洗碗時，會注意水的感覺及洗碗精的氣味；烹飪時，她很清楚瓦斯爐的熱度、肚子的飢餓感、水沸騰的聲音，以及會讓她分心的評判，這些批判往往是關於她丈夫是否喜歡這一餐。她會盡力讓這些評判消散，並在烹飪的當下盡可能地全神貫注。

同樣的，史考特也盡了最大的努力，一整天都保持著正念覺察。走路時，他會將注意力集中在雙腳接觸人行道的感覺，有時候，他甚至感覺得到雙腳在襪子裡移動的感覺。然後，他會將注意力轉移至眼前所見的物體。他會一邊走、一邊掃視著四周的事物，並在心裡記下，「現在，我看到一個女人、一棵樹、一棟建築物」等。當令人分心的想法出現時，他想像這些想法從一扇門進入，接著又從另一扇門離開。

如果他在街上看見一個不喜歡的人，心裡出現了評判，他也會放下那些評判。同樣的，如果他心裡出現了對喜愛之人或地方的正向評判，他也會盡力讓它們消失。例如，有一次他發現自己想著，「喔，你看，麥可來了。他就是之前借二十美元給我的人，他真是世界上最優秀的人。我真希望自己可以像他一樣。」史考特明白，自己無法阻斷這些評判的念頭產生，但他不會緊抓著不放，而是讓它們消散而去。如果評判又出現了，他也會再度讓那些想法離開。

與他人互動時，以正念覺察行事的例子

但是，實行正念覺察技巧所面臨的最大挑戰，就是在與他人互動之際。與某人交談或爭論的同時還要維持著正念覺察，往往相當困難。然而，這也是保持正念覺察最關鍵的時刻，特別是對於那些受壓倒性強烈情緒所苦的人們而言。以下提供一個參考案例：

這幾週以來，克萊兒都在練習正念覺察技巧，她計畫要和朋友蘿拉去買新衣服。有時候，克萊兒擔心蘿拉並非真心喜歡她。因此，當蘿拉有任何提議時，克萊兒都會因為害怕失去蘿拉的友誼而順應她。然而，克萊兒不喜歡蘿拉強迫她做一些事。

　　在前去購物的途中，克萊兒開著車，盡力以正念覺察來看待自己在做的事。她感覺到自己手中的方向盤，她感覺到自己在座椅上的身體重量，她感覺到自己的氣息隨著呼吸而上下起伏。她也很清楚眼前看見的事物，特別是其他車輛。她也很有意識地知道，自己開車的同時，蘿拉也在跟她說話。自然而然地，當克萊兒開車時，對蘿拉的評判就出現了，她盡力讓這些評判消失。然而，有些評判很容易就消散而去，也有一些難以忽視的評判。

　　到了購物中心時，克萊兒也有幾次實踐全然接納技巧的機會。那裡有一些她喜歡的服飾店，也有她不喜歡的服飾店。一開始，她確信可以在自己喜愛的商店裡找到「完美」的洋裝，因為它們總是有「最棒」的衣服。但是，克萊兒很快就意識到自己剛才產生了一個正面評判，便放下這個念頭。這也是一件幸運的事，因為她喜愛的服飾店都沒有她想要找的那一種洋裝。如果是以前的她，肯定會備受打擊、心煩意亂。但是，正因為她運用了全然接納技巧，抱持中立且不評判的態度，就能以更健康的方式來應對這種情況。

　　後來，她們來到一家高級服飾店，開始尋找克萊兒根本無法負擔的昂貴洋裝。她和蘿拉都分別找到一件喜愛的洋裝。蘿拉開始向克萊兒施加壓力，叫她買下這件洋裝。蘿拉說：「不要擔心它的價格。」克萊兒看著鏡中的自己，愛上了這件洋裝，不在乎它的定價是多少。

　　當克萊兒正要買下這件洋裝時，突然想起要用智慧心為自己做決定。就她的情緒之心而言，她愛死這件洋裝了，但理性之心提醒她，她已經有可觀的信用卡帳單金額，而這件衣服實在太昂貴了。在更衣室裡，克萊兒緩緩地深呼吸幾口氣，將手放在智慧心中樞。她的腹部感到相當緊繃且不快樂，她馬上就知道，買下這件昂貴洋裝會是個糟糕的主意，於是她將洋裝歸還給店員，離開了服飾店。

　　克萊兒對自己做出這項正確的決定而感到自豪，但戲劇性的場面並沒有

就此結束。蘿拉開始取笑克萊兒，說她不買下洋裝的行為「非常小氣」。克萊兒的腦子裡又開始出現針對蘿拉的評判。

她盡力要擺脫那些念頭，但隨著蘿拉繼續嘲笑，克萊兒唯一的目標就是離開購物中心，送蘿拉回家後就離開。克萊兒在內心深處很想對著蘿拉尖叫，但她知道這將會以一場爭吵告終。她思考著要如何做對當下有效用的事，知道自己必須盡快且安全地回家，不要捲入一場自己以後可能會後悔的爭論之中。

克萊兒沉默地開著車，一路上聽著蘿拉的批評。終於，當蘿拉下車回家時，她鬆了一口氣。後來，克萊兒不那麼生氣了，甚至鼓起勇氣打電話給蘿拉，談論這件事情的過程。克萊兒採用正念覺察的「我」陳述句，而她做得很好，她說：「當妳取笑我的時候，我感到很受傷。」蘿拉明白了，並且表示自己很抱歉。克萊兒為自己感到驕傲，她學會以一種全然不同且更健康的方式來應對這種情況了。

注意你的正念覺察活動

你需要大量的練習，才能像克萊兒那樣在這種情況中維持正念覺察。但是，希望你能發掘在所有日常事務中使用正念覺察的好處。

在第四章的開頭，說明了學習正念覺察技巧的三個主要原因：

1. 有助於你在當下專注於一件事，藉此更有力地控制並撫慰自己的壓倒性強烈情緒。
2. 幫助你從經歷中學會辨識且區分評判的想法，這些想法經常是助長壓倒性強烈情緒的刺激因素。
3. 幫助你培養智慧心。

如果你要立即且永遠地保持正念覺察，並沒有任何捷徑。正如查爾斯・塔特博士所說，學習如何保持正念覺察並不是一項艱難的活動，你只需要記得實踐即可。因此，不論你以什麼方法來牢記要保持正念覺察，我們都希望它能對你產生作用。其中一項方法，就是利用表 5-5「每週正念活動紀

表 5-5：每週正念覺察活動紀錄

日期：_____

日期	正念覺察呼吸	智慧心冥想	自我疼惜冥想	以正念覺察行事	其他正念覺察練習	其他正念覺察練習
星期一	時間：	時間：	時間：	事件： 地點：		
星期二	時間：	時間：	時間：	事件： 地點：		
星期三	時間：	時間：	時間：	事件： 地點：		
星期四	時間：	時間：	時間：	事件： 地點：		
星期五	時間：	時間：	時間：	事件： 地點：		
星期六	時間：	時間：	時間：	事件： 地點：		
星期日	時間：	時間：	時間：	事件： 地點：		

錄」，它可以幫助你記得遵循自己的日常正念覺察養生法。記錄你使用正念覺察呼吸、自我疼惜冥想、智慧心冥想，以及以正念覺察行事的頻率。

在「正念覺察呼吸」、「智慧心冥想」和「自我疼惜冥想」的標題下，記錄你在每個練習花費的時間長度，就能知道自己進行這些練習的進步程度。在「以正念覺察行事」的標題下，記錄下你以正念覺察做了哪些事，以及當時在什麼地點進行。

然後，在「其他正念覺察練習」的項目中，記錄你在這一週內進行的其他正念覺察練習。

請記住，這些正念覺察技巧是辯證行為治療中的「核心」技巧。因此，即使你開始學習本書後續的其他技巧，也不要中斷這些技巧的練習。

正念覺察練習的阻力與障礙

在練習正念覺察和發展相關技巧時，人們時常會遇到內心的阻力及困境。許多人不知道的是，在實踐正念覺察的過程中有一些非常普遍的阻礙，幾千年來，許多禪修老師及修行者也都曾經碰過！

本章的最後一個小節，將有助於你辨識正念覺察冥想的五種常見障礙，並提供巧妙應對每項障礙的方法。

五種障礙

長久以來，欲望（Desire）、反感（aversion）、困倦（sleepiness）、焦躁不安（restlessness）、懷疑（doubt），都被視為實行禪修（及正念覺察）的五種常見障礙。

當這些能量將你帶離當下，或者讓你迷失於思想及感受之中，干擾你的確實觀察且不對事物評判的正念練習時，就會成為障礙。但是，它們不必成為障礙。事實上，如果你願意認識、觀察並向它們學習，它們可以成為你最明智的老師。

- **欲望**：指盼望事物與當下有所不同！這可能是一種對於不同感官體驗的渴望（例如，「感覺更好一些」或「感到快樂或平靜」），或

者不同於當下的經歷，成為與你現在不同的人或角色（例如，成為「完美之人」或「完美的冥想者」等）。

- **反感**：代表著對當下存在的事物懷有憤怒或惡意，包括感到無聊或害怕等，對當下體驗的其他不同表現形態的抵制。一般而言，大量的評判思緒就是一種反感的表現。

- **困倦**：指感到困倦、心情沉重，以及乏味無趣。需要注意的是，造成困倦的原因可能包括了身體疲勞，但實際上，另一種困倦是對於某些在身心上令人恐懼或痛苦之事物的抵抗。學會區分這兩者，會有非常大的幫助。

- **焦躁不安**：是困倦的反義詞。這種狀態可能令人不太舒服。這是一場思緒、感受和知覺能力的「風暴」，會產生許多肢體動作並且分散注意力。

- **懷疑**：這是內心的聲音在說：「我無法處理這件事。我不知道該怎麼做才好。這會有什麼好處？這絕對不適合我。」懷疑的表現形式，往往是你腦海中出現的語句，以及對於正在發生之事的恐懼及抵抗的情緒。

明智地與障礙共同合作

處理任何障礙時，首要及最有效的方法，就是讓障礙的體驗本身成為你正念的焦點，正面承認發生的事，但不要與之對抗。將注意力溫柔和緩地集中在欲望、反感、困倦、焦躁不安或懷疑上，並深入觀察，讓這些能量以各種形式來顯露自我。

一次又一次地，將自己溫柔且好奇的注意力，耐心地放回這些足以形成障礙的能量上，如果有必要的話，列舉並瞭解它要教會你的課題。這些課題可以藉由多種形式獲得，包括思緒、記憶、感受及身體知覺。例如，當你專注於自己的焦躁不安時，可能會想起童年時被批評「懶惰」或「無所事事」的那段記憶。或許，當你關注於困倦時，會被提醒該如何重新安排人生的重心，以便好好休息。這些課題有助於你在未來更有效地應對障礙。

此外，針對每一種障礙，或許你能從以下的具體建議中獲益：

· **對於欲望，請回想一下，無論你有多少次得到想要的事物，卻總是想要更多。**這個課題可以讓你獲得抵制欲望之誘惑的能力，並從中學習。持續注意並針對欲望列舉出來，而不被欲望驅使。

· **對於反感，將憤怒及惡意視為你最強大有力的良師。**請下定決心向它們學習。有時候，如果你可以藉由培養疼惜心、仁慈及寬恕的思維來努力平衡它們，也會帶來助益。

· **對於困倦，將其視為需要自己全神貫注的強大狀態。**它可以讓你坐直坐好，甚至好好站立。你可以將水輕潑在臉上，或休息一下並進行一些動態的事，例如帶著正念覺察去散步。

· **對於焦躁不安，除了當作正念覺察的對象之外，它對於提高專注力也有相當大的幫助。**鎖定一個更精準或窄小的焦點，例如，將注意力放在鼻尖以練習正念覺察呼吸，或放鬆地從一數到十，再回到一，直到焦躁不安消退為止。

· **對於懷疑，特別是當你的思緒四處飛散時，它有助於將注意力集中在當下，並帶著堅決和穩定性。**關於懷疑的其他補救方案，則是與傳授正念覺察的老師及其他遵循正念覺察的人進行對話，或是閱讀鼓舞人心的相關讀物，瞭解其他人如何應對懷疑。

最後，當種種障礙出現時，請記住採取一種友善、感興趣，且不評判的態度。當你能將它們當成良師而非障礙時，它們就不再是障礙了！

第 6 章

源自冥想的正念覺察技巧

正念覺察與冥想

正念覺察技巧是辯證行為治療的核心，但實際上它與更廣泛且古老的冥想傳統有直接的關聯性。在這項遠大的傳統中，存在著由經驗和智慧組成的重要主體，與發展和練習正念覺察息息相關。對任何有興趣投入正念覺察的人而言，這種經驗及智慧能提供許多幫助，無論他們尋求的是改善心理或身體的健康狀態、充實自我，或甚至是精神成長。

本章邀請你，藉由嘗試一些從古老冥想傳統所改良的其他練習，來進一步探索正念覺察；現今，許多醫療體系會針對各種身體健康狀況，來教導這些以正念覺察為基礎的方法。

其中的目的及期望是，你將會對正念覺察的力量培養出更深切的理解，並以此來支持自己、提升幸福，並引領你越來越能仰賴自己的智慧心。

開創辯證行為治療的瑪莎・林納涵博士，特別提及正念覺察的更大背景，表示辯證行為治療的核心正念覺察技巧是「源自東方心靈訓練的冥想練習，針對心理及行為上的版本」。林納涵博士也同時表示，在開創辯證行為治療時，「我主要汲取的是禪宗的實踐法則，但這些技巧與多數西方沉思和東方冥想實踐之間彼此相容。」

在過去二十五年以上的時間，許多醫療保健的專業人士針對正念覺察及其在治療各種健康問題（包括壓力、慢性疼痛、焦慮、憂鬱症、癌症等）的相關應用上，開始產生興趣。在西方醫療保健背景裡推展正念覺察的過程中，各種沉思及冥想傳統的古老教義和智慧，提供了許多有價值的見解。

儘管許多人（如林納涵博士）借鑑了這些古老傳統來做為指引，但用於健康和治療目的的實踐，並不需要遵循任何特定的信仰或宗教，也不必附加

任何文化上的特別要求。事實上，所有人都適合做正念覺察的練習。本章所提供的各項練習，適用於對此感興趣的所有人。

首先，你將瞭解「仁慈」（kindness）和「疼惜心」（compassion）的誠摯特質所扮演的角色，以及它們如何深植於正念覺察活動的態度中。

接著，你將學習透過當下呼吸，以及關注這個「寬闊」（spaciousness）且「靜定」（stillness）的範圍所帶來的支持，進一步加深正念覺察。

本章鼓勵你帶著更高的覺察力來關注仁慈、疼惜心、寬闊、靜定的特質，並發掘其中足以支持並加深正念覺察練習的力量。

以仁慈及疼惜心提升正念覺察技巧

在辯證行為治療中，關注於「如何」的正念覺察技巧之核心，是不對事物加以評判。在喬・卡巴金和其他人開創的正念減壓療法中，提到了有七種態度是正念覺察練習的基礎，「不評判」是第一項，其他還包括：耐心、初學者之心、信任、不強求、接納、順其自然。

然而，你可能早就發現了，不評判並非容易的事。事實上，基於各種原因，每個人都有了根深柢固的評判和批評的習慣。

長期以來，由於這種深植的評判能量，冥想導師一直在教導以仁慈和疼惜心的態度來為正念建立基礎的重要性。

例如，備受推崇的冥想導師克莉絲汀娜・費爾德曼（Christina Feldman）發現，「注意力、覺察、理解及疼惜心，建構了所有冥想體系的基本骨架。」她又進一步表示：「疼惜心是冥想的一項基本原則。冥想並非是一條自戀的、自我本位的道路。它為愛、正直、疼惜心、尊重和感受性奠定了基礎。」

近年來，許多健康心理學家開始深入研究「正向積極的」情緒和態度，以及它在促進健康方面的作用。一九六〇年代的心理學家高登・奧爾波特（Gordon Allport）與亞伯拉罕・馬斯洛（Abraham Maslow）的努力，為正向心理的健康調查研究累積了豐富的歷史，並且一直延續至今。在很大程度上，相關研究的動機是出於人類想要擴展視野，對於開發能力及潛能感興

趣。對於這個主題，人們特別感興趣的是擴展人類的潛能，畢竟自古以來這一直是冥想訓練的主要目標之一。

　　當代健康心理學家及研究人員蕭娜‧夏比洛（Shauna L. Shapiro）和蓋瑞‧史瓦茲（Gary E. R. Schwartz）撰寫文章來說明冥想的正向層面。他們指出，正念覺察是關於一個人如何關注事物。除了卡巴金確立的七種個人態度特質之外，夏比洛和史瓦茲也建議將另外五種特質納入正念覺察中表達感情（或「心」的）範疇中。他們提出的五種「心」特質分別為：感恩（gratitude）、溫柔和善（gentleness）、慷慨（generosity）、同理（empathy）、慈愛（loving-kindness）。

　　其中特別值得一提的是「慈愛」，這個概念受到靜心冥想導師雪倫‧薩爾茲堡（Sharon Salzberg）的大力推廣。隨著醫療保健專業人士越來越瞭解慈愛的概念，在各種醫療環境裡的人們就越來越推崇這種支持正念、具有治癒潛力的冥想練習。

　　關於慈愛，有許多不同的描述，它是深厚的友愛及熱情，或是體現了同情、珍惜，以及充滿寬恕和無條件之愛的一種特質。人類始終都具有這種豐厚的本能，或至少存在著潛力。光是觀察一位母親如何溫柔地照顧自己的孩子，就足以看出這一點。

　　慈愛可以成為正念覺察練習的有力工具。你需要做的，就是認知並允許仁慈及疼惜心的感受，進入你正念覺察的方法中。在你的注意力中納入疼惜心和情感，以這種方式沉浸於仁慈中，就可以讓你擺脫評判和批評的習慣，並支持你在辯證行為治療的「如何」正念覺察技巧中，真正做到不評判。

◆自我練習：給予自己及他人慈愛的冥想練習

　　以下提供一個簡短的冥想練習，可以讓你培養對自己及他人的慈愛。只要你想到就可以隨時隨地進行練習。試著將它當作任何一種正念覺察練習的「引導開場白」。如果你覺得聆聽引導說明的方式更自在，請使用智慧型手機以緩慢且平穩的聲音錄下來，以便在練習此技巧時聆聽。

引導說明

請採取一個舒適的姿勢，將你的注意力集中在呼吸或身體上，進行幾次呼吸。當你盡可能地保有開放及柔軟之心，並且感到安全時，允許自己與天生內在感受的仁慈及疼惜心產生連結（如果你正在錄製音檔，請在此處暫停一分鐘）。

現在，請將注意力轉移到自己身上，它可能是整個自我或某部位特別需要照顧及關切的感覺，例如身體的外傷、生病的患部，或是情緒痛苦的感覺等等。

想像一下，輕柔地對自己說話，如同一位母親對受到驚嚇或受傷的孩子的口氣一樣。請使用如「願我安全並備受保護」或「願我快樂」或「願我健康安好」或「願我生活舒適安逸」之類的句子，或自己創造一個詞組。你選擇的詞組必須是任何人都想要的狀態（安全、舒適安逸、快樂等）。選擇適合你的，它也可以是一個簡短的句子。然後，當你每次對自己說話時，全心全意地投入其中。讓自己身上流露出仁慈及疼惜心（如果你正在錄製音檔，請在此處暫停一分鐘）。

藉由對自己默默地重複短句來進行練習，就如同對嬰兒唱搖籃曲一樣。你想要練多久就練多久。一開始，每次只練習幾分鐘，然後逐漸拉長練習的時間，這可能會有所幫助。

如果你想要的話，也可以將注意力和目光轉移至一位朋友或是目前正困擾不安的熟人身上。你還可以關注一個團體，例如「我所有的朋友」或「我所有的兄弟姊妹」（如果你正在錄製音檔，請在此處暫停一分鐘）。

如果你有意願的話，可以對生活中難相處的人試驗這個技巧。試著向他們表達善意，表現你希望他們快樂的期望，並注意自己有什麼內在的反應。對於難相處的人表達慈愛之心，並非為了讓他們辱罵或傷害你，而是為了讓自己看見，這些人也一樣在尋求幸福。這可以改變你與該情境的互動關係，並讓你擺脫自己長期的怨恨之心。

請注意，在進行慈愛的冥想練習時，你很有可能會體驗到許多不同的感

受！有些感受甚至會令人感到不安，例如哀傷、悲痛或憤怒。如果發生這種情況，你沒有做錯什麼。當一個人練習慈愛之心時，深藏的感受會因此釋放是一件很常見的事，而這種釋放本身就是一種療癒。只要注意你所有的感受，尊重每一種感受，並且持續進行練習。

專注於可深化正念覺察的寬闊及靜定

在正念覺察的辯證行為治療中，核心技巧包括了強調觀察的「什麼」正念覺察技巧，以及不評判的「如何」正念覺察技巧。然而，舊有的專注習慣往往會讓人難以全面地觀察或真正做到不評判。如果你發現自己難以保持覺察、仔細觀察，或是不評判，其原因可能只是不夠放鬆或是欠缺足夠的休息，或者是過度認同自己當下較為活躍的部分。

冥想導師時常會採用海洋來比喻一個人的整體性，以對比你自己所認同的一個小部分（例如，你的思緒和評判，或是你的憤怒或恐懼等）。在這個比喻中，要特別強調的一點是，你無法把波浪及海洋切割開來。儘管海浪變化多端，可能劇烈且充滿戲劇性，仍是由水構成的，是海洋的一部分，甚至是最深的海域也一樣。在這個比喻之中，你的整體性（有時稱為大心智〔big mind〕或類似的詞彙）就如同海洋，而其中的一些部分（你心智的感覺、思緒和故事）就如同波浪般不斷上升及下降、出現及消失，但其本質上仍是海洋，也始終存在著。

我們大多傾向於認同波浪，進而迷失了與自身那片廣闊海洋的連結感。你可能已經發現，練習正念覺察，學會在理性之心和情緒之心出現之際辨識出它們，可以讓你擺脫那股強烈而不易改變的認同感。

而且，藉由刻意地將注意力轉移至往往不被注意或被視為理所當然的經歷上，你的專注力會變得更加靈活、更加覺察，並且更能夠打破對舊有思考和感受習慣的慣性認同。

選擇把空間和靜定（stillness，或寂靜〔silence〕）當作正念的目標，可能是一種非常有效的練習，能讓你擺脫那個認同心智中的「波浪」（深刻而強烈的思緒或感覺）的慣性，從而獲得彈性及自由。

◆自我練習：內在與外在空間的正念覺察冥想練習

以下提供了兩種冥想練習，讓你培養一種對空間（包括內在和外在）的覺察，以及對靜定和寂靜的覺察。

請帶著好奇心和玩心來試著練習。你不必刻意要讓任何特別的事情發生，只要展現你現在的樣子，不必成為任何人或任何定義！

事實上，想著以下的這種可能性，將會有所幫助：實際上，你已經擁有了寬闊的空間及靜定（如同浩瀚的海洋深處），而你所需要做的，只是讓空間和靜定重新進入你的意識之中。這麼說吧，就是讓你內在的寬敞和寧靜「回來」，其中沒有任何是你必須費力做的事，什麼都沒有！你只是針對早已存在的東西，給予寬容的關注。

針對這兩種冥想，如果你覺得聆聽引導說明的方式更自在，請使用智慧型手機以緩慢且平穩的聲音錄下來，以便在練習此技巧時聆聽。

引導說明

請採取一個舒適的姿勢，進行幾次呼吸，專注於呼吸帶來的感覺，以此來集中注意力（如果你正在錄製音檔，請在此處暫停一分鐘）。

當你感到穩定和專注時，擴大專注焦點至涵蓋所有的聲音，讓它們來到你身邊，不增加或減除其他事物。專注於聲音的直接體驗，不要被任何聲音的名稱或情況所困（如果你正在錄製音檔，請在此處暫停一分鐘）。

進行幾次呼吸，再練習進行正念的呼吸感受及聲音（如果你正在錄製音檔，請在此處暫停一分鐘）。

現在將你的注意力集中在每次呼吸之間的空間，在吸氣和吐氣之間，還有在吐氣結束後到下一次吸氣之前。讓你的注意力停留在那裡，停留在每次呼吸之間的空間之中。每當你的注意力不集中時，請回到那個空間（如果你正在錄製音檔，請在此處暫停一分鐘）。

當你留意到有聲音吸引你的注意力時，請先注意聲音，然後注意聲音之間的空間。請注意一種聲音比較大聲，一種聲音比較小聲，一種聲音比較

近，而一種聲音更遠，以及它們之間及周圍的空間。注意所有聲音是如何存在於一個更大的空間容器之中。讓你的注意力停留於容納所有聲音的空間中，容許這些聲音的來去（如果你正在錄製音檔，請在此處暫停一分鐘）。

如果你想要的話，可以睜開眼睛，環顧四周，看看眼前的一切，你看到了什麼？當然是各種物品，但你是否看到物品之間的空間？請更仔細地觀察。請細看遠近物品之間的空間和空間形狀。你是否看得見容納所有物品的這個廣闊空間？請放鬆並更深入地進行觀察（在結束練習之前，如果你正在錄製音檔，請在此暫停兩到三分鐘）。

不論是什麼時候，你都可以依自己的意願來練習對空間的觀察，不論是正式的冥想練習（如上述建議的呼吸感受、聲音或觀察物品），或是比較不那麼正式的練習，你都可以在這一天中關注各種不同的情境。

甚至，你可能想試著觀察容納自己的思緒和感覺的空間。你是否可以放鬆、觀察並允許思緒和感覺產生、改變及離開當下身處的這個空間呢？

◆自我練習：致力於靜定及寂靜的冥想練習

引導說明

請採取一個舒適的姿勢，進行幾次呼吸，專注於呼吸帶來的感覺，在當下建立並穩定注意力（如果你正在錄製音檔，請在此處暫停一分鐘）。

例如，當你注意到自己的注意力轉移到其他事物、想法或聲音時，你不必抗拒它，也不必跟隨它。

帶著耐心和善意，讓呼吸的感覺回到你的意識中（如果你正在錄製音檔，請在此處暫停一分鐘）。

當你練習正念覺察呼吸時，可能會開始注意到一種內在的平靜感出現了。一開始，它可能轉瞬即逝，但不要氣餒，就讓它自然地發生。持續注意你的體驗所帶來的靜定感。在這些感受中放鬆下來，讓它們來找尋你。

一開始，你可能會注意到身體的靜定，如同一種平靜且輕鬆的感覺。然

後，當你的思緒平靜下來時，你會更容易體驗到內心的靜定（如果你正在錄製音檔，請在此處暫停一分鐘）。

有時候，靜定顯得特別明確清楚，有如寂靜的狀態。當你注意到任何寂靜的感覺時，例如在聲音之間或思緒之間，讓你的注意力停留在那裡。任憑它遊走並回歸原處（如果你正在錄製音檔，請在此處暫停一分鐘）。

仔細聆聽所有聲音的來來去去。不要專注於任何一種聲音，而是專注於聲音之間的寂靜和空間。

當你的注意力穩定下來時，注意聲音是如何從寂靜中產生，並最終回歸於寂靜。在聆聽下一個聲音時，讓你的注意力停留在寂靜中（在結束練習之前，如果你正在錄製音檔，請在此處暫停兩到三分鐘）。

＊ ＊ ＊

你在練習正念覺察的同時，也加入了一項數千年來歷經許多人培育而生、浩瀚且古老的傳統。有許多老師指出，修習正念覺察也包含了你在致力專注的過程中表現出仁慈和疼惜心的態度。當你變得更專注時，一種涵蓋了寬闊及靜定，不斷滋長的完整性，將變得更加光明鮮亮，足以改變你的生活體驗。

這個章節邀請你借鑑正念覺察冥想傳統中的珍貴教義，藉由專注於仁慈、疼惜心、寬闊、靜定，以發掘更多關於自己的奇妙且強大的資源，藉此療癒並豐富你的生活。

| 第 7 章 |

強化情緒調節 基礎技巧

認識原始情緒和次級情緒

簡而言之，情緒是你身體內的信號，告訴你當下發生了什麼事。當你碰到愉快的事情時，會有很棒的感受；當令人痛苦的事情發生時，你則會感覺很糟。在許多層面上，你的情緒就像是一個即時新聞臺，不斷地更新播報正在發生或經歷的事件。

你對於發生之事的最初反應，被稱為「原始情緒」（primary emotions），這些強烈的感覺會立即產生，其中並不包含你針對正在發生之事的種種考量。例如，當你贏得了一場比賽，可能立即感到驚喜；當你關愛的人去世時，你會立即感到難過；當有人做了冒犯你的事時，你可能馬上就憤怒不已。

然而，除了體驗到原始情緒之外，你也可能體驗到次級情緒（secondary emotions），它們是針對你的原始情緒所產生的情緒反應。或者，換句話說，次級情緒是你對於自身感覺的感受，以下提供一個簡單的參考案例。艾瑞克對姊姊大吼大叫，因為她做了令他生氣的事。他的憤怒情緒來得很快，但過了一會兒，他對於自己對姊姊發脾氣的事，感到愧疚。他的原始情緒是「憤怒」，而次級情緒是「愧疚」。

然而，在一個原始情緒下，你也可能體驗到許多種隨之而生的次級情緒。以下提供一個較複雜的參考案例。當公司要求蕭娜進行一份簡報時，她開始焦慮了起來。隨著日子逼近，她一想到自己的焦慮心情，就感到更沮喪，接著又覺得自己一文不值，因為她連一份簡單的簡報都做不好。後來，在演講結束後的第二天，她開始感到一股愧疚感，因為這件事根本是自己小題大作。在此，你看到了一個人的情緒如何立即變得複雜。「焦慮」是蕭娜

的原始情緒，而憂鬱、無價值感、愧疚感，都是她針對焦慮所做出的次級情緒反應。

你對於某種情況的原始情緒，可能引發令人痛苦的次級情緒的無限連鎖反應，這些反應將帶給你比原始情緒更多的痛苦。基於這個原因，重要的一點是，在痛苦情況下，你要試著確定什麼是最初的原始情緒，如此一來，當次級情緒如雪崩般來襲之前，你就可以學會應對這些感受，這就是情緒調節技巧發揮作用之處。情緒調節技巧是辯證行為治療的關鍵組成要素，它能藉由更健康的新方式，幫助你應對令人痛苦的原始情緒及次級情緒。

這些技巧相當有幫助，因為當人們欠缺這些技巧時，往往會選擇那些會為自己帶來更多痛苦的方式，來應對原始情緒和次級情緒。以蕭娜的案例而言，她可能會選擇以酒精或藥物來應對焦慮，或選擇割傷、自殘來面對憂鬱，並選擇暴食來應對愧疚感。這些都是具有壓倒性強烈情緒的人，時常採用的有害因應策略。基於這個原因，學習本書中的情緒調節技巧非常重要，如此一來，你才能以更健康的方式來應對原始情緒和次級情緒，並避免時常隨之而來的長期痛苦。

在處理另一種稱為「矛盾心態」（ambivalence）的問題時，情緒調節技巧也很重要。當你對於同一事件的情緒反應不只一種，而且每種情緒都將你拉向不同方向，或讓你想要做一些不一樣的事來因應時，就會產生矛盾心態。例如，蒂娜在長大成人的過程中，一直欠缺父親的陪伴，後來，父親在她二十五歲那年的某一天，與她聯繫了，表示想見她一面。蒂娜感到興奮不已，因為她現在有機會與父親建立新的關係，但同時她也感到憤怒，因為父親當年拋棄了家人。很明顯地，蒂娜的情緒產生了分歧，而被拉向兩個不同方向的她，感到無所適從。

長期以來，如果你一直在處理壓倒性強烈情緒，可能會感到沮喪且無望，不知該如何控制自己的情緒反應。但是，請記住：控制你的原始情緒反應或許相當困難，但幸運的是，你可以學會控制次級情緒，並選擇因應情緒的方式。以後，當你開始使用本書的所有技巧，尤其是正念覺察技巧時，你也能稍微控制自己的原始情緒反應了。

情緒如何運作？

情緒是你體內的電流及化學信號，提醒你去注意正在發生的事情。這些信號通常從你的視覺、觸覺、聽覺、嗅覺和味覺開始，然後再傳到大腦中，在一個名為「邊緣系統」（limbic system）的區域進行處理，這個區域專門觀察和處理情緒，以便針對情緒情況做出反應。邊緣系統也與大腦及身體的其他部位相聯繫，因此能告訴你的身體如何應對各種情緒狀況。

基於多種原因，你的情緒非常重要，特別是為了生存。在此提供一個參考案例。露絲走在鎮上的一條主要街道上，突然間出現一隻憤怒的大狗，開始凶狠地吠叫並跑向她。就在那一瞬間，情緒信號從她的雙眼和耳朵傳送到大腦，接著，露絲根本還不需要考慮該怎麼做，她的邊緣系統就已處理了這些訊息。這種反應被稱為「戰鬥、逃跑或僵住」，它決定了露絲要與大狗搏鬥、快速逃跑，或是停留在原地，並祈求大狗忽視她的存在。她明智地選擇逃跑，最後安全逃離且未受到任何傷害。她的情緒幫自己保住了一條小命，避免任何痛苦。

現在，我們來假設一下，兩週後，露絲又再次走在鎮上，轉彎走向主要街道。很快地，她開始感到害怕，這就稱為「制約反應」（conditioned response）。露絲的邊緣系統試著藉由讓她記住街上那隻凶惡的大狗來保護她。她明智地選擇走另一條街以避開那隻狗。

在這個案例中，露絲的情緒先是幫助她避開危險及痛苦，後來又幫助她閃避了潛在的可能傷害。

在此提供另一個情緒運作的參考案例。希拉走在鎮上，突然看見多年前的好朋友寇特妮，頓時感到相當開心。當寇特妮看到希拉時，也馬上露出微笑。希拉注意到寇特妮的笑容，心想：「她見到我一定很高興吧。」所以希拉也笑了。她們很快地再次聯繫，並約定之後一起外出活動，兩人都為了時隔多年的偶遇感到慶幸。

在這個案例中，讓兩名女性產生交流的行為是微笑，它使兩人都認知到另一個人的感受。如果寇特妮在看見希拉時，皺著眉頭並看往其他方向，希拉就會認知到這是一種厭惡的態度，就可能選擇避免與對方接觸。無論基於

什麼樣的文化背景，每個人都有能力以相同方式表達情感，並辨識他人表達的情緒。不管你的出生地是哪裡，微笑的意義就是微笑。

上述是兩個非常簡單的例子，讓你明白情緒具有許多效用。情緒是幫助你做到以下項目的行動信號：

- 生存（戰鬥、逃跑或僵住）。
- 記住他人及各種情況。
- 處理日常生活中的各種情況。
- 與他人交流。
- 避免痛苦。
- 尋求快樂。

何謂情緒調節技巧？

正如前文所述，情緒調節技巧可以幫助你以更有效的全新方式，來處理自己對於原始情緒和次級情緒的反應（記住，你無法永遠控制自己的感覺，但可以控制你對這些感覺的反應）。這些是辯證行為治療所教導的一些關鍵技巧，而在關於痛苦耐受和正念覺察技巧的章節中，你已經完成部分技巧的練習了。

辯證行為治療中的四種技巧組合（痛苦耐受、正念覺察、情緒調節及人際互動），不僅彼此有重疊之處，也同時強化彼此的效益，能幫助你更輕鬆地學習這些技巧，並更快地記住它們。

其中有九種情緒調節的技巧，可以幫助你控制情緒及相關的行為。這些技巧如下所示：

1. 辨識你的情緒。
2. 克服維持健康情緒的各種障礙。
3. 降低身體的脆弱性。
4. 降低認知的脆弱性。
5. 增加積極正向的情緒。
6. 正念覺察情緒而不評判。

7. 情緒暴露療法（emotional exposure）。

8. 以非情緒衝動的方式行事。

9. 解決問題。

　　本章將涵蓋前五項情緒調節技巧，下一章將涵蓋後續四項技巧。如同前幾章的方式，這兩章的練習都會以前一項練習為基礎，因此請務必依照順序來進行練習。

技巧一：辨識你的情緒

　　控制自己的高強度情緒反應的第一步，就是學會辨識自己的情緒，以及情緒對生活所造成的影響。一般而言，人們終其一生都很少關注自己的感受，因此，當他們內在產生了很多重要的變化時，他們卻知之甚少。

　　然而，那些陷入壓倒性強烈情緒的人也同樣如此，但其過程是以不同的方式產生。許多時候，對抗這個問題的人，會意識到痛苦情緒（例如悲傷、憤怒、內疚、羞愧等）如海嘯般湧來，卻來不及有所反應。

　　要控制壓倒性強烈情緒的反應，首先你必須要放慢情緒歷程（emotional process），以便對這個歷程進行仔細的檢視。在檢視之後，你就可以做出更穩健的決定。這個練習可以幫助你藉由檢視過去已經發生的情緒狀況，進而開啟這個歷程。在進行練習時，需要你盡可能對自己誠實，目的是發現你自己感受到什麼情緒（原始情緒和次級情緒），接著釐清這些情緒如何影響你的行為及感受。

　　我們來看看以下的參考案例。

　　小玲時常深陷於失控的壓倒性強烈情緒之中。一天傍晚，當她下班回家時，發現丈夫又醉倒在沙發上。丈夫拒絕接受心理治療，也不認為自己是個酒鬼，因此不願意參加匿名戒酒會的活動。

　　小玲頓時火冒三丈，開始對丈夫大吼大叫，罵他是「沒出息的酒鬼」。但丈夫只是躺在那裡，毫不爭辯也沒有任何動作。小玲想要打他，但沒有這麼做。幾分鐘後，小玲開始感到絕望和羞愧。她想盡一切辦法要幫助丈夫，

但似乎無濟於事。她覺得自己不能再繼續維持這段婚姻了，但也不接受離婚的方式。

後來，小玲走進浴室，把自己反鎖在裡面。她想要以自殺來結束痛苦，但最後卻拿出一把剃刀開始割自己的腿，讓自己流血。那天晚上，她因為過於心煩而忘了設定鬧鐘，上班遲到了幾個小時，被經理訓斥了一頓。

對很多人來說，像小玲這樣的故事相當常見。我們藉著這個故事，來一一遵循可以幫助你辨識情緒的六個步驟：

1. 發生了什麼事？

藉著這個機會，你可以描述導致自己產生情緒的情況。在這個案例中，小玲回到家中，發現丈夫又喝醉了。但他拒絕尋求幫助，也拒絕談論自己的問題。

2. 你認為為什麼會出現這種情況？

藉著這個機會，你可以確定導致情況發生的潛在原因。這是非常重要的一步，因為你賦予事件的意義，往往決定了你對該事件的情緒反應。例如，你認定有人刻意傷害你時的反應，將會截然不同於你認定別人無意傷害你時的反應。在此，小玲認為她的丈夫是個酒鬼，不但怨恨她，也後悔當初娶了她，才會一心想要傷害她。

3. 這種情況讓你在情感及身體上有什麼感覺？

如果可以的話，請試著辨識你的原始情緒和次級情緒是什麼。學習辨識你的情緒，是需要經常練習的，但付出的努力會很值得。如果你需要幫助，想要尋找描述自己感受的字詞，請見第四章的表 4-1「常見情緒清單」（145頁）。此外，試著辨識你身體的感受，因為情緒與身體知覺具有密切的相關性，特別是肌肉緊繃。在這個案例中，小玲的原始情緒是憤怒（在看到丈夫喝醉後），接著她感受到了絕望及羞恥等次級情緒。在身體上，她發現自己臉上及手臂的所有肌肉，都變得異常緊繃，而且也感到腸胃不適。

4. 在你有了這些感受之後，想做什麼？

這是非常關鍵的問題，可以辨識出你強烈的衝動（urge）。通常，當一

個人被情緒壓垮時，就會產生一種衝動，想說出或做出一些極端、痛苦或危險的事。但是，人們不一定會採取行動；這些衝動有時只是一時的想法及刺激。當你開始注意到自己**想要做什麼**，並與自己**實際做什麼**進行比較後，結果可能會令人充滿了正向希望。如果你可以控制自己的衝動，就有機會有效地控制其他衝動。在這個案例中，小玲有一種衝動，想做兩件危險且致命的事：毆打丈夫、藉由自殺來結束痛苦。值得慶幸的是，她沒做這兩件事，這讓她開始懷著自己能進一步控制其他衝動的希望。

5. 你做了什麼、說了什麼？

在此，你可以辨識出自己在產生情緒之後有什麼實際行動。在這個例子中，小玲將自己鎖在浴室裡開始自殘；她也對丈夫大吼大叫，稱他是「沒出息的酒鬼」。

6. 你的情緒和行為後來對你產生了什麼影響？

在此，你可以辨識自己的感受及所做之事的長期後果。在小玲的案例中，由於她忘記設定鬧鐘，第二天早上睡過頭，上班遲到了，受到上司的訓斥，讓她的工作岌岌可危。

◆自我練習：辨識你的情緒

表 7-1「辨識你的情緒·範例」（210 頁）是一份以小玲個人經歷所填入的參考範本。接著還有一張空白表單（表 7-2，見 211 頁），可供你填寫自己生活中的例子。使用空白表單之前，請先影印一份，以便後續使用。或者，你可以將幾個標題寫在一張白紙上，來製作自己的表單。

現在，請利用這張表單來檢視你近期發生的情緒事件，選擇你記憶猶新的一個情緒事件，盡力辨識自己的原始情緒和次級情緒。還有，請記住，盡可能對自己誠實。除了你以外，沒有人會看見這份表單。

接著，至少在接下來的兩週內，選擇每天發生在你身上的一個事件，並使用「辨識你的情緒」表單來進行檢視。請記住，你需要練習檢視過去曾發生的情況，以便學會辨識後續發生的情緒及結果。

表 7-1：辨識你的情緒・範例

問題	你的回應
這種情況是什麼時候發生的？	昨天晚上。
發生了什麼事？ （請描述這個事件。）	下班回家時，我發現丈夫又醉倒在沙發上。他拒絕接受心理治療或是去參加匿名戒酒會，我對他大吼大叫並罵他是「沒出息的酒鬼」。但他只是待在原地，什麼也沒說。所以我進去浴室割傷自己。
你認為為什麼會出現這種情況？ （辨識出原因。）	我的丈夫是個酒鬼，不但恨我，也後悔當初娶了我。我認為他已經放棄了自己的生活，也故意做這樣的事情來傷害我。
這種情況讓你在情感及身體上有什麼感覺？ （試著辨識原始情緒和次級情緒。）	原始情緒：憤怒 次級情緒：絕望和羞恥 身體的感受：臉部和手臂肌肉都變得緊繃，腸胃不適。
在你有了這些感受之後，想做什麼？ （你有那些衝動？）	我想要歐打丈夫，也有了想要自殺來結束痛苦的衝動。
你做了什麼、說了什麼？ （由於你的感受，你採取了哪些行動或行為？）	我把自己反鎖在浴室裡，開始割傷自己。然後我就自己一個人去睡覺，因為我太生氣了。我對丈夫大吼大叫，罵他是「沒出息的酒鬼」。
你的情緒和行為後來對你產生了什麼影響？ （你的行為造成了哪些短期或長期的後果？）	我上床睡覺時非常生氣，以至於忘記設定鬧鐘，所以太晚起床，上班遲到了。當我進公司時，上司又對我訓斥了一頓。他説，如果我再遲到一次，就要開除我。

表 7-2：辨識你的情緒．空白表單

問題	你的回應
這種情況是什麼時候發生的？	
發生了什麼事？ （請描述這個事件。）	
你認為為什麼會出現這種情況？ （辨識出原因。）	
這種情況讓你在情感及身體上有什麼感覺？ （試著辨識原始情緒和次級情緒。）	
在你有了這些感受之後，想做什麼？ （你有那些衝動？）	
你做了什麼、說了什麼？ （由於你的感受，你採取了哪些行動或行為？）	
你的情緒和行為後來對你產生了什麼影響？ （你的行為造成了哪些短期或長期的後果？）	

◆自我練習：記錄情緒

為了幫助你辨識自己的情緒，大聲說出感受往往很有幫助。一開始，這種貼上標籤或標記（labeling）的方法，可能聽起來很愚蠢，但大聲說出自身感受將會突顯情緒的存在，並幫助你注意到自己正在經歷的事。大聲地描述自己的情緒，尤其是壓倒性強烈情緒，也有助於你消除痛苦的情緒。所以，當你越能夠談論情緒，就越不會急於採取行動。

你不一定要大聲說出自己的感受；小聲地對自己描述情緒也可以，只需要找到最適合自己的方法就行了。對自己說：「現在我感覺……」此外，也要記得關注自己的愉快及快樂的情緒。

你越能辨識情緒，並大聲說出口，就越能夠充分享受這些感受。

接著，為了進一步加強這種體驗，請將情緒寫在你的情緒紀錄表，如表7-3所示。請使用這份範例表單來幫助自己，將一週的感受都記錄下來（表7-4，214頁），這將有助於你辨識、標記及描述情緒。

技巧二：克服障礙以擁有健康情緒

現在，你已經開始全面地認識自己的情緒，希望你也注意到情緒如何影響自己的行為和思想。請仔細地檢視以下的示意圖：

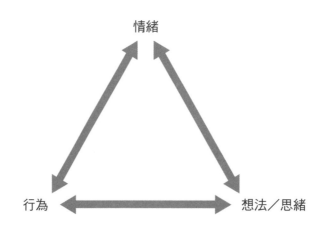

表 7-3：情緒記錄表・範例

你產生情緒的時間及地點為何？	你感覺怎麼樣？（「現在，我覺得……」）	你是否大聲地說出自己的感覺？	當你意識到自己的感受後，怎麼應對它？
星期四晚上在家時	我覺得生氣。	有	我去廚房喝了一杯葡萄酒。
星期四晚上在家時	我覺得傷心。	沒有	我試著要上床睡覺，但一直想著我有多麼悲傷。
星期五早上在公車上時	我覺得焦躁不安。	有	我試著藉由轉移注意力和閱讀報紙來讓自己平靜下來。
星期五早上上班時	我覺得很生氣。	有	我走去外面抽菸。
星期五下午上班時	我覺得嫉妒。	沒有	我持續忽視朋友，因為他正在跟我喜歡的女人約會。
星期五晚上在家時	我覺得孤獨。	有	我決定一個人去看電影，好好地享受一下。
星期六下午在公園時	我覺得開心。	有	我和朋友待在公園裡。
星期六晚上在班恩的家中時	我覺得心情愉快。	有	我沒有對任何人說太多事，因為我不想擾亂自己的感覺。

表 7-4：情緒記錄表・空白表單

你產生情緒的時間及地點為何？	你感覺怎麼樣？（「現在，我覺得……」）	你是否大聲地說出自己的感覺？	當你意識到自己的感受後，怎麼應對它？

212 頁的示意圖描繪了你的情緒如何影響想法和行為，又是如何對想法和行為產生作用。例如，吉姆弄丟了最喜歡的手錶（一種行為），他感到難過（一種情緒），然後，他對自己說：「我太心不在焉了，我真是個白癡」（一種想法）。但是，這種想法讓他感到更加沮喪（一種情緒），所以他回家喝個爛醉（一種行為），事後卻又感到羞恥（一種情緒）。你是否能看出來，情緒不僅是想法及行為的結果，也是其原因？

　　如果你陷入自毀性行為或自我批評的思維中，這可能會成為情緒上的惡性循環。但是，如果你採用了健康的行為和自我肯定的想法，這個循環也可以帶來更滿意的情感體驗。例如，也許當吉姆弄丟了手錶（一種行為）並感到難過（一種情緒）之後，他可以先採用因應想法，例如：「這個錯誤已經發生了，沒有人是完美的。」接著，也許他就能原諒自己的錯誤（另一種想法）並繼續過這一天，心情感到輕鬆（一種情緒）。或者，當他弄丟了手錶而感到難過之際，可以去散步（一種行為），或許這會讓他感到精神振作（一種情緒）。其實吉姆可以採用許多因應想法及行為，防止自己陷入痛苦情緒的循環之中。

情緒與你的行為

　　你的情緒和行為有密切的相關性，而且更強烈的情緒往往會導致更巨大的行為反應。因此，許多具有壓倒性強烈情緒的人，往往也得費力對抗自己的失控行為。有時候，當這類人感到憤怒、沮喪或焦慮時，會做出自毀性行為，例如，割傷自己或自殘、操控他人（這通常會導致爭執及破壞關係）、暴飲暴食、吃得太少、酗酒，或是濫用藥物。顯然，這些行為對涉及其中的每個相關人士都有不良的傷害。然而，這些人卻往往會反覆這樣做。所以，問題是：為什麼人們會一直做這些事？答案就在於情緒。

　　我們從基本原則談起：許多行為之所以會重複，是因為它帶來了獎勵。一個人會去上班，是為了獲得薪水的回報；學生會去學校，是為了拿到學位。人們去參加運動比賽，是為了獲得競爭帶來的獎勵；音樂家演奏樂器，是為了獲得創作音樂的回報；園丁種花是為了看見它們開花。**所有的獎勵都**

會強化（reinforce）這些行為，讓這些行為在未來更有可能重複出現。如果你去上班都拿不到薪水，你就不會再去了；如果老師告訴你，你不可能順利畢業，你可能就會退學了；如果你每次在花園播種卻只長出雜草，可能也會放棄播種了。

同樣的，你的情緒可以做為強化自身行為的獎勵。以下提供一個簡單範例，說明愉快的情緒如何強化行為：菲爾幫助好朋友斯特凡搬進新公寓（一種行為）；斯特凡相當感激，這讓菲爾對於能幫助對方感到很開心（一種情緒），所以當斯特凡下次再請他幫忙時，菲爾也會樂意地再次提供協助（另一種行為），因為這會讓他再次感覺到快樂（另一種情緒）。

然而，情緒也可以強化自毀性行為。思考一下這個範例：泰瑞莎對抗著自己的壓倒性強烈情緒，她曾說過：「如果我感到不開心，希望丈夫也感到不開心。」就邏輯上而言，這件事完全不合理，但想法、情緒和行為並不總是合乎邏輯。

當泰瑞莎還是年輕的女孩時，不曾有人教導她如何應對自己的痛苦情緒。當她處於情緒或身體上的痛苦時，沒有人為她提供援助，她只能獨自承受，沒有人關注或在意她的感受。

在泰瑞莎長大成人後，她意識到，如果她也傷害了另一個人，對方往往會感到難過，就會有人關注到她和她的痛苦了。例如，當泰瑞莎在工作中感到不愉快時，回家後，她和丈夫就會為了一些無關緊要的事情吵架（她的行為），而丈夫也會感到痛苦。接著，丈夫會察覺到泰瑞莎的感受，並與她談論她的感受（這是她得到的情緒獎勵）。

泰瑞莎可能不曾意識到自己有意地傷害丈夫，但這一點並不重要。在她生命中的某個時刻，產生了以下這種無意識的想法：「我感覺不好，所以必須也讓別人感覺很差；然後，我就會覺得好過一些了。」由於她的行為持續地得到正向積極（雖然不合乎邏輯）的情感體驗獎勵，也就是來自丈夫的認同，因此，接下來她的行為就被強化且不停地重複。

然而，泰瑞莎應對痛苦情緒的方式，只能在有限的時間內短暫地改善她的感覺。就長遠來看，她的婚姻以犧牲情感認同（Emotional Validation）為

代價。泰瑞莎的行為讓她和丈夫經常吵架，而這些爭吵總是讓她的心情更加糟糕。

基本原則	泰瑞莎的經歷
情感或想法	「我覺得很難過。」
↓	↓
行為	她開始和丈夫吵架。
↓	↓
行為得到獎勵回報	丈夫察覺到她的感受。
↓	↓
行為重複發生	往後會發生更多的爭吵。

　　瞭解強化自毀性行為的情感回報很重要。具有壓倒性強烈情緒的人時常有兩種自我傷害的行為：割傷／自殘，以及操控他人。這兩種行為都會提供短期的獎勵，而他就可能再重複這麼做，但兩種行為也會帶來長期的傷害（在本章稍後的「降低身體對強烈情緒的脆弱性」〔220頁〕一節中，你會進一步瞭解到損害身體的飲食習慣及藥物濫用行為）。

割傷／自殘

　　許多割傷自己或在身上製造燒傷及疤痕的人表示，這些行為讓他們的感受有所緩解，或減緩了一些痛苦。在某種程度上，他們說的沒錯。割傷及其他類型的自殘行為，都會讓身體釋放一種稱為「腦內啡」的天然止痛藥，有助於傷口癒合。在很短的時間內，這種體內的止痛藥可以讓一個人感覺身體及情緒都好轉了。

　　然而，儘管這些獎勵只是暫時的，但這些身體和情緒的感受會加劇當事人未來的自殘行為。

　　請記住，這些行為可能很危險，並導致死亡或細菌感染。雖然你的疼痛暫時得到了緩解，但這些行為伴隨而來的傷疤、記憶和愧疚仍然存在著。

　　如果你有割傷自己或其他的自殘行為，請於後方的空白處，填下你辨識

出的行為是什麼，接著，辨識出暫時性的獎勵可能是什麼，最後，請確認基於這些行為而導致的長期成本及危險是什麼。

· 我進行的割傷和自殘行為是＿＿＿＿＿＿＿＿＿＿＿＿＿＿＿＿＿＿＿＿＿

＿＿＿＿＿＿＿＿＿＿＿＿＿＿＿＿＿＿＿＿＿＿＿＿＿＿＿＿＿＿＿＿＿＿＿＿

＿＿＿＿＿＿＿＿＿＿＿＿＿＿＿＿＿＿＿＿＿＿＿＿＿＿＿＿＿＿＿＿＿＿＿＿

· 這個行為帶來的暫時性獎勵是＿＿＿＿＿＿＿＿＿＿＿＿＿＿＿＿＿＿＿＿＿＿

＿＿＿＿＿＿＿＿＿＿＿＿＿＿＿＿＿＿＿＿＿＿＿＿＿＿＿＿＿＿＿＿＿＿＿＿

＿＿＿＿＿＿＿＿＿＿＿＿＿＿＿＿＿＿＿＿＿＿＿＿＿＿＿＿＿＿＿＿＿＿＿＿

· 這個行為造成的長期成本及危險是＿＿＿＿＿＿＿＿＿＿＿＿＿＿＿＿＿＿＿＿

＿＿＿＿＿＿＿＿＿＿＿＿＿＿＿＿＿＿＿＿＿＿＿＿＿＿＿＿＿＿＿＿＿＿＿＿

＿＿＿＿＿＿＿＿＿＿＿＿＿＿＿＿＿＿＿＿＿＿＿＿＿＿＿＿＿＿＿＿＿＿＿＿

操控他人

　　你已經在前文的故事中看到了，為何泰瑞莎在心情不悅時要跟丈夫吵架。雖然她的行為會傷害婚姻關係，卻讓她的心情可以短暫地稍微改善。這種行為讓她得到了情感上的認同，但之後卻因此更容易重複此行為。但是，就長遠來看，與丈夫頻繁地爭吵，反而會讓她的心情更差。

　　同樣的，其他形式的操控可能也會產生短暫的情感回報，因此總會重複發生。當你強迫他人依照你的意願行事時，可能會感到滿足、感覺事物都在你的掌控之中，而這些感覺都可能是強烈的情緒獎勵，特別是對於那些有壓倒性強烈情緒並覺得自己的生活失去控制的人。但是，再重述一次，這些情緒獎勵都只是暫時的。

　　以下提供一些案例。每當布蘭蒂覺得無聊的時候，就喜歡「招惹別人」來取悅自己。她經常對朋友撒謊，聲稱自己在哪裡聽到了哪些關於他們的虛假謠言。然後，當朋友心情不好時，布蘭蒂會虛假地安慰著他們，這讓她覺

得自己很強大，直到朋友發現真相並且不再跟她說話為止。同樣的，傑森對女朋友派翠西亞也有強烈的控制欲。當他們外出用餐時，他會幫她點菜，即使她想要點其他菜色。傑森也不讓派翠西亞花時間和朋友相處；他會不斷地打行動電話給她，看看她在什麼地方；他還告訴派翠西亞，如果她離開了，他就會去自殺。派翠西亞真的很關心傑森，也不想看到他受傷，但最終，傑森的操控行為讓她感到精疲力竭。所以，儘管他以自殺為威脅，派翠西亞仍選擇跟他分手了。

請記住，沒有人喜歡被人操控。當那個被操控的人厭倦了自己一直被控制的情況，就會開始反抗。接著，當這段關係變得充滿衝突、無法帶來意義或滿足感，就會以令人痛苦的方式告終。對於一個正在對抗壓倒性強烈情緒的人來說，這往往是糟糕的結果，因為他們時常抱著被他人拋棄的高度恐懼。事實上，這些人為了因應對孤獨的恐懼，就會產生這些操控行為，以強迫人們留在他們身邊。然而，當關係面臨失敗，被拋棄的恐懼成真時，就可能會引發更多的自毀性行為。如果你有任何操控行為，請於下方的空白處，填下你辨識出的行為是什麼，接著，辨識出暫時性的獎勵可能是什麼，最後，請確認基於這些行為而導致的長期成本及危險是什麼。

· 我進行的操控行為是＿＿＿＿＿＿＿＿＿＿＿＿＿＿＿＿＿＿＿＿＿＿

＿＿＿＿＿＿＿＿＿＿＿＿＿＿＿＿＿＿＿＿＿＿＿＿＿＿＿＿＿＿＿＿＿＿

＿＿＿＿＿＿＿＿＿＿＿＿＿＿＿＿＿＿＿＿＿＿＿＿＿＿＿＿＿＿＿＿＿＿

· 這個行為帶來的暫時性獎勵是＿＿＿＿＿＿＿＿＿＿＿＿＿＿＿＿＿＿＿

＿＿＿＿＿＿＿＿＿＿＿＿＿＿＿＿＿＿＿＿＿＿＿＿＿＿＿＿＿＿＿＿＿＿

＿＿＿＿＿＿＿＿＿＿＿＿＿＿＿＿＿＿＿＿＿＿＿＿＿＿＿＿＿＿＿＿＿＿

· 這個行為所造成的長期成本及危險是＿＿＿＿＿＿＿＿＿＿＿＿＿＿＿＿

＿＿＿＿＿＿＿＿＿＿＿＿＿＿＿＿＿＿＿＿＿＿＿＿＿＿＿＿＿＿＿＿＿＿

＿＿＿＿＿＿＿＿＿＿＿＿＿＿＿＿＿＿＿＿＿＿＿＿＿＿＿＿＿＿＿＿＿＿

技巧三：降低身體對強烈情緒的脆弱性

除了察覺到自己的想法和行為會如何影響情緒之外，很重要的一點是，你必須察覺到其他關於健康的問題會如何影響你的感受。

以下提供一些參考範例。

食物

你必須攝取食物中的營養，身體才能保持正常的運轉，就像汽車仰賴汽油才能不斷行駛一樣。因此，你所吃下的食物會直接影響你的情緒及身體的感受。

不同的食物會對你的感覺造成不同的影響，而你吃下的食物量也會影響你的感覺。

例如，冰淇淋及糕點等含有大量脂肪的食物，可以暫時讓你感到快樂及滿足，然而，如果你吃得太多，就可能會覺得有負擔且行動遲緩。

久而久之，如果你吃下過多脂肪或糖分含量太高的食物，體重也會因此增加，這時常會讓人們感到悲傷或不快樂，甚至可能導致健康上的問題，如糖尿病及心臟病。

其他含糖量過高的食物，如糖果和汽水，可以迅速讓你感到精力充沛，但隨著其效果慢慢消退，這些食物會讓你感到相當疲倦甚至沮喪。

正如某些食物吃得太多會讓你感覺不適一樣，食物吃得太少也有害健康。如果你從飲食中攝取的營養，不足以維持身體機能所需要的能量，你就會感到頭暈眼花或站立不穩。

在此，建議你每天攝取各種適量且健康的食物，包括水果、蔬菜、穀物及蛋白質。如果你對自己的日常飲食感到好奇，或是需要尋求協助來制定健康的飲食計畫，請洽詢醫事專業人員，或經由合格的營養師來獲取相關建議。或者，你可以造訪信譽良好的健康主題網站，來找到均衡健康飲食的建議和指南。

請於下方的空白處進行記錄，寫下自己的飲食習慣如何影響感受，然後至少寫下兩種能改善飲食習慣以便改善自身感受的方法。

・我的飲食習慣會影響我的感覺，因為_____

_____

_____

・我可以藉由以下的方式來改善飲食習慣：

1._____

_____

2._____

_____

暴飲暴食和進食不足

　　另外，請注意，一些具有壓倒性強烈情緒的人會以有害健康的方式吃東西，不是暴飲暴食，就是進食不足。有時人們會吃得過於飽足，因為食物可以讓他們在短時間內感到情緒平靜，甚至是無感麻木。而且，這些感受會導致這個人後續重複類似的行為。

　　同樣危險的事，就是有些人會試著以催吐等方法來控制自己暴飲暴食的習慣。頻繁地催吐會導致「暴食症」（bulimia），這是一種非常危險的飲食失調症，會對身體造成毀滅性的影響。

　　嚴重的進食不足（undereating），也會讓人在短時間內感覺良好，因為這是自我控制的一種方式。許多時候，具有壓倒性強烈情緒的人會覺得自己完全無法控制人生，而減少進食會讓他們有一種足以掌控人生的力量，讓他們感覺良好。

　　然而，這種對於控制的渴望可能會造成危險，因為嚴重的進食不足會導致「厭食症」（anorexia），這是一種非常不健康且可能危及生命的飲食失調症，其特徵是體重急劇地下降。

　　如果你有任何暴飲暴食或進食不足的行為，請於後方的空白處，填下你辨識出的行為是什麼，接著，辨識出暫時性的獎勵可能是什麼，最後，請確認基於這些行為而導致的長期成本及危險是什麼。

・我進行的暴飲暴食或進食不足行為是＿＿＿＿＿＿＿＿＿＿＿＿＿＿＿＿＿

＿＿＿＿＿＿＿＿＿＿＿＿＿＿＿＿＿＿＿＿＿＿＿＿＿＿＿＿＿＿＿＿＿＿＿

＿＿＿＿＿＿＿＿＿＿＿＿＿＿＿＿＿＿＿＿＿＿＿＿＿＿＿＿＿＿＿＿＿＿＿

・這個行為帶來的暫時性獎勵是＿＿＿＿＿＿＿＿＿＿＿＿＿＿＿＿＿＿＿＿

＿＿＿＿＿＿＿＿＿＿＿＿＿＿＿＿＿＿＿＿＿＿＿＿＿＿＿＿＿＿＿＿＿＿＿

＿＿＿＿＿＿＿＿＿＿＿＿＿＿＿＿＿＿＿＿＿＿＿＿＿＿＿＿＿＿＿＿＿＿＿

・這個行為所造成的長期成本及危險是＿＿＿＿＿＿＿＿＿＿＿＿＿＿＿＿＿

＿＿＿＿＿＿＿＿＿＿＿＿＿＿＿＿＿＿＿＿＿＿＿＿＿＿＿＿＿＿＿＿＿＿＿

＿＿＿＿＿＿＿＿＿＿＿＿＿＿＿＿＿＿＿＿＿＿＿＿＿＿＿＿＿＿＿＿＿＿＿

毒品與酒精

　　就像食物一樣，你吃下去的任何東西都會影響你的感覺。酒精和毒品常常讓人感受到暫時的快樂、麻木、興奮，或只是帶來不同的感受，自然地，這些感覺會導致這些藥物的重複使用，特別是在暫時的感覺消失之後。然而，過度使用酒精、娛樂性藥物（註：泛指會影響人類意識和情緒的藥物，大多為毒品），或濫用處方藥，都會導致許多健康上的併發症、成癮問題、法律問題、財務困難，以及人際關係的問題。

　　例如，酒精是一種鎮靜劑，會讓你感到疲倦、緩慢遲鈍和悲傷。許多人不相信這一點，因為他們認為酒精讓自己感覺更有活力、更擅長人際社交。然而，這是因為酒精會讓他們不那麼害羞，更願意做平時不會做的事或說平時不會說的話。

　　不過，當人體體內的酒精濃度達到一定程度之後，人們就會開始感到悲傷及疲倦。

　　使用娛樂性藥物及某些處方藥也可能產生類似的效果。某些藥物，例如古柯鹼和甲基安非他命（methamphetamines），最初會使人感覺「良好」或「充滿活力」，一旦藥效開始消退後，吸食者可能會開始感到沮喪、焦

慮或偏執多疑；許多娛樂性藥物也是如此，例如大麻、俗稱「浴鹽」（bath salts）的毒品、海洛因；某些處方藥也會讓你感到沮喪和焦慮，因此若你在服用後產生令人痛苦的副作用，請務必諮詢開處方藥的專業醫事人員。

　　儘管菸草製品中的尼古丁（Nicotine）和咖啡因（caffeine）是合法的，在社會上也相當普遍，卻被認定為一種麻醉藥品。

　　尼古丁是一種可以觸發人類肌肉的興奮劑，儘管有些人表示抽菸會讓他們感覺更加放鬆。在這些情況下，人們實際上體驗到的是身體暫時的解脫感，但身體會持續渴望更多的尼古丁。尼古丁是一種極易上癮的化學物質，會讓人們想要抽更多香菸或電子菸，這種渴望會讓人感到非常煩躁，直到再次抽到菸為止。

　　咖啡因也是一種興奮劑，在咖啡、茶類、許多甜味汽水、運動飲料和一些止痛藥中都有。如果你攝取過多的咖啡因，會開始感到心煩意亂、緊張不安且煩躁。咖啡因是有可能上癮的，當你咖啡因上癮但體內攝取不足時，就可能會變得惱怒煩躁，也可能出現頭痛及其他身體症狀。

　　如果你經常飲用酒類、服用娛樂性藥物及大量的處方藥，可能就會渴望服用更多劑量，只為了感受它曾經帶給你的相同效果，或只是想要恢復「正常」；這種情況被稱為「耐受性」（tolerance）。如果你注意到自己服用任何藥物（包括處方藥）時有這種情況，請向專業醫事人員進行諮詢。如果你曾經濫用酒精或藥物，想要中止這種情況，也應當諮詢專業醫事人員，因為要戒除酒精或某些藥物，可能存有潛在的危險性。

　　請於下方的空白處，填下你辨識出的該行為可能帶來的暫時性獎勵，並確認可能的長期成本及危險是什麼。接著，針對自己飲酒或服用娛樂性藥物的狀況如何影響感受，記錄下各種想法，然後寫下至少兩種能調整習慣以便改善自身感受的方法。

・我進行的飲酒或藥物濫用行為是＿＿＿＿＿＿＿＿＿＿＿＿＿＿＿＿＿＿＿＿＿＿＿＿＿

＿＿＿

＿＿＿

· 這個行為帶來的暫時性獎勵是＿＿＿＿＿＿＿＿＿＿＿＿＿＿＿＿＿＿＿

＿＿＿＿＿＿＿＿＿＿＿＿＿＿＿＿＿＿＿＿＿＿＿＿＿＿＿＿＿＿＿＿＿

＿＿＿＿＿＿＿＿＿＿＿＿＿＿＿＿＿＿＿＿＿＿＿＿＿＿＿＿＿＿＿＿＿

· 這個行為所造成的長期成本及危險是＿＿＿＿＿＿＿＿＿＿＿＿＿＿＿＿

＿＿＿＿＿＿＿＿＿＿＿＿＿＿＿＿＿＿＿＿＿＿＿＿＿＿＿＿＿＿＿＿＿

＿＿＿＿＿＿＿＿＿＿＿＿＿＿＿＿＿＿＿＿＿＿＿＿＿＿＿＿＿＿＿＿＿

· 我飲酒及服用娛樂性藥物的狀況影響了我的感受，因為＿＿＿＿＿＿＿＿

＿＿＿＿＿＿＿＿＿＿＿＿＿＿＿＿＿＿＿＿＿＿＿＿＿＿＿＿＿＿＿＿＿

＿＿＿＿＿＿＿＿＿＿＿＿＿＿＿＿＿＿＿＿＿＿＿＿＿＿＿＿＿＿＿＿＿

· 我可以藉由以下方式來調整飲酒及服用娛樂性藥物的習慣：

1.＿＿＿＿＿＿＿＿＿＿＿＿＿＿＿＿＿＿＿＿＿＿＿＿＿＿＿＿＿＿＿＿

2.＿＿＿＿＿＿＿＿＿＿＿＿＿＿＿＿＿＿＿＿＿＿＿＿＿＿＿＿＿＿＿＿

＿＿＿＿＿＿＿＿＿＿＿＿＿＿＿＿＿＿＿＿＿＿＿＿＿＿＿＿＿＿＿＿＿

體能運動

　　人體是為了運動及活動的機能所設計的，因此，很重要的一點是，每個人都要定期進行定量的運動，以保持身體的健康狀態及正常的運作。如果不運動，你的身體就不會消耗那些攝取食物時所儲存的額外能量，你可能會開始感到行動遲緩，體重開始增加，甚至覺得心情有些沮喪。建議每個人在一週裡的多數日子都要進行三十分鐘左右的中度或劇烈運動，包括步行、慢跑、游泳、騎自行車、重量訓練，或是其他讓身體比平時稍加費力的活動。要維持心臟的健康機能，定期運動特別重要。

　　即使你的運動量有限或是以前不曾運動，總是有一些可於安全範圍內進行的活動。在進行任何型態的劇烈運動（如舉重）之前，請務必諮詢專業醫

事人員或體能教練。如果運動時產生任何異常的疼痛，也請諮詢專業醫事人員。請於下方的空白處進行記錄，寫下自己的運動習慣（或缺乏運動）如何影響感受，然後寫下至少兩種能調整習慣來改善自身感受的方法。

· 我的運動習慣會影響我的感受，因為_____

_____

_____

· 我可以藉由以下方式來調整運動習慣

1. _____

2. _____

_____

睡眠

　　獲得充足的睡眠是你維持健康狀態該做的要事之一，一般成年人每天需要七至八個小時左右的睡眠時間，而兒童及部分成人會需要稍微長一點的睡眠時間。如果你每晚都睡眠不足，可能一整天都感到精神萎靡且疲倦，也可能發現自己很難好好地進行思考。睡眠不足往往是導致意外和決策能力不佳的原因。

　　再多的咖啡因也無法彌補前一晚的睡眠不足。事實上，咖啡因、酒精和其他藥物都會影響夜間的睡眠能力。你的身體需要適當的休息，因為身體會利用熟睡的時間進行自我修復；如果你都不睡覺，身體將無法正常地進行自我修復。如果你一夜之間醒來數次、打鼾的情況嚴重，或是醒來時氣喘吁吁的，都可能是睡眠障礙的跡象，應該諮詢專業醫事人員。

　　請盡力養成適當的睡眠習慣，以獲得所需要的休養，相關做法可參閱228頁的「睡眠保健指南」。接著，請於後方的空白處，寫下自己的睡眠習慣如何影響感受，以及至少兩種能調整睡眠習慣來改善自身感受的方法。

· 我的睡眠（或睡眠不足）會影響我的感受，因為＿＿＿＿＿＿＿＿＿＿＿＿＿

＿＿＿＿＿＿＿＿＿＿＿＿＿＿＿＿＿＿＿＿＿＿＿＿＿＿＿＿＿＿＿＿＿＿＿＿＿

＿＿＿＿＿＿＿＿＿＿＿＿＿＿＿＿＿＿＿＿＿＿＿＿＿＿＿＿＿＿＿＿＿＿＿＿＿

· 我可以藉由以下方式來改善睡眠習慣
1.＿＿＿＿＿＿＿＿＿＿＿＿＿＿＿＿＿＿＿＿＿＿＿＿＿＿＿＿＿＿＿＿＿＿＿＿

＿＿＿＿＿＿＿＿＿＿＿＿＿＿＿＿＿＿＿＿＿＿＿＿＿＿＿＿＿＿＿＿＿＿＿＿＿

2.＿＿＿＿＿＿＿＿＿＿＿＿＿＿＿＿＿＿＿＿＿＿＿＿＿＿＿＿＿＿＿＿＿＿＿＿

＿＿＿＿＿＿＿＿＿＿＿＿＿＿＿＿＿＿＿＿＿＿＿＿＿＿＿＿＿＿＿＿＿＿＿＿＿

疾病和身體疼痛

如果你正在經歷任何疾病或身體疼痛，都會影響你的情緒感受。你的身體感受與情緒感受之間有直接的關聯性，如果你的身體狀態不健康，有時情緒上就很難或不可能處於健康狀態。

因此，對於你正在經歷的任何疾病或身體疼痛，必須要主動尋求醫療上的協助。

此外，聽從治療疾病的醫療專家之建議，並遵循為你制定的任何藥物治療安排，也是相當重要的。

為了預防未來可能出現的疾病及身體疼痛（如果你目前未曾經歷的話），請使用本節提供的指南。

以適當的營養、大量的運動量、避免飲酒及服用非處方藥物、獲得充足的睡眠為基礎，就可以創建更健康的人生。

請於後方的空白處進行記錄，寫下自己的疾病或身體疼痛如何影響感受，以及至少兩種能改善疾病或疼痛來調整自身感受的方法。

· 我的疾病或疼痛會影響我的感受，因為＿＿＿＿＿＿＿＿＿＿＿＿＿＿＿＿

＿＿＿＿＿＿＿＿＿＿＿＿＿＿＿＿＿＿＿＿＿＿＿＿＿＿＿＿＿＿＿＿＿＿＿＿＿

＿＿＿＿＿＿＿＿＿＿＿＿＿＿＿＿＿＿＿＿＿＿＿＿＿＿＿＿＿＿＿＿＿＿＿＿＿

· 我可以藉由以下方式來療癒疾病或痛苦_____

1. _____

_____

2. _____

_____

身體的緊繃和壓力

　　如果你時常感覺到身體肌肉緊繃，也可能會感到情緒緊張、焦慮、精疲力竭或煩躁。肌肉緊繃就像是一種疾病，會直接影響你的情緒。同樣的，如果你感覺焦慮，這種情緒往往會導致肌肉緊繃，尤其是肩頸部位的肌肉緊繃，甚至是腸胃疾病或皮膚問題。

　　現代生活中有太多讓人感到身體緊繃和壓力的情境：漫長的上班時間、一份不喜愛的工作、上下班通勤、棘手的人際關係、令人吃力的家庭活動排程、世界新聞中發生的所有事物、政治情勢等。因此，找到應對緊張和壓力的健康方法相當重要，如此一來才不會引發其他疾病。

　　在本書討論正念覺察及痛苦耐受的章節中，你可以找到許多因應技巧。正念覺察呼吸練習可以有效地幫助你放鬆，而許多自我安撫的練習也是如此。如果有需要，請再次複習這些章節，找到適合你的練習。

　　請於下方的空白處進行記錄，寫下自己身體的緊繃和壓力如何影響感受，以及至少兩種能調節壓力和緊張來改善自身感受的方法。

· 我的緊張和壓力會影響我的感受，因為_____

_____

_____

· 我可以藉由以下方式來應對緊張和壓力
1. _____

_____

2.

_____

_____

睡眠保健指南

不論是哪一種健康生活形態，正確的睡眠習慣都至關重要。如果你難以入睡或難以長時間熟睡，請採納以下建議。

· 至少在睡前六小時前避免攝取咖啡因。

· 睡前及入夜後就避免飲用酒精、攝取尼古丁及娛樂性藥物。

· 睡覺前避免明亮的燈光，包括電視及電腦螢幕，因為它們會刺激你的大腦並可能讓你維持在清醒的狀態。

· 不要在睡前進行運動或吃太多東西。

· 避免在白天時午睡，這會讓你在晚上不夠疲倦。

· 讓你的臥室盡可能保持舒適狀態。將溫度維持在涼爽舒適的程度，盡可能讓房間保持黑暗（如果有需要的話，請使用眼罩），並盡可能減少噪音（如果有需要的話，請使用耳塞）。

· 你的床只能有睡覺和性行為的用途，不得用於工作、閱讀或看電視。如此一來，你的身體就會將床與睡眠產生關聯性，而非各種動態活動。

· 如果你難以入睡，或者半夜醒來後無法再次入睡，請起床做一些撫慰人心的事情，直到你感到夠疲倦並可以再次入睡為止。不要躺在床上想著其他事情，這只會讓狀況更加惡化，讓你更難以入睡。

· 每天晚上在固定時間上床睡覺，每天早上在固定時間起床。創造一個你的身體可以預知睡眠及醒來的規律模式。

· 在睡前進行某些讓身心平靜的放鬆方法：洗澡、冥想、祈禱、寫下自己的想法，或使用放鬆技巧等等。

· 如果你的睡眠問題持續存在，白天無法保持清醒，或者感到沮喪消沉，請聯繫醫療專家尋求建議。

現在，你已經瞭解了各種不同形式的自毀性行為及身體上的脆弱之處，請多影印幾份表 7-6（231 頁），在接下來的兩週內觀察自己的自我傷害行為。這份表單與表 7-2「辨識你的情緒」非常相似。然而，這個練習需要你觀察自己的自毀性行為，接著辨識你的行為提供了什麼情緒獎勵，以及這些獎勵會暫時產生效用的原因。表 7-5 的範例可以為你提供幫助。

在不評判自己的情況下自我觀察

正如你在前述的練習中看到的，自毀性行為只能為你暫時提供解脫。就長遠來看，自毀性行為不僅對你自己，對他人的傷害也會更大。因此，你要開始注意到所有行為的情緒獎勵是什麼，尤其是自毀性行為。

同時也請記住，如果你發現自己的行為被不健康的獎勵所強化了，也不應該批評或評判自己。請記住，**辯證行為治療所依據的原則，說明了兩個明顯彼此矛盾的事物也可以同時為真。最重要的辯證法，是接受自己而不評判，同時也改變破壞性的行為，這樣你就可以過更健康的人生。**

承認自己的部分行為需要改變，這麼做並沒有錯；你仍然可以成為一個善良、友善又充滿關愛的人。你之所以做出這些行為，可能是因為從未有人教導你以任何一種方式來應對難以抑制且痛苦的情緒。如果有人教會你以一種更健康的方式來因應自己的情緒，你可能就會這麼做了，不是嗎？這就是本書全部技巧的目的，要教你以更健康的方式來因應自己的感受。

技巧四：降低你的認知脆弱性

現在你明白自己的想法會如何影響自己的感受。你還記得前面提到的弄丟手錶的吉姆嗎？（215 頁）他本來想著：「我太心不在焉了，我真是個白癡。」但這只會讓他對自己所做的事感到更糟糕。這類型的想法被稱為「觸發性想法」（trigger thought），因為它會觸發或導致情緒上的痛苦和折磨。

如果你時常沉迷於觸發性想法，可能會比其他人更頻繁地產生壓倒性強

表 7-5：辨識你的自毀性行為 · 範例

問題	你的回應
這種情況是什麼時候發生的？	今天晚上
發生了什麼事？（請描述這個事件。）	我和女朋友吵架了。我叫她過來找我，她說她很忙。接著，我告訴她，如果她不過來，我不知道會對自己做些什麼事，所以她就過來找我了。
你認為為什麼會出現這種情況？（辨識出原因。）	有時候她很自私。但我也知道她下班後回到家會很疲累。她很努力學習一些正在修讀的課程。我們兩人的心情都不好。
這種情況讓你在情感及身體上有什麼感覺？（試著辨識原始情緒和次級情緒。）	原始情緒：憤怒 次級情緒：絕望，惱怒，害怕她會離開我 身體感覺：我的臉變得很燙，我的雙手緊握著。
在你有了這些感受之後，想做什麼？（你有哪些衝動？）	我想對著她尖叫，告訴她，她有多麼自私。我也想過要用刀在手臂上劃下疤痕，就像我過去會做的事一樣。
你做了什麼、說了什麼？（由於你的感受，你採取了哪些行動或行為？）	我告訴她，如果她真的愛我，就必須過來找我，否則我不知道自己會做些什麼。然後，我沒等她答覆就掛掉電話。我走進廚房，一邊等她過來，一邊吃掉了半桶的冰淇淋。我一整晚都沒睡。
你的自毀性行為帶來的情緒獎勵是什麼？（試著辨識情緒獎勵為何是暫時性的。）	藉由操控她，我讓她過來找我了，這讓我感覺很好。但是，等她過來找我的時候，我們吵架了。 冰淇淋也讓我的心情好了一些，但最近我的體重增加太多，這也讓我感到有罪惡感。我又一整晚沒睡，第二天早上感覺更糟了。

表 7-6：辨識你的自毀性行為‧空白表單

問題	你的回應
這種情況是什麼時候發生的？	
發生了什麼事？（請描述這個事件。）	
你認為為什麼會出現這種情況？（辨識出原因。）	
這種情況讓你在情感及身體上有什麼感覺？（試著辨識原始情緒和次級情緒。）	
在你有了這些感受之後，想做什麼？（你有哪些衝動？）	
你做了什麼、說了什麼？（由於你的感受，你採取了哪些行動或行為？）	
你的自毀性行為帶來的情緒獎勵是什麼？（試著辨識情緒獎勵為何是暫時性的。）	

烈情緒。其實，所有人都會時不時地突然冒出一些觸發性想法，而培養情緒調節技巧的目的，就是學會當這些想法出現時要如何應對。其中有一些想法是我們在小時候聽到的，來自父母、監護人、老師及其他人的批評。但是，其他會觸發這些想法的，是我們用來侮辱自己或讓自己的人生變得更加艱難的自我批評。

以下列有一些時常讓人在情緒上感到痛苦的觸發性想法。請勾選曾經發生在你身上的項目，然後在後面的空白處寫下其他觸發性想法。如果你想不到曾有過的觸發性想法，請回想上一次感到不滿、憤怒、悲傷、沮喪、擔心或焦慮的經驗，然後回想那些讓你感覺更糟糕的念頭，這些就是你的觸發性想法。以下提供一些參考範例：

□「我是個白癡／混蛋／笨蛋。」

□「我什麼都做不好。」

□「我是個失敗者。」

□「我真無能。」

□「永遠不會有人愛我。」

□「我不討人喜歡。」

□「我一定有什麼問題。」

□「我已經壞掉了。」

□「沒有人關心我。」

□「每個人總是離我而去。」

□「大家總是要傷害我。」

□「我無法相信任何人。」

□「我要一個人孤獨終老了。」

□「如果沒有 ＿＿＿＿＿＿＿ 的幫助，我的人生就此完蛋了。」

□「我不值得快樂／成功／被愛。」

□ 其他想法：＿＿＿＿＿＿＿＿＿＿＿＿＿＿＿＿＿＿＿＿＿＿＿＿

顯然，如果觸發性想法不斷引起你的注意並導致痛苦的情緒，那麼它可

能會成為你人生中強大的負面力量。但是，請記住，除了觸發性想法之外，吉姆也使用了一種因應想法：「這個錯誤已經發生了，沒有人是完美的。」然後他就可以感到更加自在了。如果你知道如何善用因應想法，那麼它們也能成為同樣強大的一股力量。接下來，你將學習到三種認知技巧，可以幫助你應對觸發性想法及壓倒性強烈情緒，也就是：思緒和情緒脫鉤、因應想法，以及平衡你的想法和感受。

◆自我練習：思緒和情緒脫鉤

　　思緒脫鉤（141頁）是第四章中教導的一種正念覺察練習，但它也是一種重要的情緒調節技巧，值得在這裡重述一次。思緒脫鉤是一種幫助你從思緒（想法）及壓倒性強烈情緒中「脫鉤」的技巧，需要你好好發揮想像力，其目的是將你的思緒和情緒視覺化，像是圖像或文字的形式，讓它們無害地從身邊飄過，而你不會沉迷其中、過度分析或是被它們給困住。

　　一般來說，人們會發現，採用下列方式之一來想像自己的思緒和情緒飄散而去，很有幫助。但是，如果你已採用了其他的視覺想像，或者你想打造類似的做法，也請選擇最適合你的方式。下面提供一些參考範例：

- ・想像自己坐在田野中，看著思緒和情緒隨雲飄散而去。
- ・想像自己坐在小溪旁，看著思緒和情緒從樹葉上飄走。
- ・想像你的思緒和情緒寫在沙灘上，然後看著海浪將它們沖走。

　　請記住，進行這項練習時，要持續使用全然接納技巧。讓你的思緒和相關情緒任意而為，不要與之抗爭，或是批評自己有這些思緒和情緒而分心。請讓這些思緒和情緒來去自如。

　　為了學習情緒調節技巧，你可以採用「思緒和情緒脫鉤」練習的兩種變化方式之一。你可以在沒有預設想法的情況下，開始進行練習，只要觀察任何思緒和相關情緒的產生，然後讓它們來去自如，不要被任何一個困住。或者，你可以藉由關注自己的一個觸發性想法來開啟這項練習；回想一下最近

讓你感到痛苦的記憶，你的觸發性想法就會出現。注意自己的情緒和身體感受，接著開始進行「思緒脫鉤」的練習。在這種情況下，該事件中的許多記憶（以及觸發性想法本身）將會自動出現在你的腦海中。這些記憶出現時，你只要繼續像往常一樣觀察著思緒和情緒的來去，不要加以分析或是緊抓著它們不放。

開始進行練習之前，請先閱讀引導說明以熟悉這項體驗。如果你覺得聆聽引導說明的方式更自在，請使用智慧型手機以緩慢且平穩的聲音錄下來，以便在練習此技巧時聆聽。

當你第一次進行思緒脫鉤的練習時，設定三到五分鐘的計時，練習釋放自己的思緒和相關情緒，直到鬧鐘響起為止。然後，當你越來越習慣於使用此技巧時，就可以設定更長的時間，例如八分鐘或十分鐘。但是，不要指望自己一開始時就能靜坐那麼久。

盡可能頻繁地練習，當你可以自在熟練地進行這項技巧時，就能藉由短暫地閉上雙眼，來想像這些思緒和情緒飄散而過，進而放下日常生活中種種的觸發性想法及痛苦情緒。

引導說明

首先，請找一個設定計時後就不會被打擾的房間，找個舒適的位置坐下；關掉任何會轉移注意力的聲音。現在，請進行幾次緩慢而深長的呼吸，放鬆，然後閉上雙眼。

現在，想像自己身處於所選擇的場景中，以便觀察你的思緒來來去去，無論是在海灘或溪流旁，在田野或房間內，甚至是任何地方。盡力想像你自己身處在那個場景中。

當你開始進行，也意識到自己的思緒後，就觀察出現的那些思緒，無論它是什麼。不要試圖阻止你的思緒，盡量不要因為任何思緒而批評自己。只要看著思緒出現，然後使用你選擇的任何技巧，看著思緒消散而去。

如果你有任何一個思緒是觸發性想法，只要對自己說你有一個觸發性想法，觀察它所引發的任何情緒，然後讓該想法和情緒以你選擇的任何方式經

過，你不必深陷其中，也不去分析（如果你正在錄製音檔，請在此處暫停一分鐘）。

　　無論這個思緒是大是小、重要或不重要，觀察在你腦海中出現的思緒，然後以你選擇的任何方式讓它飄散或消失（如果你正在錄製音檔，請在此處暫停一分鐘）。

　　維持緩慢的呼吸，吸氣和吐氣，看著自己的思緒和情緒飄散而去。

　　當你注意到自己因為那些思緒而產生痛苦的情緒時，讓它們在你的想像中飄散而過（如果你正在錄製音檔，請在此處暫停一分鐘）。

　　繼續觀察思緒和感受的出現與消失，使用最適合你的圖像或文字來表達你的思緒和感受。盡力觀察思緒和感受的出現與消失，不要陷入其中，也不要批評自己（如果你正在錄製音檔，請在此處暫停一分鐘）。

　　如果不只有一種思緒和感受同時出現，就看著它們同時出現和消失。如果思緒和感受來得很快，盡力看著它們全部消失，不要陷入其中。

　　持續呼吸，觀察思緒和感受的來來去去，直到鬧鐘響起為止（如果你正在錄製音檔，請在此處暫停一分鐘）。

　　完成後，緩慢地深呼吸幾次，然後慢慢地睜開眼睛，將注意力轉移到房間裡。

運用因應想法

　　當你身處痛苦的情境時，「因應想法」的目的就是安撫自己的情緒，這些陳述可以提醒你關於自身的力量、過往的成功，以及一些普遍的真理。吉姆在丟失手錶之後，本來想著，「我太心不在焉了，我真是個白癡。」這讓他感到沮喪。但是，後來他採用了「這個錯誤已經發生，沒有人是完美的」這個因應想法，因此感到更加自在。

　　第二章介紹了如何使用自我鼓勵的因應想法，它們對你的情緒調節有非常重要的益處，有必要在此重述。在以下的「因應想法清單」中，你可以找到許多因應想法，在身處痛苦的情境時，採納這些關於你的力量和過往成功的想法，來當作提醒。

請找尋一些你認為強大且激勵人心的因應想法，或創造屬於你的因應想法，將它們寫在小卡片上隨身攜帶，或者使用智慧手機的筆記應用程式來記錄。然後，當你身處痛苦的情境時，提醒自己這些因應想法為何。此外，請將它們寫在便利貼上，並將張貼在你時常看得見的地方，例如冰箱或鏡子上。你越是頻繁地看見這些安撫人心及自我肯定的想法，它們就會越快成為思考歷程中自動運作的部分。

以下提供許多人覺得有助益的因應想法清單，請勾選可能對你有幫助的項目，再加上屬於你自己的因應想法。

因應想法清單

☐ 這個錯誤已經發生了，沒有人是完美的。

☐ 這種情況不會永遠持續下去的。

☐ 我經歷了許多痛苦的經驗，但也好好活下來了。

☐ 這終究會過去的。

☐ 我現在感覺很不舒服，但我可以接受。

☐ 雖然我很著急，還是可以處理這種情況。

☐ 我很強大，可以應對現在發生的事。

☐ 對我來說，這是一個學習如何應對恐懼的機會。

☐ 我可以安然度過難關，它不會影響到我。

☐ 我現在可以不著急而慢慢地放手和放鬆。

☐ 以前我在類似的情況下倖存下來，在這種情況下也會安然無事。

☐ 我的焦慮／恐懼／悲傷不會要我的命；只是現在的感覺不太好。

☐ 這些只是我的一些感覺，它們終究會消失。

☐ 有時候，感到悲傷／焦慮／害怕也沒有關係。

☐ 我的那些念頭並不能控制我的生活，掌控的人是我。

☐ 如果我願意的話，可以用不同的方式思考這件事。

☐ 我現在沒有生命危險。

☐ 那又怎樣？

□ 這種情況糟透了，但只是暫時的。

□ 我很堅強，可以應對這一切。

□ 其他想法：＿＿＿＿＿＿＿＿＿＿＿＿＿＿＿＿＿＿＿＿＿＿

平衡你的想法及感受

許多事件都有可能引發壓倒性強烈情緒，但如果你只關注真實情況的一小部分，也可能會被自己的情緒給淹沒。這種想法就稱為「過濾」（filtering）。以下提供一些參考範例：

· 澤娃是一位成績相當優良的學生，總是名列前茅，也獲得了第一志願大學的全額獎學金。但是，當她拿到很差的數學考試成績時，情緒崩潰了。當她心裡想著「我真是個失敗者」時，立刻開始感到不知所措、沮喪又生氣。

· 安東尼奧問女朋友，三點時是否能去他家。她說必須忙到七點，等她忙完再過去找他。安東尼奧立刻就生氣了，指責她拋下他。

· 珍妮佛住在環境不錯的一個街區，在一個典型中產階級的家庭中長大。多數情況下，她得到父母所給予的充分善意及支持，他們總是盡心盡力給她最好的一切。然而，珍妮佛五歲的某一天，父親因為她頂嘴而懲罰她，將她禁足了一週。珍妮佛成年後，每當她想起自己的童年時，就只記得那件事，而且會為此感到很難過。

你看見每個人思考歷程中的「過濾」了嗎？澤娃被一個不夠完美的成績表現所擊垮，因為她過濾掉以往所有的成功經歷。安東尼奧過濾掉的事實，是女朋友表示會在比較方便的時間來找他。珍妮佛則過濾掉童年中所有正向積極的經歷，只專注於過程中的一個困境。

想像一下，如果你在生活中總是戴上深色的太陽眼鏡，就難以看見這個世界的色彩，你擁有的人生將變得侷限且沉悶。同樣的，當你過濾了自己的經歷，只關注人生中令人痛苦的成分時，也為自己選擇了一種充滿限制而欠缺成就感的人生。

為了開始平衡你的想法，進而平衡你的情緒，你有必要在一個刺激情緒的事件中，檢視分別支持對立兩邊的證據：

- 讓你足以進行自我批評的證據／證明你是個好人的證據
- 你身上只會發生壞事的證據／好事也會發生在你身上的證據
- 沒有人關心你的證據／人們其實很關心你的證據
- 你總是把事情搞砸的證據／你過往成功的證據
- 當前的情況很糟糕的證據／事情沒有你想像中那麼糟糕的證據
- 一般情況而言，負面消極的證據／正面積極的證據

與過濾相反的，就是足以看見「大局」（big picture）的能力。如果你終其一生都只狹隘地聚焦在生活中負面消極的證據，就很難看見大局。你可以藉由檢視那些與你的痛苦想法和感受相互矛盾的證據，進而學會看清大局。具有壓倒性強烈情緒的人時常會忽視這些事實，但這些事實構成了大局的其餘部分，而且往往可以改變你對某個情況的觀點。然後，藉由練習，你會減少過濾自己的經歷，也不會被自己的情緒給壓垮。

為了看見大局，請採用以下的指導方針。每當你發現自己處於快要被情緒壓垮的情況時，請詢問自己以下的問題：

1. 發生了什麼事？
2. 因此，你有什麼想法和感受？（請具體說明。）
3. 有哪些證據**支持**你的想法和感受？
4. 有哪些證據與你的想法和感受**相互矛盾**？
5. 對於這種情況，更準確且公平地思考和感受的方式是什麼？
6. 為了健全地應對這種情況，你能做些什麼？

當你開始對某種情況感到不知所措時，先問問自己到底發生了什麼事，是最好著手的起點。先辨識出是什麼事讓你感到沮喪，以澤娃為例來說，她注意到自己的數學考試成績很差。

第二，辨識你的想法和感受。請記住，你的想法會大大地影響你的感

受。但是，如果你對某種情況的想法被過濾了，看不見全局，就更有可能導致壓倒性的痛苦情緒。在澤娃的例子中，她先是想著「我真是個失敗者」，接著就感到不知所措、沮喪又生氣。

第三，請問問自己，是什麼證據支持你對這種情況的想法和感受；這往往是一個易於回答的問題。如果你一生都在過濾自己的經歷，以至於只看得見消極且令人痛苦的事實，就很容易想到許多讓你感到痛苦且不知所措的原因。畢竟，這是你一向習慣做的事。澤娃很容易就能辨識自己感到如此沮喪的原因：她一如既往地努力學習，但考試成績卻很差，這是她全學年拿到的最低分。

然而，對掙扎於壓倒性強烈情緒的人來說，第四個問題往往陌生且具有挑戰性。某種情況下，要求你辨識出與自己的想法和感受相互矛盾的證據，就需要你以一種全新且更深入的方式來看待這種情況。例如，想像一下，相較於搭乘飛機在空中飛行的乘客，站在街上的行人眼中的世界有多麼不同。兩者眼前所看的都是同一片風景，但飛機上的人可以更仔細地看清一整片景致，也就是所謂的大局。

同樣的，你需要檢視更多足以影響你的情況，以及構成大局的事實和證據。正如前文的參考範例，人們通常會過濾掉生活中正向積極的部分，忽略了一些足以改變他們對該情況之觀點的事實。如果你真的不想再深陷於自己的情緒之中，就必須好好檢視所有的事實。

還記得澤娃所過濾掉的事嗎？她是一名在榮譽榜上的資優生，還獲得了全額獎學金，也得以進入第一志願大學。現在，請思考一下，這些資訊如何與她的想法（「我是一個失敗者」）以及她的感受（不知所措、沮喪又生氣）相互矛盾。顯然，澤娃過濾掉大局中一些極其關鍵的層面。

請記住，由於這個問題對你來說相當陌生，往往需要一些時間來思考答案。在開口說出「沒有相互矛盾的證據」之前，給自己幾分鐘時間去思考一下可能的事實，請公平友善地對待自己。一定會有支持及反對任何主題的證據，即使相互矛盾的證據不那麼重要，仍然會增加到你的大局中。想一想澤娃的例子，即使她只是一個成績普通或是勤奮的學生，這些事實仍然可以改

變她覺得自己成績不好的看法。所有的事實或相互矛盾的證據再怎麼渺小，你也不能夠忽視。

接下來，請記住那些與觸發性想法相互矛盾的新證據，問問自己，是否有更準確且更公平的方式來思考，並感受這種情況。這是正念覺察自己的情緒及運用全然接納技巧的絕佳時機。請記住，這個練習所設定的主旨，是幫助你以一種全新方式來看待自己的情緒反應；它的前提不是為了批判你，因此，請不要挑剔自己。

當你不斷地以全新方式來看待自己的情緒時，試著接受自己及情緒。在這個步驟中，將新的證據增加至大局中，並試著打造一種更準確、更公平的方式，來思考並感受這種情況。實際情況是，這或許不會改變你當下的感受，但可以幫助你注意到自己未來面對這種情況的感受。運用這些技巧，澤娃的回答可能會是：「感到失望也沒有關係，因為我已經努力學習了，但我沒有表現好。不過，這只是一個糟糕的成績。大部分的時候我都拿到A了，而總體的表現還不錯。」

最後，澤娃會問：「如果要以更健康的方式應對這種情況，我可以做些什麼？」在這裡，你應該借鑑在本書學到的所有技巧，包括有助於你放鬆、評估、設定意圖並採取行動的 REST 策略。例如，澤娃可以使用一些痛苦耐受及自我安撫技巧來改善情緒，例如與朋友交談或聽一些輕鬆的音樂。她也可以使用自己的正念覺察技巧，比如正念覺察呼吸或思緒脫鉤。或者，她可以採用一種因應想法，例如「沒有人是完美的；每個人都會犯錯」。

顯然，自問這項練習中的問題，無法立即且神奇地改變你的感受，卻可以幫助你認清自己長期以來過濾掉的事實，也會告訴你未來如何應對類似的情況。藉由不斷的練習，你就會開始以一種更健康的嶄新方式來應對了。

看見了大局，也會為你的未來帶來希望。許多過濾自己經歷的人，都會感到無望且絕望，因為他們只看到人生中的問題和困境。但是，尋找相反的證據足以打開視野，讓他們看見自己的人生也確實發生了一些好事。尋求那些與壓倒性強烈情緒相反的證據，就如同摘下深色的墨鏡，讓你看見人生中的各種色彩，而這正是一種充滿期望的體驗。

請使用表 7-8「大局證據日誌‧空白表單」（243 頁），幫助你辨識那些支持及反對你的想法與感受的證據。請多影印幾份表單並隨身攜帶。然後，當你處於難以忍受或抑制的情緒之中時，使用此日誌來幫助你看見大局。表 7-7（242 頁）中用澤娃的經驗來為你提供大局證據的範例。

技巧五：增加積極正向的情緒

在你接觸這本書之前，可能是一位處理痛苦情緒的專家，也瞭解身處痛苦情緒的生活是什麼樣子。

然而，現在你明白了，許多有壓倒性強烈情緒的人會懷疑地看待或貶損自己愉快的情緒，過濾掉它們，或者從一開始就不好好把握機會去體驗這些快樂。因此，他們只關注自己的痛苦情緒，例如憤怒、恐懼及悲傷，卻很少去注意快樂、驚喜及愛等令人愉快的情緒。

也許，這是你以前會做的事，但現在你明白要開始關注自己的愉快情緒，這件事對你來說非常重要。當你持續地使用辯證行為治療來改善生活，而人生中還欠缺足夠的愉悅情緒，你就會想要找到更多體驗愉悅情緒的方法。這並不意味著你永遠不會再次體會那些令人痛苦的感覺；這是不可能的事。在人生的不同階段，我們都會面臨各種痛苦情緒，但是，你不必讓這些情緒主宰自己的人生。

有一種可靠方法能幫助你專注於愉快情緒，那就是為自己創造愉快的體驗。同樣的，這是你在第一章「提升痛苦耐的基礎技巧」就學到的，但值得在這裡重述一次。如果你早已做好準備，要開始為自己打造一個更平衡、更健康的生活，請每天抽出一些時間為自己創造愉快的體驗，並將你的感受以及你對這種體驗的看法記錄下來。

當你思考要如何創造愉快體驗時，如果需要一些幫助，請見第一章的「愉快活動清單」（39 頁）。接著，請利用表 7-10 的「愉快活動日誌‧空白表單」（245 頁）並參考表 7-9（244 頁）的範例，記錄你所做的事情、你的感覺，以及你對這項體驗的想法。請記住，每天試著做一些讓自己覺得開心的事，這是你應得的。

表 7-7：大局證據日誌‧範例

問題	你的回應
發生了什麼事？	我的數學考試拿到很爛的成績。
因此，你有什麼想法和感受？（請具體說明。）	想法：「我真是個失敗者」。 感受：不知所措、沮喪又生氣。
有哪些證據支持你的想法和感受？	我像往常一樣努力學習，但我的成績仍然表現不佳。那是我整個學年課堂上拿到的最低成績。
有哪些證據與你的想法和感受相互矛盾？	我是一名全優學生。我上了榮譽榜，還拿到心目中第一志願大學的全額獎學金。
考慮到所有證據，什麼是更準確且公平地思考和感受這種情況的方式？	感到失望也沒關係，因為我已經很努力學習了，卻沒有好表現。不過，這只是一個糟糕的成績。我在大部分時候都拿到 A 了，而且總體的表現還不錯。
為了健全地應對這種情況，你能做些什麼？	和朋友聊一聊，聽自己喜歡的音樂，使用思緒脫鉤。 使用正念呼吸，採用我的因應想法：「沒有人是完美的；每個人都會犯錯。」

表 7-8：大局證據日誌・空白表單

問題	你的回應
發生了什麼事？	
因此，你有什麼想法和感受？（請具體說明。）	
有哪些證據支持你的想法和感受？	
有哪些證據與你的想法和感受相互矛盾？	
考慮到所有證據，什麼是更準確且公平地思考和感受這種情況的方式？	
為了健全地應對這種情況，你能做些什麼？	

表 7-9：愉快活動日誌・範例

什麼時候？	你做了什麼？	你感覺如何？	你有什麼想法呢？
星期三晚上	我洗了一個熱水澡。	非常放鬆且平靜。	「我應該更頻繁地這樣做才對。」
星期四下午	上班時我請自己吃了一頓美味的午餐。	心滿意足且開心。	「我喜歡美食，即使我有時負擔不起。」
星期四晚上	我關掉手機，看了一部電影。	非常棒，笑得很開心。	「我看的喜劇電影還不夠多。」
星期五晚上	我和男朋友一起去吃飯。	激動、緊張且開心	「我希望我們能時常出去吃飯。」
星期六早上	我去寺廟裡做宗教性的服務。	神聖、特別且平靜。	「我應該更經常來訪。」
星期六下午	我去湖邊散步。	沉穩且寧靜。	「這座湖很漂亮。」
星期六下午	我外出散步並去吃冰淇淋。	就像年輕時一樣快樂。	「我真懷念這種快樂的時光。」
星期六晚上	我待在家裡看書。	放鬆且安靜。	「有時候做一些靜態的事情很棒。」
星期日早上	我睡得很晚。	得到充足休息。	「這個星期我的睡眠不足。」
星期日晚上	我又洗了一個泡泡浴。	非常放鬆。	「我應該每晚都這麼做才對。」

表 7-10：愉快活動日誌．空白表單

什麼時候？	你做了什麼？	你感覺如何？	你有什麼想法呢？

| 第 8 章 |

強化情緒調節 進階技巧

在本章中,你將學習四種情緒調節的進階技巧:

1. 以正念覺察情緒而不評判。
2. 情緒暴露療法。
3. 以非情緒衝動的方式行事。
4. 解決問題。

在第四章中,你學習到如何以正念覺察辨識並描述自己的情緒。當你學會以正念覺察情緒而不評判,就可以減少情緒劇烈惡化、變得更痛苦的可能性。在本章,情緒暴露療法將進一步幫助你實踐兩件非常重要的事。首先,你將學會觀察情緒的自然生命週期,觀察它們隨著新情緒取代舊情緒而起伏、轉移並改變。第二,你會瞭解到自己可以忍受強烈的感受,不會迴避或抗拒它們。你會練習讓自己維持在情緒「之中」,即便你想要逃避它,或將這種感覺變成有害的行為(例如大喊大叫、扔東西,或是破壞物品)。

情緒暴露療法是一種學習不懼怕自身感受的關鍵過程,可以增強你的情緒調節能力。你越頻繁地練習這種暴露過程,在面對嚴峻的情緒挑戰時就會越有自信。

此外,你還會學習一種行為技巧:以非情緒衝動的方式行事。在情緒特別強烈時,這能幫助你改變那些通常會出現的行為模式。

當你有強烈的情緒時,會以兩種方式來影響行為。首先,你的臉部表情和肢體語言將會改變以反映你的感受,例如,你生氣了,可能會開始皺眉並握緊拳頭;或者,如果你感到害怕,可能會聳起肩膀並睜大雙眼。壓倒性強烈情緒影響行為的第二種方式,是讓你產生難以抗拒的強烈衝動,例如,在你感到憤怒時,就可能產生想要大喊大叫或打人的衝動,而恐懼可能會促使

你畏縮起來或是向後退。「以非情緒衝動的方式行事」是一種策略，可以阻斷這些無效且受到情緒驅動的反應，同時也能幫助你緩和這種感覺。

在本章，你將要學習的下一個重要步驟，是行為分析和解決問題的技巧，能幫助你更有效地應對這些被情緒驅使的情況。你將會發現導致情緒反應的原因是什麼，並學習制定應對這些情緒觸發事件的替代策略。

接著，我們要做的最後一件事，是向你介紹一種稱為「每週校準調節」（the Weekly Regulator）的練習方案，它將幫助你持續練習在此學到的重要情緒調節技巧。

技巧一：以正念覺察情緒而不評判

學會在不評判的情況下正念覺察自己的情緒，可以大大減少情緒變得更劇烈，或是更難以抑制或更痛苦的可能性。

◆自我練習：正念覺察情緒而不評判

這項技巧就從對於呼吸的正念覺察開始，專注於空氣進入並流動於鼻腔內的感覺、胸部擴張及收縮的感覺，以及腹部隨著每次呼吸而高低起伏的感覺。在進行四或五次緩慢而長的呼吸後，做以下兩件事之一：一、如果你無法辨識任何一種情緒的話，就觀察當下可能感受到的任何情緒；二、想像你在最近發生的事件中經歷的情緒反應。如果你可以想像一個場景的話，盡可能注意更多的細節，試著回想誰說了哪些話，以及你和其他人的行為。

在開始練習之前，請先閱讀引導說明以熟悉這項體驗。如果你覺得聆聽引導說明的方式更自在，請使用智慧型手機以緩慢且平穩的聲音錄下來，以便在練習此技巧時聆聽。

引導說明

在緩慢且平穩呼吸的同時，請將注意力轉移到身體中感受到情緒的地方。這是一種在你的胸前或腹部、雙肩，還是臉部或頭上的感覺嗎？你感覺

到它在你的手臂或是腿部？請注意與情緒有關的任何身體知覺。現在，請你注意這種感覺的強度，它正不斷增強還是減弱？這是一種愉快的還是痛苦的情緒？請試著為這種情緒命名或描述它的某些特質（如果你正在錄製音檔，請在此處暫停一分鐘）。

現在請試著注意你的想法。你有關於情緒的想法產生嗎？這種情緒是否會觸發你對自己或他人的評判？你只需要持續觀察自己的情緒和評判（如果你正在錄製音檔，請在此處暫停一分鐘）。

現在請你想像一下，每個評判變成以下的情況：

- 在溪流中順流的一片葉子，繞過河道彎曲處，消失在視線之外。
- 在電腦螢幕上短暫閃現後消失的彈跳廣告視窗。
- 在鐵路平交道口，經過面前的一長串火車車廂的貨物棚車之一。
- 天空中刮著狂風，而它是風中的一朵雲。
- 它是寫在大型廣告牌上的文字資訊，你開車高速地經過它。
- 在沙漠的公路上，它是卡車或汽車車隊的其中一輛，駛近你後又從旁邊開過去。

選擇對你最適用的想像畫面，其中的關鍵是注意到評判，並把它放在大型廣告牌、葉子或是棚車上，接著就放手（如果你正在錄製音檔，請在此處暫停一分鐘）。

你只需要持續觀察自己的情緒。當對於你自己或他人的評判開始顯現時，將其轉化為一種視覺形象（葉子、雲朵、大型廣告牌等），並看著它逐漸遠離直到看不見為止（如果你正在錄製音檔，請在此處暫停一分鐘）。

現在，該提醒自己，你有感受所有感覺的權利。情緒會來來去去，就像大海中的海浪。無論你覺得怎樣才合理、怎樣才必要，無論那多麼強烈或痛苦，總是會有起伏不定的大浪。請慢慢地吸一口氣，接受這種情緒在你體內存在一小段時間，然後它就會消散而去了（如果你正在錄製音檔，請在此處暫停一分鐘）。

注意你自己的評判性想法，具體地想像它們，接著讓它們消散而去。讓你的情緒自然呈現原先的樣子，就像海上起伏不定的波浪一樣。你與情緒同行一小段時間，接著它們就離開了。這是自然且正常的事，這就是身為人類的意義（如果你正在錄製音檔，請在此處暫停一分鐘）。

　　以三分鐘的正念覺察呼吸來結束這項練習，數一數你呼出的氣息（一、二、三、四），並專注於呼吸時每一刻的體驗（如果你正在錄製音檔，請在此處暫停三分鐘）。

　　回顧這一項練習，你可能會發現這真是一項艱難的任務，覺得觀察和放下評判是相當陌生又奇怪的事。但是，你正在做的這件事相當重要，因為你在學習觀察，而不是被評判性想法所控制。在下一個步驟之前，我們鼓勵你進行這項練習三到四次。

　　請記住，這項觀察情緒而不評判的練習之關鍵步驟如下：

- 專注於你自己的呼吸。
- 專注於情緒（現在或過去）。
- 注意與情緒有關聯的身體知覺。
- 為情緒命名。
- 注意評判（關於自己、他人或是情緒本身）並放下它們。請利用「溪流中的葉子」或其他想像畫面。
- 觀察情緒；情緒就像大海中的海浪。
- 提醒自己，你有權利擁有這些感受。
- 持續地注意並放下評判。
- 以三分鐘的正念覺察呼吸做為結束。

技巧二：情緒暴露療法

　　辯證行為治療的一個主要目標，就是面對你的情緒，而非逃避它；情緒暴露療法可以幫助你培養「接受感覺並減少對情緒感到恐懼」的能力。

　　第一步就是開始記錄情緒日誌，這樣你就更容易覺察特定的情緒事

件，以及你應對這些事件的方法。請將表 8-2「情緒日誌‧空白表單」（252頁）多影印幾份，在接下來的一週裡，請你在情緒日誌中記錄自己經歷的每一種重要情緒。在「事件」那一欄，寫下導致你產生這種感覺的原因，這些觸發事件可能是內在的，比如一個想法、記憶或是另一種感覺，也可能是來自外在的，例如你或其他人說過或做過的事情。在「情緒」那一欄，寫一個詞組或短句來概述自己的感受。在「因應或阻斷反應」那一欄，寫下你為了擺脫這種情緒所做的事情。你是否曾試著壓制或隱藏它？你採取的行動，是挑起一場戰爭或閃避一些可怕的事嗎？你的因應或阻斷反應紀錄，可以幫助你辨識各種情緒，並於後續的情緒暴露療法中進行。

範例：琳達的情緒日誌

琳達一直苦苦掙扎於憤怒及被拒絕的感受中，她在聖誕節的前一週寫下這份情緒日誌。因為她離婚的雙親都沒有邀請她一同共度聖誕假期。

當你回顧自己的情緒日誌時，我們希望你可以注意兩件事。首先，辨識哪一些似乎是長期存在的情緒，而且會持續反覆出現。第二，注意你通常會使用什麼因應或阻斷機制，結果又是如何。這些方法有效嗎？當你採用這些方法的幾個小時後，你的感覺是好轉還是更惡化了？

反覆出現的情緒，或造成更多痛苦而非減輕痛苦的阻斷策略，將會是情緒暴露療法的絕佳目標。有些情緒帶著無效或破壞性的阻斷策略，就需要採取暴露的方式，練習面對並感受它們，而不是採用舊有的迴避方法；因為這些舊策略並不管用，往往只會讓你陷入更多麻煩。

當琳達回顧了自己的日誌後，意識到自己為了應對被拒絕的感覺而做的事情（例如攻擊或批評別人，以及冷漠和拒絕的態度），卻會讓她陷入更深的情緒深谷。最終，她產生了難以抑制的內疚感及自我厭惡，並且似乎又跟家人更疏遠了。

琳達需要學習與自己的感受共處，在不採用舊有迴避策略的情況下，好好觀察這些感受。對她來說，情感暴露是非常重要的一項技巧，以下說明這項技巧。

表 8-1：琳達的情緒日誌

日期	事件	情緒	因應或阻斷反應
12/18	我弟弟打電話來，想知道我是否會去父親家過聖誕節，但是我並沒有被邀請。	覺得受傷、被拒絕、憤怒。	用非常輕蔑的口吻說「沒有」。改變了話題。批評他真的很愚蠢，現在還想成為那個家中的一員。告訴他，父親根本沒有那麼喜歡他。
12/18	我對弟弟說了一些話。	內疚。	我的情緒轉變成憤怒。我發了一封電子郵件給父親，說他是個混蛋，因為他沒有邀請我。
12/19	打電話給母親，她忙到沒空跟我講電話。	被拒絕、憤怒。	心裡想著她一直都是個如此糟糕的母親。我發了一封電子郵件，請她不要費心，不必「從她繁忙的行程之中抽空」回電話給我。
12/20	看見玩具店的櫥窗裡有一座美麗的城堡。想起了以前經常在聖誕節之後才拿到很爛的聖誕節禮物。	被拒絕、悲傷。	去買了一支冰淇淋，看著那些「愚蠢的小螞蟻們」四處奔走，進行聖誕節前的購物，他們就是這個時節的奴隸。
12/21	為父親買了一個皮革公事包。	憤怒、內疚。	希望他在自己的聖誕派對上打開這份禮物，發覺自己沒有邀請我，實在太過分了。寫了一張虛偽的字條，上面寫著「真感謝你是一位如此偉大的父親」，並為我的電子郵件道歉。
12/22	母親回電話給我了。	被拒絕、憤怒。	我對她相當冷淡。當她邀請我去參加聖誕節前的一場晚宴時，我告訴她，我很忙。

表 8-2：情緒日誌‧空白表單

日期	事件	情緒	因應或阻斷反應

◆自我練習：情緒暴露療法

當你開始感受到要因應的情緒出現時，請執行以下的步驟。你可以自己閱讀引導說明，也可以使用智慧型手機以緩慢且平穩的聲音錄下來。

引導說明

請進行三到四次緩慢的腹式呼吸法。當空氣充滿你的肺部，並擴充於腹部和胸部時，請注意你將空氣吸入身體時的感覺。緩慢呼吸的同時，注意你身體內部的感覺，尤其是腹部和胸部，也特別注意你的脖子、肩膀及臉部的感覺（如果你正在錄製音檔，請在此處暫停幾秒鐘）。

現在，注意你的情緒感受。你只需要將注意力集中於這種感覺，直到對它有了整體的理解。對自己描述那種感覺，為它貼上標籤。注意感覺的強度，找到可以描述其強度的字詞，注意情緒是在增強還是減弱。

如果情緒是一波大浪，那麼你現在正處於波浪的哪一個點？上升至高處、波峰上，還是開始向下滑落至另一側？（如果你正在錄製音檔，請在此處暫停幾秒鐘。）

現在，請注意感覺上的任何變化。是否有其他情緒產生，並與第一個情緒交織在一起？對自己描述任何剛出現的情緒，繼續觀察並尋找可以描述此感受的字詞，來說明質量或強度上的最細微變化（如果你正在錄製音檔，請在此處暫停幾秒鐘）。

當你繼續觀看，可能會注意到自己有想要阻斷情緒的需求，想把它推開。這是很正常的，但請試著再觀察情緒一段時間。你只要繼續對自己描述感受，並注意所有變化（如果你正在錄製音檔，請在此處暫停幾秒鐘）。

請注意，當你不去順應自己的感受而衝動行事、不勃然大怒或閃躲逃避、不傷害自己，會是什麼樣的感覺？僅僅覺察那個感覺而不行動，進行觀察而不行事（如果你正在錄製音檔，請在此處暫停幾秒鐘）。

提醒自己，這是一個終將會過去的一波浪潮，就像人生中無數個情緒浪潮一樣。海浪來來去去的，很多時候你有正面的感覺，但這波浪潮很快就會

退散，你會再次感受到一段平靜的時期。觀察著浪潮，讓它慢慢退散而去（如果你正在錄製音檔，請在此處暫停幾秒鐘）。

如果你產生了對自己或他人的評判，注意它，然後就放下它。如果你對自己感受到這種情緒而對自己或他人有所評判，注意它，然後就放下它。盡力去接受這種感覺，這只是人生中的一場掙扎（如果你正在錄製音檔，請在此處暫停幾秒鐘）。

多花一些時間持續關注自己的情緒。如果情緒正在產生變化，就讓它們改變。對自己描述那些感受，持續觀察，直到情緒發生變化或減弱為止（如果你正在錄製音檔，請在此處暫停幾秒鐘）。

以幾分鐘的正念覺察呼吸來結束這項練習，數一數你呼出的氣息（一、二、三、四），並專注於呼吸時每一刻的體驗（如果你正在錄製音檔，請在此處暫停兩分鐘）。

一開始時，我們鼓勵你先進行短暫時間的情緒暴露，也許只有五分鐘就好。隨著你越來越習慣關注自己的感受後，就能夠容忍較長時間暴露於情緒之中。請務必以正念覺察呼吸來結束情緒暴露療法，因為它可以舒緩這種高強度的感覺，並幫助你放鬆，同時，這也能強化正念覺察技巧，並增加你對目前療效的信心。

請記住，進行情緒暴露練習的關鍵步驟是：

· 專注於你的呼吸。
· 注意身體內部的感覺。
· 注意並描述自己的情緒。
· 注意這種感覺是正在增強還是減弱；將它視為一波海浪。
· 描述是否有剛產生的情緒或質量上的變化。
· 注意任何想要阻斷情緒的需求，但要繼續觀察。
· 注意順應著感受而行事的衝動，但要持續觀察而不採取行動。
· 注意評判（關於自己、他人或情緒本身），並放下它們。
· 持續進行觀察，直到情緒發生變化或減弱為止。

· 以幾分鐘的正念覺察呼吸來結束練習。

範例：正念覺察情緒和情緒暴露療法

這五年以來，亞當一直身陷痛苦之中，因為前妻讓他有被傷害及憤怒的感受。他們現在共同撫養七歲和十歲的孩子，孩子每週分別有一半的時間在父母雙方各自的家中。每次雙方接觸時，亞當的前妻都會說一些讓他生氣的話，而且事情並沒有在當下就立即結束，在之後的幾天，亞當都感到憤怒不平，計畫著接下來要說或做什麼來報復。

對亞當來說，「以正念覺察情緒而不評判」的練習似乎令人生畏，而他也因為長期的情緒波動而疲憊不堪，最近，醫師警告他要注意高血壓前期的狀況。一開始，他先關注自己當前的情緒，發現情緒與他的前妻無關，而且令他吃驚的是，他經常感到悲傷而不是憤怒。

當亞當觀察到自己的悲傷時，開始意識到腹部和雙肩上有一種沉重的感受。他突然覺得，好像看見了背負著沉重負擔的自己。評判出現了——他應該要更堅強，他不是一個好父親，是他搞砸了自己的人生。他察覺到這些想法，便放下它們，想像它們是從面前經過的一連串火車車廂。

亞當沒有跟悲傷抗爭，而是看著它如海浪般起伏。他給予自己悲傷的權利。在練習了幾次，累積一些經驗之後，他已經可以注意到評判的出現並放下它們，這件事變得容易了。藉由正念覺察呼吸，亞當對於自己沉靜下來的能力也產生了信心。

情緒暴露療法對他來說具有更高的挑戰性。亞當選擇練習的是，他在前妻身旁時出現的感受。當妻子在電話中指責亞當是「從不花錢在孩子身上的小氣鬼」之後，亞當進行了第一次的情緒暴露練習。

亞當開始注意到這些話對身體所產生的影響，他覺得很熱，胸部和頸部有一種令人不安的壓迫感（他想知道這是否源自血壓問題）。現在，他對自己描述這種憤怒的感受，感覺起來是堅硬且尖銳的，深深的厭惡感不斷地湧上心頭；還有一種如同絕望的無助感，也就是感覺事情永遠不會改善，永遠不會有所不同。

隨著絕望變得越來越強烈，亞當注意到自己有一股想要關閉及阻斷絕望的衝動。他想要喝一瓶啤酒，並開始計畫要對前妻做出什麼回應。亞當努力地持續觀察情緒，不是試著抓住任何特定的感覺，而是將注意力集中在所有的感覺上。

亞當也意識到自己因為絕望而想採取行動的那股衝動。他想要發怒，打電話給前妻，怒罵她正在毒害他與孩子之間的關係。然後，他在腦海中出現了自己開車撞上一棵樹的畫面，這有一半原因是為了報復，一半是為了結束他感受到的一切痛苦。

當亞當觀察自己的感覺時，評判不斷地出現：「我的前妻太邪惡了……我當初真是太愚蠢了才會娶她……她毀了我的人生……如今人生都搞砸了，無法再繼續下去了。」他專注地把這些想法都集中於腦海中的一節節火車車廂，並讓它慢慢開走，他費了一些力氣，但還是做到了。

過了一段時間後，亞當發現一件讓他吃驚的事。如果他選擇放下，不緊抓著評判，絕望的感覺就會開始消退。它會逐漸緩和，成了一種更接近懊悔的感覺。

現在，亞當將注意力轉移到自己的呼吸上，計數並觀察著每一次的呼吸。三分鐘後，他感覺到一種黑暗的平靜，這不是世界上最棒的感覺，但他可以欣然接受。

技巧三：以非情緒衝動的方式行事

不論你有什麼感受，它的出現通常都有充分的理由。即使這些情緒讓人感到痛苦，但它們的存在都是合理且有根據的。**比較大的問題往往是那些被情緒驅動的行為，因為這類行為通常會造成破壞性的結果。**例如，你讓憤怒驅使自己以言語攻擊他人，就會破壞人際關係；如果你讓恐懼驅使你逃離重要的任務及挑戰，就會抵觸工作上的責任義務。

被情緒驅動而衝動行事的第二個問題，是它們會強化你最初的感受。如果你順應著具破壞性的衝動來行事，可能會更加沉浸在這種情緒中而無法得到解脫，這正是反向行動（opposite action）必須介入的時機。反向行動不僅

不會刺激你的情緒，更有助於調節並改變情緒。以下提供反向行動的一些參考範例。

表 8-3：反向行動 · 範例

情緒	情緒驅動的行為	反向行動
憤怒	攻擊、批評、傷害、大聲喊叫。	確認實情，迴避或轉移注意力，使用柔和的聲音。
恐懼	迴避、縮起肩膀。	接近害怕的事，做你一直在閃避的事，並挺身而出。
悲傷	心情沉悶、迴避、被動、消沉、低垂著頭。	積極主動的態度，活躍地參與活動，設定目標，抬頭挺胸。
內疚／羞恥	懲罰自己、懺悔、迴避、心情沉悶。	如果這是沒有事實根據的內疚，就繼續做引發內疚的事情；如果是情有可原的罪行，就好好地贖罪並做出補償。

　　請注意，反向行動不僅會改變你的肢體語言（身體姿態及臉部表情），也會改變你的實際行為。

　　反向行動不是為了否認或假裝沒有情緒產生，相反的，它與「調節」有關係，你承認這種情緒確實存在，但採用反向行動來減緩這種情緒，或是鼓勵另一種情緒產生。

　　進行「反向行動」有六個步驟：

1. 從承認你的感受開始，以文字描述情緒。
2. 問問自己，是否有充分的理由需要調節或減弱這種情緒的強度。它是否讓你無法忍受？它會驅使你做出危險或破壞性的事情嗎？
3. 注意伴隨著情緒而來的特定肢體語言及行為（請參考表 8-3 中「情緒驅動的行為」欄位）。你的臉部表情和身體姿態如何？你說了些什麼，又是怎麼說的？為了回應這種情緒，你實際上會做什麼事？
4. 確認自己採取的反向行動。你需要透過什麼方式才能有效地放鬆臉部及身體，不會看起來像是大聲疾呼著「我生氣了」或「我害怕了」的

樣子？你應該如何改變身體姿態，以傳達出自信及活力，而非沮喪的狀態？面對讓你感到害怕的事物時，你該如何向前走去而不是向後撤離？當你生氣時，該如何承認或忽視，而不是進行攻擊呢？針對反向行動來制定一個計畫，其中包括了打造不同行為的具體描述。

5. 全心致力於反向行動，並設定一個時間範圍來持續投入。你將進行反向行動多久？當你考慮要做出承諾時，請牢記自己調節情緒的原因是什麼。過往，當你屈服於由情緒驅動的行為時，發生了什麼事？你或其他人是否曾為此付出沉重的代價？

6. 監看自己的情緒。當你進行反向行動時，請注意最初的情緒如何變化或逐步演變。所謂的「反向行動」，實際上是在向大腦發送一則訊息，表明原先舊有的情緒是不恰當的，這可以幫助你轉移到一種較不痛苦的情緒上。

現在，該來進行預先計畫了。你將會辨識出一些如「常客」般造訪的情緒，並採取反向行動策略來幫助你調節情緒。

填寫這份表單相當簡單，但有極大的重要性。在表 8-5 中，你要辨識自己預期在未來會感受到的情緒，並為一種與過往截然不同的反應進行準備（請影印幾份表單）。

以下提供一個參考案例。還記得琳達在聖誕節前寫下的情緒日誌嗎？當她開始製作反向行動計畫表時，辨識出有幾項反向行動或許有助於改善她的憤怒、被拒絕感和內疚感。表 8-4 是她的策略。

幾個星期以來，琳達監看這些反向行動造成的結果，以瞭解新行為的成效。她發現，當自己遵循著反向行動計畫時，怒氣消散得更快；以平靜的聲音說出自己覺得受傷的事，似乎可以緩和她的不安。起初，她一直不敢正面承認自己有被拒絕的感覺，因為這會讓她更加脆弱。但是，經由幾次的嘗試之後（例如，告訴父親，不能和他一同共度聖誕節，讓她感到很難過），琳達發現自己的憤怒時常會轉移到較不尖銳、較不痛苦的事物，她也不會再花太多時間覺得自己是受害者。

表 8-4：琳達的反向行動計畫表

情緒	情緒驅動的行為	反向行動	時間區段	結果
感覺被拒絕，憤怒的	1. 不與人交流。 2. 攻擊。 3. 小小的報復行為。	以柔和且不帶攻擊性的聲音，說出那些事情傷害了我。客氣一點；迅速地結束對話。為自己做些什麼，而不是計畫報復行為。	談話持續進行的同時	我的對話內容較為平靜，沒有惡化變成爭執。我以客氣的方式來表達自己的感受。
內疚的	1. 展現「虛偽的善意」。 2. 攻擊。	直接道歉，但要讓其他人知道我不喜歡被如此對待。	談話持續進行的同時	人們感謝我的誠實。我誠實地表達了自己的感受。

表 8-5：反向行動策略・空白表單

情緒	情緒驅動的行為	反向行動	時間區段	結果

　　要進行反向行動並不容易，我們無法假裝這件事輕而易舉。但是，藉由練習，反向行動可以舒緩和撫慰那些難以忍受的情緒。

　　恐懼往往都會轉變為賦權（empowerment），悲傷則會轉變為參與（engagement），憤怒會轉變為超然（detachment），而羞愧和閃避則變成了全然投入（willingness）。反向行動策略表單可以為你提供一個非常有效的情緒調節工具。

技巧四：解決問題

　　有時候，情緒調節必須在壓倒性強烈情緒出現之前就開始進行。解決問題的重點是辨識觸發事件為何，並在未來找到更有效的不同方式來應對。解決問題的第一步是學習行為分析。

行為分析

　　解決問題始於所謂的行為分析，基本上，這等同於追蹤那些造成問題情緒的事件。表 8-7「行為分析‧空白表單」（262 頁）將帶你逐步完成整個程序，多請影印幾份表單。

範例：山姆的行為分析

　　山姆發現自己時常陷入壓倒性強烈情緒之中，特別是在與岳母互動之際。當山姆對自己的憤怒反應進行行為分析時，發現了始料未及的幾個內部觸發因素。

　　請注意，外部事件——岳母的來訪——只是一連串事件其中的一步，大部分導致憤怒的幾個步驟都是內在的，包括想法及其他痛苦的感受。如果山姆想要好好地調節自己的憤怒，可能需要辨識自己想要改變觸發過程的哪些步驟，然後以解決問題的方法來提出全然不同的反應。

　　這裡的要點是，**在你的情緒迅速蔓延之前，藉由改變你所做的事，就可以改變或緩和壓倒性強烈情緒。**

　　第一步，在完成你的行為分析後，決定想要改變哪些突發事件或次要事件，它必須是：一、你可以控制的事件（例如，你自己的想法或行為），二、透過改變就可能會減少問題情緒的事件。

　　在山姆的案例中，他決定針對自己因羞恥而產生的想法及言語攻擊來採取措施。山姆意識到，這些年來，在他生氣之前，這種相同模式經常重複出現。他會先產生自責的想法，接著很快就出現令人難以忍受的痛苦，然後，他會試著找別人的麻煩來掩蓋自己的羞恥感，進而引發憤怒並最終導致言語攻擊。

表 8-6：山姆的行為分析

---

1. 造成問題的情緒：我對於岳母的憤怒

2. 突發事件

   外部事件：我岳母要來我家。當她看著我家時一臉不悅。

   想法：我的房子需要粉刷，我的院子裡長滿雜草，看上去破敗不堪。這個地方是一個垃圾場。

3. 次要事件

   a. 情緒：悲傷

      想法：我討厭這個地方。

   b. 情緒：羞恥

      想法：我為什麼要在這種垃圾場中度過一生？為什麼我不能做得比現在更好？我知道為什麼，因為我是一個賺不了大錢的失敗者。

      行為：指責岳母在我們需要幫忙時不曾提供援助，不關心我們面臨的問題，當她不同意我的說法時，我就對她大發雷霆。

　　當你完成了一份行為分析表時，將會瞭解到這些情緒是如何形成的。總有一些事情會觸發你的情緒，有時候，觸發因素是內在的，例如你自己的想法或感受，有時是基於許多原因，而這些原因都需要被辨識並追蹤。

　　當你開始使用自己的行為分析表，辨識出你想要有所改變的突發事件或次要事件之後，下一步就是採用「ABC 問題解決技巧」。

ABC問題解決技巧

　　當你完成行為分析表後，這就是解決問題的第二步，它將教你辨識問題解決技巧中 ABC 分別代表的基礎方法：

　　A. 替代方案（Alternatives）：針對所有備選的方案集思廣益，你可以如何改變突發或次要的想法或行為？

表 8-7：行為分析 · 空白表單

1. 造成問題的情緒：＿＿＿＿＿＿＿＿＿＿＿＿＿＿＿＿＿＿

2. 突發事件（出現情緒之前所發生的事情）

   · 外部事件：是否有你無法控制的事情（例如失業、生病、聽見令人不安的消息等）
   發生了？

   ＿＿＿＿＿＿＿＿＿＿＿＿＿＿＿＿＿＿＿＿＿＿＿＿＿＿＿＿＿＿＿

   · 想法：在出現情緒之前，哪些想法可能觸發或強化你的反應？

   ＿＿＿＿＿＿＿＿＿＿＿＿＿＿＿＿＿＿＿＿＿＿＿＿＿＿＿＿＿＿＿

   · 情緒：先前的或不同的情緒，是否觸發了你的反應？

   ＿＿＿＿＿＿＿＿＿＿＿＿＿＿＿＿＿＿＿＿＿＿＿＿＿＿＿＿＿＿＿

   · 行為：你或其他人所做的事，是否觸發了你的反應？

   ＿＿＿＿＿＿＿＿＿＿＿＿＿＿＿＿＿＿＿＿＿＿＿＿＿＿＿＿＿＿＿

3. 次要事件：辨識在突發事件之後（但在造成問題的情緒之前）立即發生的事情，
   將其詳細拆解為一系列的步驟（a, b, c）。

   a. 想法：＿＿＿＿＿＿＿＿＿＿＿＿＿＿＿＿＿＿＿＿＿＿＿

   　情緒：＿＿＿＿＿＿＿＿＿＿＿＿＿＿＿＿＿＿＿＿＿＿＿

   　行為：＿＿＿＿＿＿＿＿＿＿＿＿＿＿＿＿＿＿＿＿＿＿＿

   b. 想法：＿＿＿＿＿＿＿＿＿＿＿＿＿＿＿＿＿＿＿＿＿＿＿

   　情緒：＿＿＿＿＿＿＿＿＿＿＿＿＿＿＿＿＿＿＿＿＿＿＿

   　行為：＿＿＿＿＿＿＿＿＿＿＿＿＿＿＿＿＿＿＿＿＿＿＿

   c. 想法：＿＿＿＿＿＿＿＿＿＿＿＿＿＿＿＿＿＿＿＿＿＿＿

   　情緒：＿＿＿＿＿＿＿＿＿＿＿＿＿＿＿＿＿＿＿＿＿＿＿

   　行為：＿＿＿＿＿＿＿＿＿＿＿＿＿＿＿＿＿＿＿＿＿＿＿

B. 最好的主意（Best ideas）：評估你的清單，並選擇一個或兩個最理想
的見解來加以實施。

C.承諾執行（Commitment to implementation）：確定你將要試著採用全新對應方式的時間及地點，寫下要使用的新想法或新行為。

A 替代方案：腦力激盪

我們以山姆的例子來完成問題解決技巧的步驟。

山姆有兩組腦力激盪的清單，一組是用來替換羞恥所觸發的想法，另一組則用來改變他的攻擊行為。

表 8-8：山姆的腦力激盪計畫

關於羞恥的替換想法	關於攻擊行為的替換做法
· 想一想那些我做對的事情。 · 提醒自己，這讓我變得如此瘋狂，後來我有多麼生氣。 · 分散我的注意力，去聽聽音樂。 · 向妻子尋求支持。 · 開車兜風，去拍一些照片。	· 在說出任何負面消極的話語之前，先確認這個人的價值。 · 在我感到難過或羞愧時，永遠不要說出任何語帶批評的話。 · 給予書面寫下（而非口頭）的回饋，因為我經常會因為心情太沮喪而說出刻薄的話。 · 在說出任何話之前，先想著對方會有什麼感受。 · 在批評任何人之前，先和妻子確認我是否因憤怒而失控了。

B 最好的主意：步驟評估

山姆評估了他想到的各種想法，並決定嘗試以下的方法：

1. 我會以音樂來分散自己的注意力，或潛心投入我的攝影之中。
2. 在插手管別人的閒事之前，我會先尋求妻子的許可，如果我決定要說任何批評性的話語，會先把經過深思熟慮的回饋寫下來。

C 承諾執行

最後，在岳母來訪的其餘時間，山姆決定要按照自己的計畫，尤其是他們單獨相處，而她又說了一些令人惱怒的話語時。例如，當岳母批評他的廚房看起來過時且老舊，山姆就會回到自己的房間，戴上耳機並聽幾分鐘的音

樂，這有助於他冷靜下來。此外，當岳母離開後，山姆和妻子寄出了一封深思熟慮的電子郵件給岳母，希望她以後不要對他們家如此吹毛求疵。

請注意，山姆制定了特定的替代行為，以取代他生氣之前發生的關鍵行為，並且辨識出一個要致力採取新計畫的情境。

關於解決問題，最關鍵的事項就是確切地明白自己要採取什麼不同的做法，以及你將在何時何地去行動，越具體明確，就越理想。現在，使用你自己的行為分析表中的例子，來執行相同的步驟，將你的想法寫在一張白紙上，如此一來，你就能制定一份可以承諾去遵循的計畫。

每週情緒調節日誌

只要你定期練習新技巧，就會產生最佳的情緒調節效果。在本質上，每週情緒調節日誌只是一種提醒你做到這件事的方法，以下是你必須特別關注的技巧：

- · 管控身體的脆弱性
- · 管控認知的脆弱性
- · 注意並記得積極正向的事件
- · 觀察並接納情緒
- · 練習反向行動
- · 採用問題解決技巧

請在每週結束時填寫表 8-9 到表 8-13，並回顧過去七天使用的技巧，勾選你有做到的項目。

表 8-9：管控身體的脆弱性

	星期一	星期二	星期三	星期四	星期五	星期六	星期日
採取積極措施來應對身體的疾病／疼痛							
致力於均衡飲食							
不吸毒／酗酒							
累積充足的睡眠							
運動							
採用放鬆的方法或正念來應對壓力／緊繃狀態							

表 8-10：管控認知的脆弱性

	星期一	星期二	星期三	星期四	星期五	星期六	星期日
觀察觸發情緒的想法							
採用因應想法							
關注至少一件積極正向的事							

表 8-11：本週的正向積極事件

· 星期一

1. _____
2. _____
3. _____

· 星期二

1. _____
2. _____
3. _____

· 星期三

1. _____
2. _____
3. _____

· 星期四

1. _____
2. _____
3. _____

· 星期五

1. _____
2. _____
3. _____

· 星期六

1. _____
2. _____
3. _____

· 星期日

1. _____
2. _____
3. _____

表 8-12：觀察並接納情緒

	星期一	星期二	星期三	星期四	星期五	星期六	星期日
觀察情緒							
沒有因情緒而貿然採取行動							
沒有對情緒進行評判							

表 8-13：因應情緒

	星期一	星期二	星期三	星期四	星期五	星期六	星期日
使用反向行動							
運用行為分析							
採行問題解決技巧							

| 第 9 章 |

改善人際互動 基礎技巧

　　改善人際互動技巧是涵蓋了社交技巧訓練、自信訓練和傾聽技巧的綜合體，而林納涵博士將這幾項技巧結合後用於辯證行為治療。此外，我們還加上了談判技巧來完善這項專案計畫。

　　人際關係非常寶貴，卻也特別脆弱。人際關係為人們帶來愛、友誼和支持，但也可能在片刻之間就突然破裂而無法修復。若要維持健全及活躍的人際關係，就需要運用你在本章及下一章學到的人際互動技巧。在這些技巧之中，最必要且最重要的是「自信表達」（assertiveness）的能力：一、**表明你想要的事物**；二、**說不**；三、**在不破壞關係的情況下協商衝突之處**。然而，在學習自信表達之前，你需要先暸解一些關鍵事項。

正念關注

　　任何人際關係都需要關注，無論是戀人、朋友、同事或上下班共乘的同伴，若要維持良好的關係，都取決於注意對方的感受及反應，然後觀察你們之間的溝通過程。請使用第四章到第六章的正念覺察技巧，你可以在對話中觀察對方的臉部表情、肢體語言、說話的語氣及對話時的用字選擇，從而確定關係中的氣氛及狀態。

　　「給予關注」是指停留在當下的此時此地，不去想你接下來要說什麼，或專注於某些記憶，也就是要活在當下，注意你所看見、聽見或在情感上感覺到的事物。這就像你可以用正念覺察有意識地呼吸、走路甚至洗碗，你也可以全神貫注地與當下產生聯繫並交流。當你給予關注時，就能夠注意到有麻煩要出現了，而且在麻煩尚未吞噬你之前，有足夠的時間提出可釐清狀況的疑問，幫助你糾正錯誤觀念。

對事物欠缺關注，也就是在你和他人共處的時刻注意力不集中，會讓你付出沉重的代價。最終，你將面臨以下的結果：

- 欠缺關於他人需求及反應的關鍵線索。
- 將你的恐懼及感受，不準確地投射到他人身上。
- 當你對於可預期的消極反應而感到「訝異」時，會大發雷霆或是直接逃離。

正念關注也意味著在與他人的關係之中，觀察自己的體驗。你是否需要對方為你付出什麼（例如，提供更多關注或協助）？你是否需要改變彼此間的互動過程（例如，批評性意見、請求、冒犯的問題）？對於正在發生的事（受傷、悲傷、失落、羞愧或焦慮），你是否察覺了其中的重要意義？注意自己的感受，可以幫助你在勃然大怒或逃離之前，釐清一段關係中需要改變的事項是什麼。

總而言之，你需要培養的第一項人際互動技巧是正念關注，因為它有助於你讀懂關係狀態之中的重要信號。

◆自我練習：正念關注

在與他人談話時，藉由注意對方的肢體及語言上的行為，練習成為一位關注當下的觀察者。

如果你發現了任何模棱兩可或難以理解的事物，請開口提出可進一步釐清現況的問題。

以下提供一些參考範例：

- 你感覺如何呢？你沒事吧？
- 我們的關係還好嗎？我們之間還好嗎？
- 我們之間的關係如何？
- 我注意到＿＿＿＿＿＿＿＿＿＿＿＿，我這麼說正確嗎？
- 你的一切都還好嗎？我們之間都還好嗎？

此外，也要注意你自己在互動之中的需求和感受，以及是否需要針對這些事進行溝通？又該如何在維繫關係的前提下說明這件事？

例如，比爾在吃飯時，注意到女朋友吉娜將目光從他身上轉移開來。當他詢問對方：「我們之間的關係還好嗎？」她告訴他，他先前沒有邀請她參加公司的週末聚會時，她心裡感覺很受傷。這讓他有機會向她解釋，說自己很討厭公司舉辦的活動，所以只打算露臉幾分鐘而已。

對他人的疼惜心

除了對人際關係投入正念關注之外，繼續保有對全體人類的疼惜心也相當重要。如同第五章說明的，表現出疼惜心，意味著你認知到另一個人的痛苦，並且不評判地提供幫助。在許多層面上，痛苦和苦難將全人類團結在一起，因為我們在人生中都曾歷經過這些。事實上，佛教哲學有一項根本的基本原則，也就是：一切有意識知覺的眾生都會經歷苦難。但這不意味著你的整個生命將只有痛苦，只是代表著你就跟其他人一樣，都會經歷痛苦、失望、失去及心碎，這些是難以避免的事。

要培養富有疼惜心的心態，你必須要認知到，儘管我們在人生中面對著痛苦和苦難，但都盡了一己所能，運用了所擁有的因應技巧。然而，我們經常評判別人，責怪他們不依照我們所認定的恰當方式表現，或者，我們批評別人以我們不認同的方式行事。

但是，我們是否曾停下來思考，這個人是否可能正在為了什麼事而苦苦掙扎著？也許，今天在高速公路上擋住你去路的那個人，正要去醫院探望他垂死的母親；也許，在電話中對你無禮的那個人，剛剛才發現自己得了癌症；或者，與你一起共事的那位同事，對大家都如此憤怒的原因，是他在童年時期曾被虐待，所以他總是在受傷之前先推開別人。事實上，我們很少有機會瞭解到他人當下正在經歷的苦痛。

以下的冥想將會提醒你，將自己滿懷的疼惜心及感受延伸至所有人身上，包括那些你不喜歡的人。再次提醒，請記住，我們都只能盡力而為，有時我們不喜愛的那些人會以他們的方式行事，其實也有自己的理由。藉由擴

大對所有人懷抱著疼惜心的態度，你將能做到以下三件事：一、你學會放下批判及與之相關的負面情緒，如憤怒；二、你敞開心扉接受其他的可能性；三、與其他人建立更緊密的關係。

◆自我練習：對他人的疼惜心冥想

請使用以下的「對他人的疼惜心冥想」，來培養並加強你對他人展現善意及接納的能力。首先，利用正念覺察呼吸，幫助自己放鬆並集中注意力。開始練習之前，請先閱讀引導說明以熟悉這項體驗。如果你覺得聆聽引導說明的方式更自在，請使用智慧型手機以緩慢且平穩的聲音錄下來，以便在練習此技巧時聆聽。

引導說明

首先，找一個可以獨處而不被打擾的房間，找個舒適的位置坐下；關掉任何會轉移注意力的聲音。如果你覺得閉上雙眼較為舒服自在，這麼做也有助於放鬆。

現在，請進行幾次緩慢而長的呼吸，接著放鬆，將一隻手放在腹部上。現在，請緩慢地用鼻子吸氣，然後從嘴巴慢慢吐氣，感受你的腹部隨著呼吸而起伏。想像一下，吸氣時，感覺到自己的腹部像氣球一樣膨脹，接著吐氣時感覺腹部毫不費力地消氣。感覺氣息從鼻孔進入，然後從嘴唇吐出。當你呼吸時，注意身體的感覺，感受肺部充滿了空氣，注意身體的重量落在你坐著的地方。在每次呼吸時，注意到身體的感覺越來越放鬆（如果你正在錄製音檔，請在此處暫停三十秒）。

現在，當你繼續呼吸時，開始在每次吐氣時計數你的呼吸；你可以默默地計數，也可以大聲地計數。每次吐氣都要計數，直到你數到「四」，然後再從「一」開始計數。首先，從鼻子慢慢吸氣，然後從嘴巴慢慢吐氣，數「一」。再次，從鼻子慢慢吸氣，然後從嘴巴慢慢吐氣，數「二」。再重複，從鼻子慢慢吸氣，然後從嘴巴慢慢吐氣，數「三」。最後一次，從鼻子

吸氣，從嘴巴吐氣，數「四」。現在，從「一」開始計數（如果你正在錄製音檔，請在此處暫停三十秒）。

現在將你的覺察帶入自己的身體內，注意此時此刻體內的感知世界。你棲身在這個身體之中，允許自己覺察你的呼吸、生命力。當你維持著這種意識時，請想著一個讓你微笑的人，他總是自然而然地為你的心帶來快樂（請在此處暫停幾秒鐘），讓自己感受一下待在這個人身邊是什麼感覺（請在此處暫停幾秒鐘）。

現在，你要覺知到這個人想要快樂並遠離痛苦，然後維持著這種意識，在心裡重複以下的句子，讓它們成為你對這個人的深切祝福：

「願你安寧平靜。」

「願你平安。」

「願你健康。」

「願你快樂，遠離痛苦。」

現在，請將這些句子重複二至三遍，每次都加深語句中的意義。允許自己感受並接受自己的疼惜心（如果你正在錄製音檔，請將這些句子重複二至三遍）。

現在，請想著一個讓你覺得難相處或不喜歡的人。提醒自己，這個難相處的人也在努力掙扎著尋找人生的出路，只是他們在這麼做的同時也帶給你痛苦。

在心裡重複以下句子：

「你就像我一樣，也想要安寧平靜並遠離痛苦……」

「願你也能找到平靜。」

「願你平安。」

「願你健康。」

「願你快樂，遠離痛苦。」

同樣的，請將這些句子重複二至三遍，每次都加深語句中的意義。允許

自己感受並接受自己的疼惜心（如果你正在錄製音檔，請將這些句子重複二至三遍）。

最後，當你完成時，再進行幾次緩慢的呼吸，靜靜地休息，仔細體會自己的善意和疼惜心。

在接下來的一個星期，把這種「對他人的疼惜心冥想」當作靜心練習的一部分。然後，看看你是否可以將同樣的意念融入至你與他人的日常互動之中。當你每次遇到某人或受到他人的影響時，對自己說著：

「你就像我一樣，也想要安寧平靜並遠離痛苦。」
「這些從我身旁經過的人，就像我一樣，也深陷人生的戲劇性事件及洪流之中。」

最後，你可能想要將這些祈禱文縮短為短句：「他們就像我一樣。」例如，當你遇到某人時，或許就可以想著：「他們就像我一樣。」這也就是指：「他們就像我一樣，想要快樂並遠離痛苦。」

消極行為與攻擊行為

無效的行為模式，可能會對你的人際關係產生巨大的負面影響，尤其有兩種行為時常會干擾人際關係：消極行為（passive behavior）和攻擊行為（aggressive behavior）。

有時候，消極行為似乎是安全的，因為你只是順從對方的需求及期望。但長遠來看，消極行為是通往人際關係災難的捷徑，因為當你時常屈服於他人的需求，卻放棄自己的需求時，會讓你的內心產生挫敗感及憤恨不滿。最終，這種關係變得令人如此痛苦，以至於讓你崩潰、陷入憂鬱，或是逃離。這種消極狀態有個自相矛盾的悖論是，在短期內，讓步似乎可以保護這段關係，但長遠來看，這種關係會形成一種你無法忍受的狀態，而你必須摧毀它才能停止這種痛苦。

相比之下，攻擊行為也會破壞人際關係，因為它們會使人們遠離你。帶有攻擊性的人際關係作風，往往是由兩種常見的錯誤信念所引起。首先是，你根據自己的主張，對於事物應該如何發展具有強烈的意識，尤其是你會強烈地意識到其他人應該如何行事。你清楚地看見每種情況下正確或錯誤的行為方式，而當其他人的行為違反了你認定恰當或正確的認知時，就會強烈地認為他們需要接受懲處。

攻擊性的第二個來源，是具有控制人際事件的需求。你認為事情必須按照一定的方式發展，期望某些結果會因此發生或是不發生。因此，當對方違背了你認定正確的觀念，或是未能按照你的期望行事時，你的憤怒情緒就開始累積，然後你會施加更大的壓力來控制當下發生的事。有時候，你的態度可能非常堅決，以至於會生氣暴怒並嚇跑其他人。

消極行為和攻擊行為都會破壞人際關係，不論是哪一種模式，最終都會讓你及所關心的人感到痛苦。下一章會介紹自信表達的技巧，這是一種中庸之道，能幫助你在人際關係中尋求所需要的事項、設限，並針對衝突進行協商，而不會出現基於憤怒或強迫行為，來控制他人或事情的狀況。

◆自我練習：辨識你的行為作風

請你回想一下，自己近期最重要的五段關係的互動，勾選可以陳述你的典型行為的句子：

- ☐ 1. 即使我不喜歡某件事，我仍會表示贊同。
- ☐ 2. 我會逼迫施壓，讓人們做正確的事，即使情況令人不快。
- ☐ 3. 無論別人做什麼或說什麼，我都會努力表現得親切友好且隨和。
- ☐ 4. 當人們有需要時，我就會告知看法。
- ☐ 5. 我總是試著對他人的需求及感受保持敏感，即使我自己的需要在這個過程中被忽略了。
- ☐ 6. 當我知道自己想要什麼時，就會堅持下去，即使這會導致我生氣發怒。

□ 7. 當發生衝突時，我傾向於讓步，聽從另一個人的安排。

□ 8. 當人們不做恰當或合理的事時，我不會讓他們僥倖逃脫。

□ 9. 我寧可遠離一段關係，也不會說出任何可能令人不悅的話。

□ 10.你不能讓人們一直如此自私或愚蠢；你必須把他們給搖醒，直到他們看見自己在做什麼為止。

□ 11.我不打擾或和人們往來，他們想做什麼就做什麼。

□ 12.如果人們忽視我的需求，或對不適合我的事有所堅持，我就會變得越來越不高興，直到他們注意到為止。

如果你勾選的項目大多為奇數，代表你的主要作風是消極行為；如果你勾選的多是偶數，你的問題解決方式則傾向攻擊作風。

「我想要—他們想要」比例

每一段關係都是由兩個試著獲得自身需求的人所組成。

有時候，雙方有同樣的需求，例如：陪伴、娛樂消遣、沉穩、安靜，這些事項都很容易。

但是，當他們的需求有所不同，或者其中一人所需要的，是另一個人不想給的事項時，就會有麻煩了。

要建立成功的關係，你必須做到以下幾點：

· 知道並說出你想要什麼。

· 注意或仔細研究對方想要什麼。

· 談判和妥協，這樣你至少可以獲得部分想要的事項。

· 盡你所能地給予他人想要的事項。

如果「我想要—他們想要」的比例失去了平衡，你們之間的關係就會變得不穩定。

關注每個人的需求，並使用自信表達的技巧來針對衝突進行協商，對於維持健康的關係至關重要。

以下的練習可以幫助你評估「我想要—他們想要」的比例。選擇你想要進行評估的一段關係，請於表 9-1 左側的欄位中填寫你在這段關係中想要及需要的事項。在「結果」欄位下方，評估這些需求獲得滿足的程度。在右側的兩個欄位中，針對另一個人進行相同的評估。現在，請檢視兩側的結果。是否有兩個人或另一個人的需求獲得滿足呢？在這種關係中，要如何處理那些未獲得滿足的需求？他們是被忽視了，還是妥協了？他們導致了你的指責或退縮呢？

表 9-1：「我想要——他們想要」評估

我想要	結果	他們想要	結果

「我想要—我應該」比例

每一段關係都必須在自己想做的事以及自認為應該要做的事（為了這段關係或另一個人著想），保有一種微妙的平衡。如果你的注意力大多集中在

努力促成你想做的事，很少關注自己必須為他人付出的事項上，那麼你很快就會招致對方的不滿。

如果你太過傾向於「應該」層面（應該要如何行動、應該要為對方做什麼），那麼這段關係將逐漸變成一種無趣的負擔，就連在夢裡的你都會想要逃離這一切。

對許多人來說，「應該」會成為一種行使支配權的暴政，迫使他們忽視重要的需求。他們總是忙著要做好事及付出，以至於沒有注意到自己變得如此沮喪和絕望。當你如此拒絕自己的需求，痛苦只會變得過大，讓你終究得逃離或破壞這段關係。

◆自我練習：各種「應該」項目

請勾選可以描述你的信念或感受的句子：

☐ 在一段關係中，你應該盡力滿足對方提出的一切要求，即使你必須將自己的需求擱置一旁。

☐ 當有人感到痛苦時，你應該做任何必要之事來幫助他們。

☐ 你應該要無時無刻對他人關懷及體貼。

☐ 你不應該向對方索求你明知他不想給予的東西。

☐ 你應該要遵循一種正確的待人方式，即使這代表著要對自己的感受及需求保持沉默。

☐ 你不應該拒絕別人；這太不禮貌了。

☐ 你不應該表達可能會讓他人不悅的感受；這是不對的。

☐ 你應該對他人的需求做出回應，因為這是該優先考慮的事。

☐ 你永遠都不應該傷害或冒犯任何人。

☐ 你應該要努力不讓他人感到失望。

如果你的勾選的項目越多，對於人際互動中何謂對錯的信念就越強烈，表示你有更高的可能性會否認自己在關係中的需求。懷抱著「好好對待他

人」的信念並沒有錯，但如果這些價值觀壓迫到你提出自身需求的能力，那麼你在任何關係中最終都會感到無助。

培養技巧的目的

提高人際互動技巧，需要你努力不懈地付出努力。不需要任何人告訴你，你也知道要改變關係的模式有多麼困難。但是，你知道它為什麼如此重要：有一些你珍視的關係破裂了，正是因為你不知道如何修正出錯的地方。在本章及下一章將為你提供管理人際關係運作方式的新工具。這些方法有時很管用，但有時也起不了作用；而有些時候，你可能會忘記要採用這些方法。然而，你也會驚訝地發現，這些方法可以有效地改善對話或解決問題。

這件事很不容易，但有時犯了錯也沒關係，像是你生氣或是退縮了，因為學習新的方法確實需要一些時間。如果你能好好練習這些新的人際關係技巧，將會有以下的成效：

- 有助於你與人們互動時產生預期的結果。
- 提高你滿足各項需求的能力。
- 幫助你在不破壞關係的情況下協商衝突之處。
- 藉由這些新方法來增強自尊，取代有害的憤怒或退縮模式。

人際互動的核心技巧

有六種人際互動的核心技巧足以改變你的人際關係：

1. **知道自己想要的是什麼**：在一段關係中，你怎麼知道自己想要得到什麼？在某些情況下，你會感覺到自己的一種渴望，或者意識到自己的不自在。關鍵在於要注意並尋求一種足以描述自身感受的方法。

2. **以一種維護關係的方式，提出自己想要的是什麼**：下一章將為你提供有效的方法及模式。但是，就目前而言，基本概念就是將你的需求以明確、非攻擊性的語言來表達，並要求具體的行為改變。

3. **協商相互衝突的需求**：協商的意願始於一個明確的承諾，那就是：過程中沒有人是贏家或輸家。

前提是，每個人的需求都有其根據，也都是合乎情理的，並且仰賴著彼此妥協的意願，以便每個人都能獲得想要的事項。下一章會提供一個簡單的協議，可用於協商相互衝突的需求。

4. **獲取訊息**：所有人際互動技巧中最重要的一項，就是找出對方的需要、恐懼、期望等。獲取資訊的主要障礙有：一、錯誤地假設自己明白對方想要的是什麼；二、將自己的恐懼、需求及感受投射至對方身上；三、害怕自己看來像是在刺探打聽的樣子；四、害怕聽見最可怕的答案；五、不知道要如何詢問或尋找什麼。下一章將為你提供一些有效獲取訊息的關鍵策略。

5. **以一種維護關係的方式來拒絕**：你可以用三種方式拒絕他人：一、以一種軟弱且無力的方式，讓對方輕視你；二、以一種鋒芒畢露、咄咄逼人的作風，讓人們疏遠你；三、以一種自信表達的方式確認對方的需求及渴望，同時為自己可以做什麼及不做什麼，設立堅定的界限。前兩種策略會破壞人際關係，因為最終都會有人感到被另一方控制及怨恨。我們將在下一章描述如何實行第三種策略。

6. **根據自己的價值觀行事**：在一段關係中，不論你是呈現順從消極或咄咄逼人的樣子，都會削弱你的自尊及他人的自尊，因為必定有一方在這段關係中處於劣勢，有人的需求及感受被忽視了。

提高人際效能的關鍵一步，就是清楚明白你想要如何對待他人。請自問：「我希望與他人建立什麼樣的關係？」你通常會希望這些關係之中充滿了關愛、值得信賴，並重視承諾。

希望你在使用本書的技巧和練習時，已經開始思考你如何尊重自己的人際關係。

另一項關鍵步驟是，依據你自己的價值觀在人際關係中行事，這麼做將會決定關係的整體性質。當毫無價值的關係無法順利地發展時，你不必感到太驚訝。

試著為你的每一段關係設定積極正向的意圖及價值觀，並在這些關係中根據自己想要實現的目標來採取行動。

◆自我練習：確立你的人際關係價值觀

在接下來的幾段文字中，請你列出自己在人際互動中曾貶低自尊的行為，包括在情感上傷害了自己或他人的事。此外，也請寫下你的疏忽之處，也就是你應該要做到，卻沒有去做的事情。

範例：只要有人批評我，我就會生氣。

現在，在後面的空白處，列出關於你應該如何對待他人的價值觀。這些是你和他人在互動中都有權獲得的基本規範。

範例：得知我所愛的人受到傷害，對我而言很重要。

當你比較這兩份清單時，評估你是否使用了違反自己價值觀的人際互動策略。現在，請詢問自己以下的問題：

· 你最常忽視哪些核心價值觀？

．當你違背自己的價值觀時，人際關係會受到什麼樣的影響？

在下一章，你將會學習到有效用且能維護自尊的人際互動策略。

影響人際互動技巧的各種障礙

不論你多麼勤奮努力地實行新的人際互動技巧，沿途仍會有許多障礙，可能會暫時妨礙你成功地經營人際關係。但是，請別擔心，只要你看出有哪些障礙，就成功了一半。一旦知道那些障礙是什麼，你就準備好要戰勝它們了。以下是運用人際互動技巧時最常見的一些障礙：

- 舊有的侵略攻擊習慣
- 舊有的被動消極習慣
- 壓倒性強烈情緒
- 未能確定自己的需求
- 恐懼
- 毒性關係
- 迷思

舊有的侵略攻擊習慣

你在原生家庭中，會觀察大家如何解決人際關係之間的問題，並開始根據所看見的一切來形塑自己的行為。如果你的家庭成員採用憤怒、責備或閃躲退縮的方式來應對衝突，這可能就會是你學會的策略。

利用恐懼、羞愧或傷害性的心理壓力來影響他人的方法，被稱為「嫌惡策略」（aversive strategies），一共有八項：

1. **貶損（Discounting）**：其中傳達的訊息是，對方的需求或感受是站不住腳的，甚至是不合理或不重要。參考範例：「你已經看了一整天的電視，憑什麼指望我回家做飯給你吃？」

2. **退縮／放棄（Withdrawing/abandoning）**：其中傳達的訊息是，「你得做我期望的事，否則我就離開」。對於接收到這項訊息的人而言，被遺棄的恐懼非常強烈，以至於許多人會選擇放棄自己的需求，以避免被遺棄。

3. **威脅（Threatening）**：其中傳達的訊息是「你得做我期望的事，否則我就傷害你」或「你得做我期望的事，否則我就傷害自己」。最典型的威脅形式就是生氣，或是透過一些方式讓對方的生活變得悲慘。參考範例：「好吧，我不會再請你幫忙了。或許我就去自殺吧，如果沒有我，你就可以有更幸福的人生了。」

4. **責備（Blaming）**：不論是什麼問題，都會變成對方的過錯。你認定所有問題都是他人造成的，也深信他們得要解決問題。參考範例：「我們每個月的信用卡卡債高築的原因，就是因為你花太多錢購買我們根本不需要的東西。」

5. **輕視／詆毀（Belittling/denigrating）**：這項策略是讓對方覺得，他的特定需求、觀點或感受，全是愚蠢且錯誤的事。參考範例：「為什麼你老是想要去湖邊呢？每次去那裡你都會過敏症發作，而且一直抱怨個不停。」

6. **讓對方背負罪惡感（Guilt-tripping）**：這項策略傳達的訊息是，對方在道德品性上有缺失，他們不應該有這項需求，必須放棄。參考範例：「如果你不信任我，就代表著我們的關係出現了重大問題。」

7. **脫離正軌（Derailing）**：這種策略會將注意力從對方的感受及需求上轉移開來，方式是停止談論對方的需求，轉而談論你自己。參考範例：「我不在乎你想要怎麼做，現在我感到很受傷，但你卻沒有好好關注在我身上。」

8. **剝奪（Taking away）**：這種策略是從對方那裡撤回或剝奪某種形式的支持、快樂或獎勵，以當作他們說了、做了或想要什麼事物的懲罰。參考範例：「好吧，如果你今天不想拿錢給我去購物的話，那麼我就不想參加你爸媽下個月的週年紀念日了。」

停止嫌惡策略的最佳方法，就是密切地觀察，請詢問自己以下的問題：

· 在這些策略中，你是否辨識出自己的行為？

_____

_____

· 請回想一下，你使用嫌惡策略的那些經驗，這對你們的關係有什麼影響？

_____

_____

· 這是你想要改變的事嗎？為什麼？

_____

_____

舊有的被動消極習慣

有一些舊有習慣是被動消極的，而不是具有侵略攻擊性。你可能在原生家庭學會了在發生衝突時封閉自我或放棄，或者乾脆屈服於他人的要求，藉此避免衝突。

例如，也許你不認為自己有權滿足自身的需求，因此，無論你是否已經有安排計畫，每當有人要求你為他們做某件事時，你都會讓步並忽略自己的需求，像是：「我本來打算今天下午要去看電影的，但我想了一下，我也可以幫你清掃車庫，我應該要幾點到？」

或者，也許你不認為自己有權利擁有意見，也沒有權利表達自己的意見，所以每當有人問你有什麼想法或是想要什麼時，你只會聽任於對方的想法，例如：「我不確定晚餐要點些什麼。你想要點什麼？我就跟你點一樣的東西吧。」

短期內，這些消極策略看起來相當理想，但人們之後卻往往會因為自己的需求未獲得滿足而心生沮喪，生氣不滿，並為了擺脫關係而先破壞它。

停止被動消極行為的最佳方法，就是密切地觀察。回想一下你過去應對衝突的方式，詢問自己以下的問題：

· 在這些被動策略中，你是否辨識出自己的行為？

_____

_____

· 請回想一下，你採用被動策略的那些經驗，這對你們的關係有什麼影響？

_____

_____

· 這是你想要改變的事嗎？為什麼？

_____

_____

你可以使用表 9-2「衝突日誌」（將第四欄改為「被動消極策略」，而非「嫌惡策略」），來追蹤自己退縮或封閉時的衝突情況。

◆自我練習：衝突日誌

請使用衝突日誌幫助你記錄並觀察自己的侵略攻擊及被動消極的人際關係習慣。

使用這份日誌一週以上後，詢問自己以下的問題：

· 什麼樣的需求或情況，會觸發你採用侵略攻擊或被動消極的策略？

_____

_____

・你最常仰賴的是哪些策略？

_____

_____

・你是否採用了侵略攻擊或被動消極的策略，來獲取想要的東西？

_____

_____

・採用這些策略時，最常見的情緒後果是什麼？

_____

_____

　　下一章的自信表達技巧將提供更有效的替代方案，來取代你通常會採用的侵略攻擊或被動消極的反應。

表 9-2：衝突日誌

日期	我的需求	我的行為	嫌惡策略／ 被動消極策略	結果

壓倒性強烈情緒

使用人際互動技巧的第三個主要障礙，就是「高情緒表達」（high emotion）。有時候，當你感到難過及生氣時，最良善的意圖、最周密的計畫都會付諸東流。對於某些人來說，尤其是那些在暴力家庭中長大的人，只要一生氣就會導致一種「解離性漫遊症狀態」（dissociative fugue state）。他們在這種精神狀態下可能會做或說一些事，但在事後回想時，卻覺得這些事是別人的所做所為，例如，有一名男子堅定地說：「感覺那個叫我妻子滾出去的人不是我，我覺得自己被附身了，被一股外在的力量控制住了。」

目前已有充分的證據顯示，憤怒、解離性的狀態，是造成大量情緒甚至身體暴力的原因。當壓倒性強烈情緒威脅到你得來不易的人際互動技能時，你能做什麼？現在有兩件你可以學會做的事。首先，注意那些顯示你即將失控的警訊，不同的人會有不同的警訊，以下提供一些典型的跡象：

- 感覺身體很熱或臉紅。
- 心跳加速、怦怦地跳。
- 呼吸急促。
- 你的雙手、手臂、前額或肩膀的肌肉緊繃。
- 說話語速比平時更快，或聲音更大聲。
- 有想要贏得勝利的強烈欲望，想要徹底擊垮某人，讓對方不開心。

◆自我練習：感覺和行為上的警訊

在下面的空白處，請寫下過去顯示你即將失控的感覺和行為上的警訊：

_____

_____

_____

_____

_____

現在，當衝突發生時，請注意察看這些警訊。如果你注意到了，可以採用以下技巧：當你注意到自己即將被情緒淹沒時，開始使用正念覺察呼吸技巧，緩慢地進行腹式呼吸，將所有注意力都集中於呼吸的體驗上。這可以幫助你平靜下來，並中斷舊有的神經路徑，不再感受到壓倒性強烈情緒。

未能確定自己的需求

在面對某種情境下，如果你不知道自己想要什麼，那麼人際互動技巧對你就沒有太大的幫助。如果你無法清楚表達自己的需求，就只能面對挫敗感。下一章將為你提供一些策略，讓你根據他人具體的行為變化，來確定自己想要的是什麼。只要你能夠清楚表達自己的需求，那麼關於自信表達和提出簡單請求的內容，將為你提供大聲說出主張的工具。

恐懼

當你對某件事感到害怕時，學會的人際互動技巧往往會突然消失。你的腦子裡充滿了各種災難性的「假設」：「如果我被拒絕了，該怎麼辦？如果我丟了這份工作，該怎麼辦？如果我再也忍受不了，該怎麼辦？」以至於你無法好好地清楚思考。你被各種災難性的想法嚇壞了，讓你必須採取具侵略攻擊性的嫌惡策略，或是全然地閃避某種情境。最終的結果就是你無法正常地發揮作用，也無法產生預期的結果。

就如同正念覺察呼吸一樣，智慧心冥想（158 頁）可以幫助你面對恐懼。另外你可以做的事，就是直接面對那些災難性的想法，這有兩項步驟。

◆自我練習：恐懼管理一・風險評估

請注意，表 9-3「恐懼管理——風險評估」表單（288 頁），一共分為四個欄位。請在第一欄寫下你的恐懼，接著在第二個欄寫下恐懼將會發生的所有證據，然後在第三欄，寫下災難不會發生的所有證據。現在，在審視所有支持及反對的證據之後，寫下你預期災難實際會發生的機率。

在表 9-4 的「風險規劃」部分，想像一下你擔心的災難確實發生了。你將會如何應對？你是否擁有可以幫助你的資源、家人或朋友嗎？你是否有應對該情況的最佳計畫呢？你有哪些可以幫助你度過難關的技能？

這兩份風險評估／風險規劃表單應該要多影印幾份，以便在恐懼可能破壞你的人際關係技巧時反覆使用。

表 9-3：恐懼管理──風險評估

我的恐懼	恐懼會發生的證據	恐懼不會發生的證據	恐懼實際發生的機率（%）

表 9-4：恐懼管理──風險規劃

如果你恐懼的情況應驗成真，請利用你的技能及資源來設計一份因應計畫。

毒性關係

在關係中對你採用嫌惡策略的人，會讓你的人際互動技巧變得難以派上用場。無論你有多麼堅定地採取自信而非侵略攻擊或被動消極的態度，那些責備、威脅或貶低你的人通常都會故意讓你失足犯錯並因而突然生氣爆怒或逃離。

最好的解決辦法，就是遠離這類型的人。他們絕對不會改變，而面對他們的攻擊時，你永遠都會脆弱得難以擺脫傷害。然而，如果你面對的是無法避開的人，例如你的老闆或家庭成員，就必須做兩件事來加以因應。

首先，和他們打交道之前，你必須要讓自己先冷靜下來，使用正念覺察呼吸或智慧心來集中注意力。第二，依據過往的經驗，你必須準確地預測這個毒性個體可能會採取什麼行動，接著設定一個具體計畫，甚至是一個腳本，來因應這個情境。只要提前計畫並制定詳細的應對措施，就能讓你避免陷入舊有而無效的模式。請參閱下一章討論自信表達的內容，瞭解脫離嫌惡策略之陷阱的必要相關工具。

迷思

運用人際互動技巧的最後一項主要障礙，就在於會讓關係陷入癱瘓的四種迷思：

1. 如果我有什麼需求，代表著我做錯了什麼或有什麼不好的地方。
2. 我無法承受對方生氣或是拒絕。
3. 拒絕對方或提出要求，都是自私的行為。
4. 我完全無法控制任何一件事。

以上的每一項迷思都會阻礙你表明自己的需求，並設下了限制。讓我們檢視其中的每一項迷思：

- **迷思一**：每個人都需要從他人身上獲取一些東西，無論是關注、支持、愛、幫助，或僅僅是簡單的善意。我們無法自給自足，這一生都要不斷地與他人進行協商，以獲取生存下去所需的一切，無論是

身體或情感上的需求。因此，如果你有需求，這不是什麼可恥或錯誤的行為，而是人類生存的基本條件。針對這項迷思，一個可替代的健康因應想法是：**「我有想得到一些事物的權利。」**

- 迷思二：聽到憤怒的拒絕總是令人覺得傷心。有時候，它會突然地猛烈撞擊，讓你喘不過氣。但是，你真的無法承受嗎？請想一下，你在人生之中經歷了多少拒絕？那些情況都如此難受，但你也倖存下來了。毫無疑問地，拒絕會讓人覺得受傷，但最糟糕的狀況是，多年來你忍受著痛苦，只因為你不曾要求過自己想擁有的事物。針對這項迷思，一個可替代的健康因應想法是：**「我有要求一些事物的權利，即使另一個人不願給予。」**

- 迷思三：你可能會覺得向他人索取東西是一種自私的行為，因為原生家庭的家人認定你的需求不重要，或者你的需求不如他人的需求更有分量。當你檢視這件事時，這件事是對的嗎？你是否有什麼缺陷或錯誤，才會讓你的需求顯得不重要？事實上，每個人的需求都是合理的，而且也同等重要。提出要求或設立界限並不自私，而是正常的事。這不僅相當健康，也是必要之事。作為一個個體，我們的生存仰賴於知道並表達自己想要的事物。如果我們不這樣做的話，人們就不會注意到了。在此提供一項有幫助的因應想法：**「提出要求是正常且健康的事。」**

- 迷思四：控制具有相對性。你無法控制其他人的行為，即使有些人發瘋似地要控制他人。你可以控制的是你自己的行為。侵略攻擊或被動消極的作風，往往只會產生有害的結果。人們無視於你的需求，或是生氣並抵制你，正是你感到無助的原因，也表示你採取的策略無效。堅定自信的行為可以得到更理想的結果，因為人們往往會傾聽並積極地回應。針對這項迷思，一個可替代的健康因應想法是：**「我可以選擇以更有成效的方式行事。」**

| 第 10 章 |

改善人際互動 進階技巧

本章包含了人際互動中所有的應用技巧，運用這些技巧將足以改變你的人生，幫助你減少許多人際互動上的衝突，並得到更多正面鼓勵。在你與他人的互動中，你將會有不同的感受——心滿意足而非沮喪，得到更多支持而非剝奪。在本章，你將學到以下的技巧：

- 瞭解自己想要什麼
- 調節請求的強度
- 提出簡單的請求
- 制定基本的自信表達腳本
- 堅定自信的傾聽
- 拒絕他人
- 應對阻力和衝突
- 談判協商
- 分析有問題的互動關係

技巧一：瞭解自己想要什麼

人際互動技巧必須從「自知」開始，你必須清楚自己的感受及想要的東西。在討論情緒調節的第七章和第八章中，已經說明了感受的細微差別，以及對情緒進行分類的技巧。

就本章的目的而言，你可以藉由稱為「決策樹」（decision tree）的簡單決策過程，來辨識各種情緒。

這從各種基本的問題開始：這是正面的還是負面的感覺，是痛苦的還是愉悅的感覺？如果感覺良好，它就更加接近於滿足、興奮、愛／感情、性吸

引力、滿意、快樂、愉悅的期待、感興趣的事物，或是飽足感嗎？如果感覺不好，它更接近於焦慮、恐懼、憤怒、怨恨、傷心、悲痛／失落、傷害、對自己感到憤怒或厭惡、尷尬／羞愧、內疚、渴望／剝奪，或孤獨／空虛嗎？決策樹的架構如下所示：

表 10-1：正面與負面的情緒

正面情緒	負面情緒
滿足 興奮 性吸引力 愛／感情 滿意 快樂 愉悅的期待 感興趣的事物 飽足感	（對於未來）對到焦慮 （對現在的某件事）感到恐懼 憤怒 怨恨 傷心 悲痛／失落 傷害 對自己感到憤怒或厭惡 尷尬／羞愧 內疚 渴望／剝奪 孤獨／空虛

在此提供一個參考案例，艾倫意識到自己與父親的關係出現了問題。

當他檢視這種情緒時，發現最接近的描述似乎是「傷害」，並帶有少量的「怨恨」。艾倫明白，這與父親前來造訪的計畫有一些關係，父親要帶新婚妻子一起進城來訪，但在五天的觀光行程中，父親卻只安排了與艾倫共進一頓晚餐。

當你能有效地以語言來表達自身感受時，下一個問題就變成了「這種情緒讓你想要改變什麼事？」然而，更具體地說，你希望他人修改的是什麼行為？你希望對方多做些什麼事或少做些什麼事？你想要讓什麼事停止嗎？你想要採取什麼新的行事方式來改變自己的感受？

現在，以具體的措辭來思考行為改變。你希望在何時、何地看到這種改變？要多頻繁地進行？新的行事方式究竟是什麼樣子？

現在，我們將這個過程濃縮成幾個步驟。

◆自我練習：瞭解自己想要什麼

　　請回想一下，你最近一次產生負面感受的互動經驗。從感受出現後，一直到對於期望的明確陳述，將涵蓋以下的程序：

1. 用文字表達感受：

_____

_____

2. 你希望對方改變什麼事？

・更多_____

・更少_____

・不要_____

・開始_____

・在何時 _____ 的時候

・在何處 _____ （地點）的時候

・頻率_____

現在將所有資訊整合成一個或多個明確的句子：

_____

_____

　　有一位女士時常要面對姊姊的批評，說她養育了一個難帶的孩子，她在這段描述文字中說明了自己希望改善的事：「我希望布蘭達可以停止談論（我的兒子）麥可，不要再叫我『拿出骨氣』來面對兒子。我希望她能停止這麼做，尤其是當我們和熟識的人在一起時。相較之下，我還寧可她問我其他的一些事情，像是工作、我的攝影作品，或是我的文字作品。」

　　隨著你逐漸明白自己有哪些明確具體的期望而產生的問題，就是它會帶

來以下的焦慮。你是否值得向他人提出請求嗎？你是否可以勇敢說出自身的需求來麻煩別人？你是否准許自己讓人們感到失望、覺得惱怒、逼迫人們為你費力付出？這些答案都是肯定的。因為你是一個有感覺的人、一個渴望各種事物的人、一個會受傷的人、一個在痛苦時刻掙扎不已的人。這一切的理由都讓你擁有被傾聽的權利。

不幸的是，許多人在成長的原生家庭中，不斷地被否定需求，而且他們這一輩子都害怕對他人提出要求，好像他們是個壞人或根本不值得，似乎他們的感受及痛苦全都無關緊要。

為了提醒你身為一個人類的價值及重要性，我們希望你仔細閱讀以下合法權利的列表。

你的合法權利

- 你有權需要他人提供的事項。
- 有些時候，你有權將自己放在第一位。
- 你有權感受並表達情緒或痛苦。
- 你有權對自己的信仰做出最終決定，並接受它們為正當合法的。
- 你有權發表自己的意見和信念。
- 你有權擁有屬於自己的體驗，即使這與其他人的體驗不同。
- 你有權抗議任何讓你感覺不好的待遇或批評。
- 你有權進行協商來進行改變。
- 你有權尋求幫助、情感上的支援，或是任何其他需要的東西（即使你不一定總是可以得到）。
- 你有說不的權利；拒絕並不代表你是個糟糕或自私的人。
- 你有權不解釋自己行為的正當性。
- 你有權不為他人的問題承擔責任。
- 你有權選擇不對某個情況做出回應。
- 有些時候，你有權為他人帶來不便或是讓他人感到失望。

把對你而言最重要或最能感到解脫自在的權利，寫在一張索引小卡上，然後貼在時常看到的地方來提醒自己，例如洗手間的鏡子上。

技巧二：調節請求的強度

你要取決於實際的情況，來制定請求的方式。提出請求的強度及標準，可以根據兩個主要的因素而有所變化：

1. 我的請求有多麼緊急迫切？

   低緊急性　　　1　2　3　4　5　6　7　8　9　10　　　　高緊急性

2. 對方或這段關係的脆弱程度如何？

   非常脆弱　　　1　2　3　4　5　6　7　8　9　10　　　　不脆弱

請注意，你可以使用十分等級來評估每一項變數。加總的數字越高，就越適合以強烈堅定的方式；數字越低，就越適合採取中庸且溫和的方式。

◆自我練習：調節請求的強度

請回想一下，你近期希望對方有所改變的情況。請利用這兩個關鍵問題及評分方法來評估情況：關於適當的強度和壓力程度，你可以收集到哪些資訊？在某些情況下，你採用的強度是否過高或過低？請想像一下，如果你調整提出請求的強度，是依據：一、需求的緊急性，二、脆弱程度的高低，可能會發生什麼事？

在每個你需要好好表達自己的情況下，自問這兩個問題。雖然，你可能不一定有時間或意願來使用一到十的等級系統，但請記住「有多麼緊急？」和「有多麼脆弱？」，這可以幫助你立即決定為自己發聲時的力道、嚴肅的程度，以及音量大小。

在此練習中，瑞秋評估了她與丈夫之間需要改善的問題對話。其中有一件事讓她感到特別沮喪，因為她想要丈夫參加下午三點舉辦的家長會，但是

丈夫必須為此請假。她的丈夫拒絕了。然而，他們的兒子有閱讀障礙，瑞秋為事件的緊急程度打了八分，並為丈夫的脆弱程度打了七分，也就是他沒有那麼脆弱。瑞秋意識到，自己過往溫和又好相處的態度是一種錯誤，所以當下次再次發生類似情況時，瑞秋更強烈地提出請求，而丈夫也屈服並參與了家長會。

技巧三：提出簡單的請求

要照顧好自己，提出請求是必要的技巧。不論是問路、在餐廳裡要求更換餐桌的位置、請求修車技師說明他幫你的車子更換了哪些零件、請某人不要在你家裡抽菸，這些請求都關乎自我保護及生活品質。在提出這類要求時，如果你碰到障礙而難以實行，很容易就會感到無助或是充滿怨氣。

簡短的請求一共有四個組成要素：

1. 一個簡短的正當理由（可自由選擇）

用一句話來說明問題是什麼。

「這裡很熱……這些袋子真的很重……這段路走得太久了……這裡似乎太擠了。」

許多情況下，你不需要提出任何正當理由；當這些狀況需要說明理由時，只要簡單說明即可。

2. 溫和的表態

這是一個重要的元素，它能讓你被人們認定是有禮貌、不過度苛求，而且通情達理的人。溫和的表態往往會用這種方式開啟對話。

「你是否介意……」

「如果你可以……那會很有幫助……」

「如果你願意的話，我將不勝感激……」

（說話時帶著微笑）「我是否可以……」

「你好，我想知道是不是……」

請注意，這些開場白足以消除敵意或疑慮。相較於尖銳冷漠的要求，這些方法碰到阻力的可能性較低。

3. 一個直接且具體的問題

請清楚且明確地說出自己想要什麼。不要讓你的聲音充滿任何指責或情緒，而是以平靜且實事求是的方式說出想表述的內容。不要責備或暗示對方有任何的問題，而是以正常且合理的方式提出要求——任何人都會很樂意滿足這種要求。

如果可以，請將提問在一句話內說完，你闡述或解釋的事越多，遇到的阻力就會越大。

4. 感謝聲明

這可以強化讓對方點頭答應的模式，使他們覺得你重視他們正在做的事情。以下提供一些參考範例：

「這真的對我有很大的幫助。」

「感謝你為此所付出的努力。」

「這將會帶來真正的改變。」

「非常感謝。」

當這些元素全都組合在一起時，簡單的請求可能如下所示：

- **在餐館裡**：「陽光實在太刺眼了。你是否介意將百葉窗拉低一些呢？真的太感謝了。」
- **在地鐵車廂裡**：「這裡有點擠。請問你是否能將公事包從座位上移開並騰出一些空間呢？真的很感激你。」
- **乘坐朋友的車**：「你開車時距離前車這麼近，會讓我很緊張，尤其是在車速這麼快的時候。你可以和前車多保持一些距離嗎？謝謝你為我這麼做。」

◆自我練習：提出簡單的請求

有時候，如果你覺得提出請求的挑戰性太高了，可以在許多日常情況下進行練習，請試試以下的幾項建議：

- **在街上**：詢問現在的時間、問路，或許換個方式，也可以詢問某人在哪裡購買了哪一件衣服。
- **在商店裡**：請求店員拿取想要看的商品，獲取訊息（例如，退換貨須知），或許換個方式，請對方尋找價位更便宜或顏色不同的商品、尋求購物的相關建議，例如，「這些顏色可以一同搭配嗎？」
- **在工作時**：尋求更多資訊、請對方幫個小忙、延長截止日期，或占用某人的時間來徵求他的意見。
- **在家裡**：請求對方改變行程、尋求幫助、找出彼此可以共處的時間、協助環境上的改動，例如：「你會介意我們將這把椅子搬去廚房嗎？」
- **與朋友和家人在一起時**：請求幫助、占用一些時間、搭便車，或請求某人停止做一些會造成困擾的事。
- **與導師或治療師在一起時**：尋求更多資訊、解決問題的援助或建議。

如果你有計畫要好好練習這項技能，請選擇上述的選項之一（或制定屬於你自己的方式）並且每天練習。

事先決定第二天要進行哪項挑戰，確定你打算練習的時間和情況，並將計畫寫在日曆上，有助於你牢記並加以實行。

技巧四：自信表達的腳本

上一章曾提到，「自信表達」正是維持健康關係的一項關鍵技能。

如果你欠缺自信，將被迫地陷入被動或攻擊性的模式，從而破壞信任及親密關係。

只要使用一個簡單的腳本，就能學會自信表達，這將為你為要說的內容建立結構，並讓你保持專注。劇本還具有一項好處，就是允許你提前制定一個陳述，你可以自己練習或跟信任的人一起練習，最後（在你選擇的時刻）更有信心地表達出來。

自信表達的陳述有兩個基本的構成要素，和兩個可自由選擇的元素。

1.「我認為……」

這部分側重於事實以及你對於正在發生之事的理解。它不應該包括對他人動機的評判或假設，或是以任何方式進行攻擊。「我認為」是針對你需要談論的事件及經歷的清楚描述，也許是需要改變的事項。以下提供範例：

> 「我認為我們最近共處的時間太少了，上星期只有兩個夜晚，而上上個星期只有一個夜晚。」
> 「我根本沒有授權，你就向我收取維修費用。」
> 「回顧近期的狀況，我認為你參與會議時大多都遲到了。」
> 「我從機場回來時已經很晚了，大約是十一點左右，而且……」

請注意，在這些陳述之中並不具有太多情緒的跡象，對事實的陳述中也不帶有任何不贊同的口吻。

2.「我覺得……」（此項可自由選擇）

你可能會對朋友或家人使用這項陳述的元素，但不會跟修車技師這麼說。其目的是對於情境所引發的任何情緒，進行簡短且不帶偏見的描述。溝通專家將這種自信表達的元素，稱為第一人稱的「我陳述」（I statement），因為它與你和你的特殊感受有關。透過適當的方式，任何關於你自身情緒的句子，都應該以「我」作為開頭。

> 「我覺得害怕。」
> 「我覺得孤獨。」
> 「最近我為我們的關係感到悲傷。」
> 「我感到很受傷，有一種想放棄的感覺。」
> 「我感到有些迷失，沒有人看得見我，而且越來越與世隔絕。」
> 「我覺得自己被拒絕了。」
> 「我覺得充滿希望，卻也覺得緊張。」

雖然每個例句都說出了各種複雜的感受，卻沒有指責對方不好或犯了什麼錯。當你為了自己的感受而責怪某人，是行不通的，因為這只會讓他們懷有戒心，並且不太願意為你做任何事。

指控及責備的陳述通常是以「你」這個主詞開始，所以這種句子就被稱為「你陳述」（you statements）。當你要說出一句自信表達的陳述時，盡量不要使用「你陳述」。

以下為「你陳述」的參考例句：

「你正在傷害我。」
「你不關心我們。」
「你總是遲到。」
「你在破壞我們的生意。」

有些人會刻意包裝「你陳述」，讓它看起來像是「我陳述」，但其內含意思往往顯而易見，因為句子以「我覺得你……」開頭。

「我覺得你很自私。」
「我覺得你總是不在家。」
「我覺得你操控著我。」

請注意，構成這類「你陳述」的核心是一段評判言論，而非真實感受，雖然說話者的語氣聽起來沒有那麼脆弱，使用起來可能比「我陳述」更安全，但是，它並沒有傳達任何關於你自己的情感經歷。這一類的陳述只是在評斷過失，並讓聽者難以聽見你想要的事項。

3.「我想要……」

在自信表達的構成要素中，這是你需要仔細考量的關鍵事項。以下為幾項必須遵循的指導方針：

- **要求行為上的改變，而非態度上的改變。** 你無法因為自己不喜歡，就合理地期望某人要改變他的信念或感受。

  你無法隨意地控制他人的信念和感受，不過，你可以要求某人改變他們的行事方式。

- **一次只要求一個改變。** 不要提供一長串的清單，這只會讓人們感到不知所措，並且備感壓力。

- **針對現在就能改變的事提出請求。** 「當我們下次去度假時，我想要你……」是一個糟糕的「我想要」陳述，因為當你們下次終於要去度假時，這件事老早就被遺忘了。

- **要明確且具體。** 含糊其詞的要求，像是「變得更好」，這對你一點幫助也沒有，因為沒有人可以清楚明確地瞭解它的意思。描述你所期望的新行為，並說明你希望這件事發生的時間和地點。請某人花二十分鐘在網路上幫你進行研究，絕對比你提出「技術上的協助」這種請求更有效。

4. 自我照護計畫（此項可自由選擇）

　　光是向他人提出請求還不足夠。有時候，在人們積極為你做某件事之前，你需要先給予他們鼓勵（增強作用）。

　　最有效益的鼓勵，是自信表達腳本的第四項元素，稱為「自我照護計畫」，這就等同於告訴對方，如果他們不遵循你的請求，你將會如何行動來照顧自己。

　　自我照護計畫不同於威脅或懲罰某人，目的是說明訊息並表明你沒有那麼無助，而是有解決問題的一套計畫。以下提供一些參考範例：

　　「如果你不能準時去參加聚會，我就自己開車去。」

　　「如果你不能幫忙打掃的話，我就僱用家政婦，我們分攤這筆費用。」

　　「如果你想在沒有保險的情況下開車，我會將車子的所有權轉移至你的名下，而你也得要承擔相關費用。」

「如果你找不到改善聚會噪音的辦法，我就會請警方來協助你。」

這些自我照護計畫都不是為了傷害他人而設立，而是為了保護你的權利並照顧你自己的需求。

整合自信表達的要素

現在，我們來整合所有自信表達的要素，看看如何將它們組合在一起。以下提供一些參考範例：

範例 #1

1. **我認為**：我們的生活成本已經提高長達三年了，這段時間價格上漲了十%以上。
2. **我覺得**：我覺得自己被冷落了，因為公司最近做得很好，我卻沒有參與其中。
3. **我想要**：我很希望能盡快調整這十%的生活成本，好讓我的收入跟得上通貨膨脹的速度。
4. **自我照護**：如果我們不能解決這件事，我就得尋找其他方法，才能好好地養家糊口。

範例 #2

1. **我認為**：今天晚上我要努力趕上截稿日，來不及做晚餐。
2. **我覺得**：我很焦慮，覺得不知所措，因為我可能無法完成這項工作。
3. **我想要**：你可以吃剩菜當晚餐嗎？這樣我就能繼續忙我的事了。
4. **自我照護**：如果你不想的話，我可以叫一份披薩。

使用自我照護計畫的方法之一，是留著備用，當他人拒絕你的首選解決方案時才使用。

將「祕密武器」留待日後使用，往往是一種有效的策略。

◆自我練習：制定你的自信表達腳本

　　現在，該來練習制定屬於你的腳本了。

　　首先，請先辨識三種你覺得不太好的感覺，而希望可以有所改變的情況。將相訊息寫在下面的空白處。

問題 #1

1. 問題：

_____

_____

2. 我想要改變的事：

_____

_____

問題 #2

1. 問題：

_____

_____

2. 我想要改變的事：

_____

_____

問題 #3

1. 問題：

_____

_____

2. 我想要改變的事：

_____

_____

　　現在，我們來將這些知識轉化為實際運用的腳本：

問題 #1

1. 我認為：

_____

2. 我覺得：

_____

3. 我想要：

_____

4. 我會如何進行自我照護：

_____

問題 #2

1. 我認為：

_____

2. 我覺得：

_____

3. 我想要：

_____

4. 我會如何進行自我照護：

_____

問題 #3

1. 我認為：

_____

2. 我覺得：

_____

3. 我想要：

_____

4. 我會如何進行自我照護：

_____

技巧五：堅定自信的傾聽

　　大家都知道，良好的溝通必須是一條雙向管道。但是，許多人不明白，聆聽是一個主動而非被動的過程。它需要全心投入，真正瞭解對方對於問題的想法及感受，並且有意願想要改變問題。換句話說，這是你學習自信表達的第三件事：你需要傾聽並提出問題。

　　在傾聽他人的過程中，對於對方的感受或期望，如果你有任何不確定或懷疑，請直接向對方提問。

　　「我不太確定你對此有什麼感想，你能多談談這件事嗎？」、「在這種情況下，你認為我們應該嘗試做什麼樣的改變？」

　　你越是主動積極地提問，就可以得到越多訊息，也就越有把握找到滿足雙方需求的解決方法及折衷方案。向他人提問的關鍵問題如下：

「依照你的理解，核心問題是什麼？」

「你如何理解這種情況？你覺得這是怎麼回事？」

「當你在對抗（表述問題是什麼）時，你有什麼感覺？」

「當你應對（表述問題是什麼）時，會讓你想要怎麼做？」

「你認為有什麼需要改變？」

「你希望我做些什麼來協助解決這個問題？」

例如，羅恩注意到，有一位同事似乎對於羅恩剛啟動的新訂單處理系統感到生氣。當羅恩問了「你認為有什麼需要改變嗎？」之後，他得到了許多有幫助的回饋，而整個情緒上的氛圍都有所變化了。

堅定自信的傾聽有相當重要的價值，但請記住，就算你發現了其他人有什麼需求，也不代表你必須雙手奉上給他們，因為你的需求和意見也相當重要。因此，在你屈服於他人的要求及建議之前，請確保你也同時考量了對你重要的事物。

阻斷傾聽的一些障礙

以下情況會破壞人們有效傾聽他人的能力，請勾選你意識到自己曾經使用的傾聽障礙。

不過，請你不要評判自己，因為每個人都會有一些類似的行為。

☐ **讀心術**：你假設自己不用發問就可以瞭解對方的感受及想法。

☐ **排練**：計畫好接下來要說出口的話，而錯過他人正在說的內容。

☐ **過濾訊息**：只把對你自己重要或有意義的事聽進去，而忽略其餘的事（即使對其他人而言很重要）。

☐ **評判**：評判他人及其所說的話，而不是真正試著理解他們看待這個世界的方式。

☐ **恍神**：當有人與你交談時，你陷入自己的回憶或幻想中。

☐ **提供意見**：尋找建議和解決方案，而不是傾聽及理解。

☐ **爭論**：藉由爭吵和辯論，來證明對方的論點錯誤。

□ **讓自己永遠是對的**：抵制或忽略任何表明你犯錯或應該改變的溝通交流。

□ **脫離正軌**：一旦聽到任何困擾或威脅你的事情，就立即轉變話題。

□ **安撫**：很快速地表達同意（「我明白……你是對的……我很抱歉」），而沒有真正地傾聽對方的感受或擔憂。

◆自我練習：找出阻斷傾聽的障礙

在表 10-2 的左欄中，描述你與其他人之間對話溝通失敗的三種情況。在右側的欄位中，看看你是否能找出至少一項阻斷傾聽的障礙，導致你無法聽見或理解聽見的一切內容。

表 10-2：阻斷傾聽的障礙

情況	阻斷傾聽的障礙

在接下來的一個星期內，請注意自己最常用哪一種阻斷傾聽的障礙，頻率有多高。努力地以堅定自信的傾聽來取而代之（請參考關於「堅定自信的傾聽」的關鍵問題）。

技巧六：拒絕他人

可以說不的能力，是有效且健康溝通的一個重要關鍵。要是沒有它，任何關係都會身陷危險之中，就像是駕駛著一輛有油門卻沒有剎車的汽車，你將無法控制人們對你所做的事情。

說「不」既簡單，卻又困難。這個字說來簡單，但往往需要勇氣才說得出口。讓我們先從拒絕的「方式」開始。以下有兩個步驟：

1. **確認對方的需要或期望。**
2. **明確地表示不希望這樣做的優先偏好。**

以下提供一些參考範例：

「動作片很有娛樂效果，但今晚我**更想要**看平靜一點的電影。」

「我曾看過將紫色搭配得很好的設計，它真是充滿活力的一種顏色，但**我更想要**在臥室裡採用輕淡柔和的顏色。」

「我明白你要跟兒子伊恩對質的原因，但這種可能讓他不理會我們的做法，**讓我感到不舒服**。」

「我明白你為什麼要晚點離開，目的是要避開這種烈日的天氣，但在就寢時間過了這麼久之後還在熬夜，**讓我感到不舒服**。」

請注意，在此的關鍵用字為「我更想要」和「我感到不舒服」。你不必為自己的立場提出許多理由，也不必爭辯說理，只需要證實這件事並加以拒絕。最重要的是，不要讓其他人有任何機會對抗你；沒有人可以針對你的偏好或感受來爭論。

◆自我練習：建立自信表達的等級

學習自信表達（包括說不）需要實踐和願意承擔風險，但是，你得在低風險的情況下熟悉新事物，然後努力應對更多引發焦慮的情況。

列下你想做出改變、拒絕或設限的情境清單，包括針對家人、朋友、共事的下屬或同事，或是權威人士的問題。現在，請根據風險及難度，針對清單從一至十來進行排序，一表示挑戰性最低的情況，十表示最具挑戰性的情況。盡量列出跨越各種難度層級的情境，其中包含一些較容易因應的情境，而有一些則是較為棘手的情境。

表 10-3：自信表達的各等級情境

等級	情境
10.	
9.	
8.	
7.	
6.	
5.	
4.	
3.	
2.	
1.	

現在就從等級最低的幾個情境開始，著手做以下四件事：

1. 寫下你的劇本（「我認為……我覺得……我想要」）。
2. 排練你的劇本。
3. 確定你要使用劇本的時間及地點。
4. 承諾在特定日期做你的自信表達陳述。

當你完成了自信表達的第一項目標後，評估有效益的是什麼，需要改善的又是什麼。例如，你的立場是否需要更堅定，少一些爭論或少找一些藉口？無論你在第一個步驟中學到了什麼，都將其納入第二個等級的情境來準備。繼續往等級的下一步進行，當你一一實踐時，會發現自己的信心及技巧都持續地增強，你的人際關係會逐漸為你帶來更多助益。

技巧七：應對阻力及衝突

在前文中，我們討論如何提升你有效聆聽他人的能力。

但是，如果有人不好好聆聽你所說的話，該怎麼應對呢？答案就在以下五項衝突管理技巧中：

1. 相互認可
2. 像個跳針的唱片

3. 深入追問

4. 含糊其辭（堅定自信地同意）

5. 堅定自信地延遲回覆時間

1. 相互認可

當人們不聆聽你說的話，最常見的原因之一是他們認為自己無法得到認可。他們感受不到有人正在傾聽自己的意見，因而不斷地發表論點及主張。你可以藉由相互認可來快速解決這個問題。認可（validate）某人，並不代表你同意他們的觀點，而是意味著你瞭解他們的需求、感受及動機，你明白其他人是如何思考和有何種感受。

因此，相互認可代表你認可並欣賞他們的經歷，你瞭解他們為什麼會那麼想，接著，你也要認可自己的經驗。以下提供一些參考範例：

「**我瞭解**，要承擔這麼大的財務風險太可怕了；你謹慎小心是很合理的事。**就我而言**，我面臨著得要進行高收益投資的壓力，如此才能在退休時擁有更多資產。我們都分別有合理的立場，只是各自不同而已。」

「**我瞭解**，當我開口說你沒有用盡全力時，這個說法傷害了你。這對任何人而言都很難接受，包括我在內。**就我而言**，我擔心這個專案面臨著超出預算的危機，而我將不得不為此負責。我需要所有人都團結起來。」

「**我瞭解**，你擔心我的安全才會更換零件，對此我相當感激。但是，**就我而言**，我的預算太緊了，無法負擔那些不會影響汽車正常運轉之項目的維修費用。安全並非我現在最關切的問題。」

請注意，每個相互認可的案例都有以「我瞭解」開頭的句子，以及另一個以「就我而言」開頭的句子。這兩句話都表明了你察知雙方的兩種觀點。

2. 像個跳針的唱片

當有人無法理解你傳達的訊息時，就可以採用這項技巧。針對你要表達

的事制定簡短、具體並易於理解的一種陳述。最理想的是，在一句話內表達所有陳述，不帶任何藉口或解釋，將身體站直或坐挺，以有力而堅定的語調說話。然後，有必要的話可以多次重複陳述內容，只要變動極少部分的用字或說詞，但不要做太多其他多餘的事。

不要爭論、不必生氣，也不要試著爭論或反駁對方所說的任何事。不要回答任何提出「為什麼」的問題（「為什麼你要……」），這只會引爆對方爭執該論點的彈藥。藉由表達「我只是比較喜歡」或「這只是我的感受」來回應對方，在任何情況下，你都不應該為自己的觀點提供額外的資訊或證據，只需要禮貌且清晰地重複一遍，就像一張壞掉的跳針唱片。以下提供一個參考案例：

山姆：你家的樹上有一根巨大樹枝懸掛在我家的屋頂上。我擔心下一場暴風雨會將它吹倒在我的房子上，我希望你找一位樹藝師砍掉那根樹枝。

比爾：多年來一直都是如此，我一點也不擔心這件事。

山姆：我認為那根樹枝對我的房子造成危險，我希望你能把它砍掉。

比爾：放輕鬆啦！等到我們長眠地下之後，那根樹枝仍會在那裡。

山姆：它就懸在我家的屋頂上，我真的很擔心。比爾，我要你在它掉落之前將它砍掉。

比爾：為什麼你突然之間對這件事這麼緊張？

山姆：樹枝在我家的屋頂上，比爾，它就得要砍下來。

3. 深入追問

在此提供最關鍵的短句：

· 「關於 ＿＿＿＿＿＿＿＿＿（說出情況），有什麼讓你感到困擾嗎？」

不斷地詢問，直到你找到有用的訊息。

我們回到前文的一個例子，某個人被指責沒有盡其所能。想像一下，你也受到一樣的批評，以下是深入追問能幫助你的方法。

批評者：你在這裡完全沒有盡到自己的工作本分。

你：關於我的工作本分，有什麼讓你感到困擾的嗎？

批評者：大家都在加班，但你每天五點就溜走了。

你：我準時下班離開公司，有什麼讓你感到困擾的嗎？

批評者：工作就得要完成才行，而我有責任確保這件事。你只是按照工時上下班。

你：我按照工時上下班，有什麼讓你感到困擾的嗎？

批評者：其他人就要負責完成你的工作，而那個人通常是我。我希望你留下來直到完成工作為止。

你：我很感謝你提供的說明。

如果你想以更多不同方式進行追問，請查看「堅定自信的傾聽」部分中的關鍵問題。

4. 含糊其辭

這項技巧讓你「部分同意」某人的觀點，而不必承認他們所說的一切都為真。

這個方法往往會讓人們平靜下來，並停止這場爭論輸贏的遊戲。

這其中的關鍵是找到你可以接受的內容，然後承認對方在這個部分是對的，忽略他們其餘的論點。同意對方說法的方式之一，是修改過於誇張的字詞，例如「總是」和「從不」。

範例 #1

批評者：你總是因為小事而生氣。

你：沒錯，我發現自己有時會突然惱火了起來。

範例 #2

> 批評者：當我需要的時候，你從<u>不</u>支持我。
>
> 你：沒錯，當你<u>有幾次</u>尋求支持時，我未能完全地支持你。

請注意看「含糊其辭」怎麼搶走批評者的鋒頭，並抵消他或她的論據。如今，雖然各自的需求不同，但合理協商的大門已經敞開。

5. 堅定自信地延遲回覆時間

這項技巧能給予你等待的空間，尤其是場面可能變得火爆或氣得臉紅脖子粗的時候。人們往往會對你施加壓力，要求你立即做出決定或同意某一項計畫。堅定自信地延遲回覆時間，可以讓你暫停手上的事，不管是幾分鐘或是幾個小時。在這段休息時間，你可以靜下心來，仔細想一想對方說的話並準備好自己的回應。例如，「你告訴了我許多事，我需要時間來好好思考並提出想法。」或者，「給我一個小時。這件事很重要，我想在說任何話之前好好仔細地考慮。」

技巧八：進行協商

當衝突發生，你和他人需要進行協商時，就必須從「雙方都有正當需求」的立場出發，「RAVEN 原則」能讓你不偏離正軌。

RAVEN 原則分別有以下含義：

- **放鬆（Relax）**。冷靜地接受衝突。說下一句話之前先深吸一口氣。吐氣時同時釋放緊繃的感覺。
- **避開（Avoid）嫌惡策略**。請記住你可能會使用的嫌惡策略，並注意你說的話以避免使用該策略。
- **認可（Validate）其他人的需求或在意之事**。專注在一個公平且雙方都同意的結果，讓雙方的部分需求都能得到滿足。
- **檢視（Examine）你的價值觀**。在一段關係中，你希望如何被對待？希望如何對待他人？在這段關係和衝突本身，你想達到什麼目的？

- **中立的（Neutral）語調**。不要讓你的語調傳達出憤怒和蔑視。

當你致力遵守 RAVEN 原則，就該著手進行實際的協商程序了。一開始，從每個人輪流提供解決方案開始，確保你提供的方案可以滿足對方的部分需求。

如果你不確定對方的需求是什麼，就直接詢問他們。

當每個人提出幾種替代的解決方案，卻沒有達成一致的意見時，就該尋求折衷的方案。以下提供一些常見的折衷解決方案：

- **我先分類，你來選擇**。離婚後，雪倫將藝術作品分成了兩批，但羅倫斯可以選擇他要哪一批。
- **輪流進行**。琳達和莫會輪流選擇各自想要的度假方式，如果這次選擇上山，下次就去海邊。
- **兼顧兩者**。同時照料雙方的需求。
- **試用期**。同意在一段指定的時間內進行一項解決方案，後續再重新評估。如果一方認為這項解決方案不管用，就要重新協商。
- **當我做事時依照我的方式；輪到你時就依照你的方式**。每個人應對問題時，都會採用自己的方法。山姆和卡特麗娜是一家小型精品店的合夥人，但山姆認為卡特麗娜製作的「進來購物吧」的立牌太俗不可耐了。他們一致同意，輪到山姆看顧店鋪時，就不必使用那個立牌。
- **你一個，我一個**。室友吉兒和丹妮絲彼此都同意，如果吉兒每週打掃浴室一次，丹妮絲就要每週用吸塵器吸地板一次。
- **滿足我的部分需求，也滿足你的部分需求**。有兩個好朋友兼好同事一同計畫要去參加一場會議，但其中一個人想搭火車放鬆一下，而另一個人想搭乘飛機快點到達目的地，最後，他們同意先搭飛機前往會場，回程再乘坐火車。
- **退讓一步的折衷模式**。這通常適用於討價還價時，或要花多少時間進行某件事的時候。

回想最近發生的三起衝突，在這些衝突中，你的需求與其他人截然不同。針對每一次的衝突，從上述的列表中找出兩個可能管用的折衷方案，具體描述你將實施的方法。

衝突	折衷方式
1.	a. b.
2.	a. b.
3.	a. b.

在雙方試著找到妥協的折衷辦法時，保有彈性是至關重要的事。懷抱著固有且根深柢固的立場，只會使談判變得更加困難。面對有創造性、意想不到的解決方案，請抱持開放的態度，也準備好放棄部分的堅持，以達到你真正想要的結果。

技巧九：分析有問題的互動關係

當溝通出現問題時，你需要一種方法來搞清楚到底發生了什麼事。我們難免要面對人際互動中出現的各種問題及衝突，有時你會勃然大怒，或是封閉自我。

然而，關鍵是在已經發生的那些事之中吸取教訓，並利用它們來提升自己的技能。

如果挫折能幫助你往後做事更有效能，那麼並非所有的挫折都是全然消極負面的事。

以下的清單將有助於你審視人際互動的問題，並更清楚地瞭解其原因到底為何。

溝通效能檢視清單

1. 對於自己的目標，你是否清楚明白？

□你知道自己想要什麼嗎？

□你知道自己不想要什麼嗎？（這樣一來你才能說不。）

□你是否瞭解自己的價值觀、期望自己如何對待他人，又希望別人
如何對待你嗎？

2. 你是否曾使用嫌惡策略？

□貶損

□退縮／放棄

□威脅

□責備

□輕視／詆毀

□讓對方背負罪惡感

□脫離正軌

□剝奪

3. 你是否曾使用被動消極策略？

□迴避／不與人交流

□自我封閉／拒絕回答問題

4. 造成阻礙的各種因素有哪些？

□高情緒表達（見 286 頁）

□恐懼及各種「如果」假設（見 287 頁）

□毒性關係（見 289 頁）

□迷思（見 289 頁）

－如果我有什麼需求，就代表我有什麼做錯或不好的地方。

－我承受不了對方生氣或拒絕。

－拒絕或提出要求，都是自私的行為。

－我無法控制任何一件事。

5. 提出請求的強度等級

　　□太高？

　　□太低？

6. **這是自信表達的問題嗎？**

　　□只是批判而非事實（見 298 頁）

　　□「你陳述」而非「我陳述」（見 299 頁）

　　□對於你想要的事物，沒有具體的行為描述（見 301 頁）

7. **有阻斷傾聽的障礙？（見 306 頁）**

　　□讀心術

　　□排練

　　□過濾訊息

　　□評判

　　□恍神

　　□提供意見

　　□讓自己永遠是對的

　　□脫離正軌

　　□安撫

8. **你忘了使用衝突管理策略嗎？**

　　□相互認可（見 310 頁）

　　□像個跳針的唱片（見 310 頁）

　　□深入追問（見 311 頁）

　　□含糊其辭（見 312 頁）

　　□堅定自信地延遲回覆時間（見 313 頁）

9. **談判破裂？**

　　□你忘記要使用 RAVEN 原則嗎？

　　　－放鬆

　　　－避開嫌惡策略

— 認可其他人的需求或關注

— 檢視你的價值觀

— 中立的語調

10.沒有使用妥協折衷的解決方案？

溝通效能檢視清單可以當作一個起點，來評估那些你希望能更完善的互動。首先，你要先確定問題，接著再決定要解決哪些問題。請查閱本章及上一章關於你想要提升之技巧的部分內容。最後，針對下一次將如何改變行為，制定一個具體的計畫。不要一次就試著解決許多問題，因為你永遠記不住所有的事。你只需要關注部分可能會帶來重大進展的改變，具體地寫下你將於哪些情況下採取哪些不同的做法。

在此提供一個參考案例。由於蘿拉扭傷了手腕，要求減輕工作量，便使用「溝通效能檢視清單」來評估自己與老闆之間的憤怒互動，這些是她找出的幾個問題點。

· 詆毀：我告訴他，公司並沒有好好地照顧員工。

· 高情緒表達：我很快就感到心煩意亂，忘記使用一些技巧。

· 迷思：如果我特別提出了什麼要求，會覺得是自己哪些不對勁。

· 「你陳述」：我對他說，「我覺得你根本不關心別人發生了什麼事。」

· 沒有對需求提出行為描述：我沒有具體地說明所要求的「減輕工作量」是什麼意思。

· 阻斷傾聽的障礙：我使用評判和爭論。

· 相互認可：我沒有認可他的顧慮。

· 深入追問：我從來沒有發現他的顧慮是什麼。

蘿拉意識到自己無法完成清單上的每個項目，因此決定只專注在其中的幾件事：

- 詆毀和「你陳述」
- 高情緒表達
- 對需求提出行為描述
- 深入追問

以下是蘿拉的書面計畫：

當我與鮑伯再次討論這個問題時，將會進行以下事項：
1. 要格外注意，無論我有多麼生氣，都不要針對鮑伯或公司發表批判性的言論。
2. 在我和他說話之前做幾分鐘的正念呼吸，讓自己平靜下來。
3. 當我發現自己開始發熱，或是大聲說話時，就要特別留意；要進行幾次深呼吸，讓自己冷靜下來。
4. 我會告訴他，除了整理東西、影印及使用滑鼠之外，我可以做任何事情。在我的手腕傷勢好轉之前，我要暫停做這些事情。
5. 如果他抱持反對意見的話，我會詢問他對於暫時改變我的職責內容有什麼顧慮。接著，我會試著和他進行協商。

當你試著實行新的人際互動技巧時，絕對要記得的一件事就是「持續努力」，你的堅持不懈將會讓你獲益良多。當問題出現時，你只要聳聳肩，釐清發生了什麼事，接著就制定新計畫。你有能力改變自己的人際關係及人生，所要做的事就是持續努力下去。

第 11 章

情緒暴露的認知演練

　　至目前為止，你學會了提升痛苦耐受、強化正念覺察、調節壓倒性強烈情緒，以及改善人際關係的多種技巧。其中有一些技巧可以有效地幫助你，有些則無效，也許還有一些你不曾嘗試過的技巧。有些技巧在你平靜地坐在家裡或參加辯證行為治療小組時似乎有效，但當你身處於令人沮喪的情況下卻效果不佳。也許，你在那時不記得自己學到的有效技巧是什麼，或是情緒過於激動而無法如實採用。

　　本章將向你說明，在情緒過於激動的狀態下如何練習這些技巧，如此一來，即使你陷入非常沮喪的情緒中，也能隨時隨地有效運用。

關於情境依賴學習的問題

　　「情境依賴學習」（State-dependent learning）是一種現象，也就是當你身處於與最初學習時相同的情緒或身體狀態時，可以更容易地回憶起各種訊息。例如，你在輕鬆且安靜的環境中準備考試，那麼當你身處輕鬆且安靜的環境時，就更有可能回憶起相同的資訊內容。但不幸的是，相反的情況也可能成立。有時候，在平靜且放鬆的狀態下學到的技能，在我們感到生氣或情緒不堪負荷時也會失去作用。因此，「情境依賴學習」有時也會影響你應對事情的技巧。

　　如果你只在相當放鬆的情況下學習並練習這些技巧，那麼當你身處一種極端的情緒狀態下，比如感到憤怒、恐懼或羞愧，需要採用這些技巧時，可能很難想起它們，也就記不住你先前制定的因應計畫。

　　為了幫助你克服這個問題，並讓你做好應對情緒狀態的準備，你需要學習「情緒暴露之認知演練法」，這將讓你有機會練習新技巧，同時感受你需

要採用此技巧的情緒。但是，請不要擔心，這將會以安全且系統化的方式來進行。

情緒暴露的認知演練：練習你的因應技巧

在第二章，你學到認知演練法是一種練習以價值觀為行事基礎的方式。現在，我們將把同樣的技巧應用在任何想要學習或使用起來有困難的情緒因應技巧。步驟如下：

1. 選擇你想要學習或練習的情緒因應技巧。確保你已熟知實行該技巧的步驟。你學到的情緒因應技巧如下：

- 全然接納（34、83頁）
- 轉移注意力（37頁）
- 自我安撫（51頁）
- 安全空間視覺想像（60頁）
- 自我暗示放鬆法（62頁）
- 暫時隔離（76頁）
- 活在當下（77頁）
- 生理因應技巧（103頁）
- 正念覺察呼吸（79頁）
- 脫鉤（思緒、感覺及評判，141、169、233頁）
- 轉移焦點（147頁）
- 觀察並接受情緒（229頁）
- 平衡想法和感受（237頁）
- 反向行動（256頁）
- 解決問題（260頁）
- 智慧心（155頁）
- 因應想法（81、235頁）
- 堅定自信的溝通（298頁）

2. 確定並回想近期一次感覺情緒低落的經歷，這種因應技巧可能對此經歷有所幫助。這個事件應該是你可以輕鬆想像的事情，並且在這麼做的同時會引發適度且不激烈的情緒反應。

3. 針對可以觸發情緒的經歷進行視覺想像，試著確實融入情境之中，想像關於背景及情境的詳細資訊。想像誰在那裡以及他們正在做的事。試著「聽見」任何與這個場景有關的聲音，包括說話的聲音及對話。注意自己身體的任何感覺，例如，身體發熱或緊繃。停留在情緒之中，直到你能感受到適度且不激烈的情緒。

4. 從零分（沒有情緒）到十分（情緒上最強烈的經歷）來為情緒強度進行評分。當情緒強度介於四至六分時，就立即關閉想像情景。

5. 現在開始使用一種或多種因應技巧。專注於技巧的練習，而不是專注於令人沮喪的情境。在因應過程中保持主動參與，直到你的情緒強度明顯下降為止（下降二至三分）。

6. 接著，再次想像令人心煩意亂的情緒，重複步驟3、4及5。

範例：里卡多運用正念覺察呼吸

里卡多希望自己可以在心情不好時更有效地運用正念覺察呼吸。他在閱讀了正念覺察相關章節後，大約有一週每天進行練習，但當他焦慮地煩惱某件事時，這項技巧一向無法帶來很大的益處。

里卡多面對緊迫的截止日期和老闆的批評言論，最近又產生了一波接一波的焦慮感，特別是當他有時間思考這件事的時候。

首先，里卡多會想起老闆的批評，並想像團隊舉行會議的那個空間。當里卡多中斷那個畫面時，焦慮的情緒會立即飆升並接近六分的強度。

現在，他開始進行正念覺察呼吸，觀察並數著呼吸次數。當他數到四時，就會再重新開始。

各種思緒不斷湧入他的腦中，關於他的老闆、丟掉工作的可能性、截止日期、他自己的表現，而每一次他都將注意力轉移至自己的呼吸上。他的思緒讓他緊張擔憂，但他一直緩緩地把注意力轉移到每一次的呼吸。

里卡多花了五分鐘才把焦慮降至三分強度，但能感覺到身體感受不同，他開始意識到正念覺察呼吸可以減輕壓力。他再次想像老闆及工作團隊，並重複練習了認知演練法。當焦慮達到五分強度時，他轉為正念覺察呼吸。

里卡多在感到焦慮不安的同時，進行了認知演練法的練習，而這些練習讓他相信自己有因應的工具。里卡多用正念覺察呼吸來擺脫焦慮的想法和感受，並且一天進行幾次，直到截止日期那天為止。

範例：溫蒂運用轉移注意力、自我安撫技巧

溫蒂有健康上的問題，這與她的生活方式及飲食習慣有關。她為自己的症狀及體重感到羞恥，情況嚴重到她會出現一陣陣的憂鬱狀態。

溫蒂選擇的視覺想像是近期的一個事件，當時她要上樓梯時步履維艱，認為鄰居正帶著不認同的厭惡表情看著她。她想像著他們無聲的注視，片刻之後，她的羞恥感及悲傷感上升至六分強度。

現在她將那畫面拋在腦後，開始組合幾種因應技巧。溫蒂想著自己的孫女，並制定了要為這個孩子做點什麼的計畫，以此來轉移注意力。然後，她藉由幾個方法來自我安撫：一、緩慢地深呼吸，二、以智慧手機上的應用程式播放（她喜愛的）海浪聲，三、撫觸母親送給她的青金石戒指。溫蒂持續地進行這個程序：為孫女安排一些貼心的計畫、緩慢地呼吸並自我安撫，直到情緒痛苦的指數降低到三至四分之間為止。

當溫蒂的感覺明顯好轉時，就再重複進行認知演練法。認知演練法再次起作用，每當她開始湧現羞恥或憂鬱的情緒時，就會使用這項技巧組合（加上其他轉移注意力及自我安撫的技巧）。

範例：雅頓運用因應想法、觀察並接受情緒

雅頓對於拒絕很敏感。任何看似批評的言論，都可能讓她陷入受傷和自我攻擊的失控狀態。她決定使用因應想法，例如：

「我有缺點，但我是個好人。」

「我的情緒就像來來去去的海浪。」

「我能安然度過這種感受，我以前也曾經有過，而過了一會兒我就會好起來了。」

此外，她會觀察並接受這種情緒，讓這種感受過去，而不要試著抵抗或控制它。

雅頓選擇想像一個近期讓她感到受傷的時刻。她拜訪了一位朋友，這位朋友看起來很冷淡且對她漠不關心，這相當不尋常。這整件事令人尷尬，而在雅頓想像該情景不到一分鐘，她就有一陣信心不足的感受湧向心頭，高達七分強度。

現在，她將畫面拋在腦後，開始不評判地觀察那種受傷的感覺。當她仔細觀察時，注意到那傷痛上帶著些許羞愧及失落的感受，就像是朋友的冷漠舉止奪走了她身上一些珍貴的東西。

雅頓提醒自己，「這種感覺只是來來去去的海浪」，而且，「過了一會兒你就會好起來了」，並且，「再等一下，你終究會度過這個難關的。」然後，她再次觀察這種感覺，發現受傷的感受沒有以前那麼強烈了。雅頓花了超過五分鐘的時間，但她驚訝地發現，自己受傷的感覺降到四分強度時就感覺好多了。

當雅頓回到那個場景進行另一次的演練時，她學到一件重要的事：她越是思考著她的朋友及彼此的關係，她的感覺就越糟糕。然而，如果她只是觀察並接受那種受傷的感覺，同時提醒著自己，事情終究會過去，那麼疼痛就會開始減輕。

實踐練習的效應

情緒暴露之認知演練法會有效，是因為你在情緒發生時，運用這些技巧來因應情緒。你越頻繁地練習，特別是針對那些你難以牢記或運用的因應技巧，你就越容易理解如何使用它，也越會記得運用它。

在某些情況下，藉由進行兩次認知演練法，就足以增強你的因應技巧，

不過，你往往需要更多的練習，請嘗試以不同情緒所觸發的情境來練習這項技巧。越是頻繁地暴露在各種視覺想像的變化中，你對每種因應技巧的信心就會越強大。

提前計畫

認知演練法還可以用於另一項非常重要的功能：你可以提前計畫要如何應對未來會引發情緒的事件。依據你預料的壓力或觸發因素的不同情境，你可以選擇一或多種可保護你免於壓倒性強烈情緒的因應策略。

現在，按照與之前相同的步驟來進行，但不必想著令人沮喪的場景或尚未發生的情況。請想像一下，誰會在那裡、會說些什麼，以及可能發生的事件。保持在視覺想像的畫面中，直到情緒處於中等強度的指數（在零至十分之間達到四至六分）。

現在，將畫面拋在腦後，將注意力轉移至你選擇練習的因應技巧，持續練習，直到情緒指數下降到二至三分強度為止。你的某些因應技巧可能比其他技巧更有效；有些可能完全不管用。在下次練習時，請放棄任何在你身上不管用的因應技巧，然後嘗試不同的技巧。

記住實踐練習的效應，持續地進行認知演練法，直到你對於自己選擇的因應技巧有信心為止。練習並不能保證一定會成功，但它可以大大提高你面對壓力或挑釁情況卻不會產生壓倒性強烈情緒的機會。

範例：馬帝運用全然接納及自我暗示放鬆法

馬帝要飛去奧馬哈市（Omaha）探望父母，這是三年來的第一次探訪。他愛父母，但他們在情感上冷漠又挑剔，對他的性傾向和生活方式也表達了沉默的不滿。馬帝選擇的因應技巧是全然接納，因為事實上，他的父母不可能有所改變。以下是他為自己寫下的提醒：

· 「我不是他們所期待的那種兒子，我也沒有依循他們所珍視的人生規範。我無法改變這一點。」

- 「我們真的珍愛彼此……」
- 「……我深信自己的價值觀,即使這與他們的價值觀大相徑庭。」

馬帝選擇的第二個因應策略,是自我暗示放鬆法。他選擇「草地」為提示字詞,因為這是讓他感到最平靜的地方。練習時,馬帝對自己說「吸氣」,然後當他要吐氣時,則聯想著「草地」。在每一次吐氣時,他都專注於放鬆全身從頭到腳的肌肉。他越來越擅長做這件事了。

沉浸於視覺想像的方式很簡單。他想像著自己的母親僵硬地坐著,雙手交叉,而父親則帶著痛苦的表情問道:「兒子,你現在的人生過得怎麼樣了?」他只花了三十秒就達到六分強度,所有的憤怒、悲傷及焦慮的情緒全交織在一起。

現在,馬帝將自我暗示放鬆法的呼吸方式,與全然接納的因應想法結合在一起,一遍又一遍地練習,直到情緒強度指數達到三分。他每天重複進行這個程序兩次,直到他前往奧馬哈市為止。結果,情況比馬帝原先預期的更好。他和父母都生硬地表達了對彼此的關心,雖然他有時會感到難過,但不再有難以忍受的情緒出現。

| 第 12 章 |

整合所有技巧

　　你在本書學到的所有技巧，將會隨著你的日常練習而逐漸強大。如果你沒有好好使用這些技巧，它們就會從你的指尖溜走，不會成為你真正的選擇及確實造成改變的方法，只會是一些想法，你只能模糊地回想它們，但對你毫無幫助。同樣重要的是，要運用情緒暴露之認知演練法來練習因應技巧，這樣一來，即使你感到情緒不安、害怕、緊張或生氣時，也能藉由實踐技巧來強化信心。

　　如果你想要維持並加強技巧，就需要持續不懈地努力。俗話說得好，勝利歸屬於那些堅持到底的人，這正是你現在必須具備的特質：隨著時間的推移，立下承諾，每天練習你的技巧。

　　你可能會想要知道，要去哪裡找到這種動力，讓你持續做一件如此具挑戰性的事。這些關於毅力的說法，聽起來可能很老套，但的確有一種方法可以讓你每天練習所學到的事項，而且不需要動用多大的意志力。

　　這個方法需要你養成習慣，每天花費十五分鐘左右的時間來練習技巧。

情緒健康的日常練習

　　就本質上而言，「日常練習」是一種維持情緒及心理健康的練習方案。練習分為五個部分：

　　1. 正念覺察

　　2. 深度放鬆

　　3. 自我觀察

　　4. 自我肯定

　　5. 承諾行動

「日常練習」需要花費十五分鐘左右，在理想的情況下，你應該要在每天的同一時段完成練習，才能養成一個健康的習慣。選擇一天中你可以獨處並享受寂靜時刻的時間，可能是你早上在公司喝完咖啡之後，或是你去吃午飯之前；這也可能是你晚上回家後減輕壓力的方法，或是你就寢時間的一部分。無論你選擇的是哪一個時段，都要堅持下去，不要被其他事件或承諾干擾。請你將日常練習的時間視為與自己的約定時刻，就跟你遵守的所有承諾一樣重要。

請從以下多個選項來組合出你的日常練習。方法如下：

1. **正念覺察，三到五分鐘**。請選擇執行以下其中一項：
   ・正念覺察呼吸（請見第四章）
   ・智慧心冥想（請見第五章）

2. **深度放鬆，三分鐘**。請選擇執行以下其中一項：
   ・自我暗示放鬆法（請見第四章）
   ・明亮光束（請見第四章）
   ・安全空間視覺想像（請見第二章）

3. **自我觀察，三分鐘**。請選擇執行以下其中一項：
   ・思緒脫鉤（請見第四章）
   ・以正念覺察情緒而不評判（請見第八章）

4. **自我肯定**。請見第二章的自我肯定清單，或創建一個屬於你的自我肯定清單。重複進行肯定五次，同時進行緩慢而長的呼吸。你可以每天選擇一個不同的肯定項目，或者繼續做同樣的項目。

5. **承諾行動，三分鐘**。請選擇執行以下其中一項：
   ・計畫實踐今天（或明天）的承諾行動（請見第二章）。
   ・計畫你今天（或明天）可以做什麼事，來與你的更高力量產生聯繫（請見第二章）。

日常練習的每個組成要素，都是要強化一項或多項的核心技巧。其中，最重要的一項是正念覺察技巧，因為其他技巧在某種程度上都依賴於正念覺

察。深度放鬆是承受壓力的關鍵，而自我觀察和肯定將有助於情緒調節。最後，立下承諾行動的計畫，將可以強化情緒調節及人際關係互動技巧。

承諾行動的概念特別值得關注。你的日常練習應該包括一個當天或隔天待辦事件的計畫，不論是為了解決問題、有效地應對一個困境或難相處的人，或者強化你對於更高力量的覺悟體認。你可以藉由祈禱、善舉或讓自己為他人奉獻，進而與更高力量產生連結。你的選擇取決於你自己，但是要以某種形式採取承諾行動，才能真正為你的人生造成改變。

現在，選擇你明天將要進行的五種日常練習。然後，將它們一一寫在後方，作為你真正實踐這些事物的承諾。

我的日常練習

正念覺察：_____

深度放鬆：_____

自我觀察：_____

自我肯定：_____

_____

承諾行動計畫：_____

_____

_____

每天你會在什麼時候練習？請寫下來：_____

_____

至目前為止，一切都很好，你已經知道自己將於日常練習中做哪些事、什麼時候開始進行練習。然而，現在是最重要的部分：堅持不懈，每天花十五分鐘來強化你的技巧。

你如何堅持不懈地做下去？答案是一天一天地累積，確保你自己在這一天於指定的時間內完成練習。在第二天，你要做的也是一樣的事……然後隔天再堅持下去。你的承諾不該只是開口提出承諾一次，這輩子就一勞永逸了。這是你每一天都要實踐的事。

每天的日常練習將會改變你的人生，因為它能幫助你在面對舊有困境時形塑新的反應。**人生並不是關乎希望或意圖，是關於實踐，以及持續產生預期的結果。**

現在，當你閤上這本書時，我們請求你好好實踐所學到的事項。你可以做到這一點，也許不盡完美，卻足以做出真正確實的改變。

詩人作家塞繆爾·詹森（Samuel Johnson）曾說過：「未來是今日的投資。」同樣的，藉由今天投入於辯證行為治療的技巧和實踐，你就可以創造更快樂、更健康的明天。

辯證行為治療日誌

請注意你每天練習這些關鍵技巧的次數。對於標有「*」的專案，請在「具體細節」欄位中簡要描述你做的事項。在使用這份日誌之前，請先影印一份空白表單，每個星期盡可能完成一份日誌表單。

核心技巧‧痛苦耐受

痛苦煩惱	週一	週二	週三	週四	週五	週六	週日	具體細節
停止自毀性的行為								
採用 REST 策略								
採用全然接納								
轉移注意力而不關注痛苦								
從事愉快活動 *								
自我安撫 *								
練習放鬆								
承諾執行你所重視的活動 *								
與我的更高力量產生連結								
使用因應想法及因應策略 *								
平衡感受與威脅								
採用生理因應技巧 *								

核心技巧‧正念覺察

因應策略	週一	週二	週三	週四	週五	週六	週日	具體細節
練習思緒脫鉤								
練習正念覺察呼吸								
採用智慧心								
練習初學者之心								
練習自我疼惜								
練習做有效用的事								
以正念覺察完成一項任務								
練習慈愛的冥想								

核心技巧・情緒調節

因應策略	週一	週二	週三	週四	週五	週六	週日	具體細節
能夠辨識自己的情緒								
適當地處理身體上的疼痛 *								
均衡飲食								
不服用藥物或飲用酒精								
睡眠充足								
運動								
經歷正面積極的事件／情緒 *								
放下思緒或評判								
觀察情緒並為情緒命名								
以非情緒衝動的方式行事								
反向行動								
解決問題								

核心技巧・人際互動

因應策略	週一	週二	週三	週四	週五	週六	週日	具體細節
練習對他人展現疼惜心								
練習恐懼管理—風險評估								
提出堅定自信的請求								
堅定自信地拒絕								
進行協商並達成協議								
傾聽並理解他人								
認可他人								

心情概況

因應策略	週一	週二	週三	週四	週五	週六	週日	具體細節
為當天整體的心情評分 （一到十分）一分＝很差 五分＝一般　十分＝非常好